CONTATTI 1

a first course in

ITALIAN

second edition

MARIOLINA FREETH • GIULIANA CHECKETTS

Hodder & Stoughton

A MEMBER OF THE HODDER HEADLINE GROUP

Acknowledgements

The publishers would like to thank the following for permission to reproduce material in this volume:

Aeroporti di Roma SpA for airport plan; Ata Hotels for photo; Azienda Autonoma di Soggiorno e Turismo delle Isole Eolie for hotel brochure extracts; *La Cucina Italiana* for advert; RCS Editoriale Quotidiani for photo 'Milan in Snow'; London Postcard Company/Richard Clarke for Tower of London postcard; Electrolux Zanussi for domestic products; Hotel Santa Caterina, Amalfi for visual; Mondadori Press for text from *In bici a consegnare lettere e plichi* from Donna Moderna; Provincia Autonoma di Trento for photo from brochure *Snow Planet – APT Trentino;* Sciare for ski photographs; Roma/cè for film review; *La Settimana Enigmistica, Italia* for cartoons; Trenitalia for Eurostar photo and train tickets; Villaggio Albergo Le Tre Isole for hotel visual.

The publishers would like to acknowledge the following for use of their material:

Le Agavi Hotel for hotel plan; Alitalia SpA for recipes and illustrations from *Ulisse* and *Alitalia News;* Agenzia Viaggi Cleopatra; Agenzia Viaggi Epocatour; Assessorato al turismo for map of Rome; Birreria Belle Arti for advert; Silvio Caccotti for illustrations from *Esercizi in volo;* Campagna d'informazione promossa dalla SIDOS; Club Aventura for club card and questionnaire; Collirio Iridina Blu: Montefarmaco for adverts; Costa d'Argento Camping Club for photos; *Domenica del Corriere* for weather map; FAITA for photos from brochure *Marche: Campings, villaggi turistici;* Feltrinelli International for advert; Ferrovie dello Stato for timetable & ticket; Eugenio Finardi for *La Radio;* Fondazione Nazionale Carlo Collodi for details from Collodi – Parco de Pinocchio; Gaggia for vacuum cleaner; Giunta Provinciale for cover photo from *Settimane Bianche;* Grafiche Biondetti for postcard of Cimasappada; Linee Marittime Partenopee for ticket; Il Messaggero for photo and text from *Quattro tuffi da ponte Cavour;* La Muraglia for advert; Osteria della Santa Pazienza for advert; Pianeta l'Ipermercato for photo; *Panorama* for photo; Qui Touring for photos from *Italia da scoprire; Radiocorriere* for programme cutting, photos and captions; Residencia al Mare La Giara for photos; *La Repubblica* for graph; Ristorante Posta for advert; Ristorante Ragu for advert; *Sale e Pepe* for photo and text; Servizio Trasporti Funivia for ticket; Societa Italiana Degli Autori e Degli Editori for photo; Smeg for domestic products; Stella Maris restaurant for bill; Teatro Comunale di Firenze for theatre plan; Telephone-Travel; Touring Club Italiano for hotel details; *Trovaroma* for photo and text; Tuttocompact for photo from *Tutta Musica e Spettacolo;* Unoviaggi; *L'Unità* for cartoons; Villaggi dell'arredamento for advert.

Every effort has been made to trace and acknowledge ownership of copyright. The publishers will be glad to make suitable arrangements with any copyright holders whom it has not been possible to contact.

Photo acknowledgements

The authors would like to thank the following for use of their photographs: Associated Press p38 (top); Bridgeman Art Library p106 (Botticelli); J. Allan Cash p26 (left), 49 (dining-room), 82 (bottom right), 190 (no.2), 202, 203; Corbis p190 (no. 5) , 214 (Lawrence); DAS Photo p165 (right); Empics p12 (Venus Williams, Michael Schumacher), 22 (B & D), 106 (Del Piero), 148 (C, D & F); Ronald Grant Archive p13, 25 (bottom right), 152; Robert Harding Picture Library p184 (right); Italian State Tourist Office p139, 165 (left), 206; Martini & Rossi Ltd p1 (no.12); Merrychef Ltd p95; Foto Olympia p12 (Cecilia Bartoli), 17 (Moravia), 22 (A, C & E), 106 (Vasco Rossi, Laura Pausini), 166, 201, 222, 237; Photo Press Service Wien © Peter Bischof p148 E; Press Association p6, p12 (David Beckham, Antonio Banderas); Public Information Office, House of Commons p26 (right), 82 (below left); David Simson p182; Telegraph Colour Library p168; Topham Picture Source p142 (Enzo Ferrari), 144, 231; Elizabeth Whiting Associates p49 (study); Zefa Picture Library p190.

Illustrations: Chartwell Illustrators, Hardlines, Katinka Kew, Pat Murray, Ted Quelch, Francis Scappaticci, Andrew Warrington.

Orders: please contact Bookpoint Ltd, 130 Milton Park, Abingdon, Oxon OX14 4SB. Telephone: (44) 01235 827720, Fax: (44) 01235 400454. Lines are open from 9.00 – 6.00, Monday to Saturday, with a 24 hour message answering service. You can also order through our website: www.madaboutbooks.com

British Library Cataloguing in Publication Data
A catalogue record for this title is available from The British Library

ISBN 0 340 84770 0
Second edition published 2002
Impression number 10 9 8 7 6 5
Year   2008 2007 2006 2005 2004

Cover illustration: Barry Ablett
Typeset by Pantek Arts Ltd, Maidstone, Kent.
Printed in Italy for Hodder & Stoughton Educational, a division of Hodder Headline, 338 Euston Road, London NW1 3BH.

introduction

Contatti has grown from the experience of teaching Italian at all levels to adults and young adults over a period of years. It is a course for anyone starting to learn Italian from scratch, whether for fun, for work or in preparation for examinations. Teachers of GCSE will find that *Contatti* 1 carries them easily into Higher Level.

The book consists of 14 units, two of which are for revision, and caters for a course of approximately 90 hours, the equivalent of a full year's course. Each unit is divided into four self-contained sections, providing material for roughly one and a half hours' teaching each. The thematic, functional and grammar content of each unit can be seen at a glance in the Contents list.

The two **revision units** occur halfway and at the end of the course. They contain authentic material and should be used not only on completion of each group of six units, but whenever necessary: to reinforce vocabulary, to practise a particular skill or function or to provide more challenging material for avid learners at any stage.

At the end of each unit you will find an **Italian–English vocabulary** arranged by topic for prompt and easy consultation in class or at home. At the end of the book an **English–Italian vocabulary** allows the student to engage in more independent vocabulary-searching and to prepare for freer linguistic activities.

Grammar points are highlighted as they occur in each unit, in blue boxes. At the end of the unit, the structures and grammar covered are concisely rounded up in the *Grammatica* section, and at the end of the book, a more systematic grammar summary clarifies and unifies all that has appeared. In this new edition there is an **analytical index** on the last page of the book.

Each unit opens with a **visual focus**: a composite image accompanied by three or four mostly spoken activities, which help the student focus on the new topic and vocabulary. The focus also provides a convenient opportunity for pronunciation and intonation practice. A pronunciation guide appears at the beginning of the recording and following this Introduction.

The units revolve around the immediate **themes** of everday life and encounters. The settings and activities chosen are as close as possible to real-life situations. They have sprung from our own and our friends' experiences, recordings, photos, postcards . . . Dialogues and interviews were recorded largely on location, and in this second edition there is new and authentic material to use.

Contatti 1 is written in Italian, and all the instructions are given in Italian, with English translations where appropriate; the English fades out as the book progresses. The form of address used in all the units (except units 8 and 14) is the formal one, *lei*; this is the form students will have to use on their Italian trips as they talk to people they don't know. Units 8 and 14 offer the chance to practise the informal address, *tu*. Both forms are extensively revised in Unit 7.

We believe in the active classroom and therefore pairwork, groupwork and surveys feature prominently among the **activities**. The course is action packed, creating real-life situations in the classroom and students learn early on to rely on themselves and their partners as producers of language, as much as on the teacher and the recordings. It makes good sense for students to get into the habit of copying the grids with their headings, as there is never enough space to write on the page. *Buon lavoro!*

Symbols used in *Contatti*

 listening activity

 reading activity

 written activity

 oral practice

 pairwork

 groupwork

 activity continues overleaf

Pronunciation guide

Italian sounds

Clearcut, unblurred vowel sounds are the key to Italian pronunciation. Italian is a syllabic language whose rhythm is determined by vowel sounds. Almost unique among languages, Italian has a vowel at the end of every word (apart from a few prepositions, articles and truncated or abbreviated words):

Ciao Angela, sono Lillo, sei pronta? Ti passo a prendere tra un quarto d'ora.

Vowels

*There are five vowels in the Italian alphabet: **a, e, i, o, u**. Both **e** and **o** represent two distinct sounds, one open and one closed. This makes seven vowel sounds altogether. These sounds are always pronounced separately and consistently, whatever their position inside a word.*

Vowel	Italian word		similar English sound
a	casa		mat (short 'a')
e	vero	(closed)	base
e	sette	(open)	vet (short 'e')
i	vino		mean
o	dove	(closed)	bowl
o	otto, nove	(open)	not
u	uva		book

*Note: the **-o** or **-e** sound at the end of a word is ALWAYS closed:*

otto   bambino   mare   neve

Vowel groups

In some words two vowels are joined together and pronounced as one syllable (this is called a diphthong). The stress may be on the second vowel of the pair:

ieri   fiore   muoversi   biondo

or on the first vowel:

mai   poi   Mauro   mio   vorrei

or on the previous syllable:

Mario   acqua   Italia

But note:

paese   paura   aereo

Here the vowels are pronounced separately.

Consonants

*The consonants of the Italian aplhabet are the same as in English, but **j** (i lunga), **k** (kappa), **w** (doppia vu), **x** (ics) and **y** (ipsilon) are only used to spell foreign words.*

• **c** *and* **g** *each have both a hard and a soft sound.*

ca, co cu *and* **ga, go, gu** *are hard sounds, as in English:*

Italian word	similar English sound
casa	caste
cono	cotton
cura	cool
gatto	gap
gola	go
guanti	guano

When **c** *and* **g** *precede* **e** *or* **i***, they have a soft sound:*

cena	Chester
Cina	chicory
gelato	gem
ginocchio	jeep

*To harden the sound of **c** and **g** before **e** or **i**, an **h** is needed:*

che cosa prendi?	*case*
chi è?	*key*
le tar**ghe**	*gate*
i la**ghi** italiani	*geese*

• **d** *and* **t** *have a distinctive dull sound obtained by placing your tongue against the lower part of your teeth and not your palate. Try:*

donna   **d**entista   **d**ue   **t**anto   **t**e**tt**o

*This sound never changes, even when combined with **r** (see below):*

Dracula   **tr**eno   den**tr**o   **tr**iste

• **h** (acca) *is never pronounced in Italian and is not found at the beginning of a word, except in a few forms of the verb* avere (**h**o, **h**ai, **h**a, **h**anno).

*When it follows the consonants **c** or **g**, **h** has the important function of hardening their sound (see above):*

che	*case*
chi	*key*

Note: This is exactly the opposite of English. To remember it, think of the word 'church' (soft in English) translated with chiesa *(hard in Italian).*

• **r** *has a clear rolled sound similar to the Scottish 'r'. It does not affect, and is unaffected by, the vowels or consonants near it:*

Roma   amo**r**e   fo**r**te   chita**rr**a

Note in particular that **d** *and* **t** *(see above) keep their dull sound even when combined with* **r***:*

tram   **tr**enta   den**tr**o   a**tr**aente

• **s** *has a hard sound, as in 'soup':*

sabbia   **s**otto   e**s**tate

unless it is placed between vowels, when it is pronounced as in 'rose':

ro**s**a   ca**s**a   me**s**e

• **z** *also has a hard and a soft sound, both different from the English 'z':*

soft: **z**anzara **z**io **z**ebra	*('d + z' sound)*
hard: sta**z**ione *(and other* -zione *words)*	*('t + z' sound)*
pa**zz**o *(and all double z words)*	

Double consonants

A double consonant in Italian takes twice as long to pronounce as the single consonant. It also slightly shortens the vowel before it:

bi**rr**a   be**ll**o   ma**mm**a   buonano**tt**e   a**nn**o

Soft and hard **c** *and* **g** *sounds also last twice as long when double:*

fa**cc**ia   bra**cc**io   Buon via**ggi**o
o**cch**i   mu**cch**e   a**gghi**a**cci**ante

Special combinations: 'gn' and 'gl'

The combination **gn** *produces a soft sound similar to the one in 'onion':*

biso**gn**a   ba**gn**o

The combination **gli** *produces a soft sound similar to the one in 'million':*

gli telefono   botti**gli**a   due bi**gli**etti   mo**gli**e

Stress

Stress tends to fall on the last syllable but one in Italian:

fra<u>te</u>llo   ve<u>de</u>re   ra<u>ga</u>zza   cola<u>zio</u>ne   andi<u>a</u>mo

but many words are stressed on the last syllable but two:

<u>a</u>lbero   <u>ci</u>nema   <u>go</u>ndola   De<u>si</u>dera?

A number of words have a written accent on the last syllable. These words are all invariable (i.e. they don't change in the plural).

caffè   città   sì   più   martedì   perché

Pronunciation practice

A pronunciation guide is also to be found at the beginning of the accompanying recordings.

Beginners are advised to make full use of the 'Focus' pronunciation stimuli at the beginning of each unit, and to get into the habit of repeating words, sentences and dialogues after listening. Working regularly with personal recordings of readings and activities can be invaluable. Best of all is to sing along with Italian music that you personally like.

contents

Unità 10: Che facciamo di bello?

*Talking about films and
  TV programmes*
Buying tickets for the theatre
Choosing a restaurant
Ordering food in a restaurant
Making suggestions
Accepting and refusing invitations

Adverbs formed with -mente
Combined pronouns: glielo, gliela
andare in/a/al
Let's . . .
dovere + *infinitive*

Unità 11: Sani e belli

Understanding and giving instructions
Talking about sport
Making comparisons
Giving reasons
Explaining health problems
Asking for and giving advice

Commands: tu/voi *forms*
Impersonal expressions:
  è bene
  è meglio
  bisogna + *verb*
Comparatives: più/meno . . . di
ho mal di . . . , mi fa male . . .

Unità 12: Muoversi

Understanding announcements
Enquiring about timetables
Buying tickets
Buying petrol and getting directions
Understanding weather bulletins
Predicting the weather

Future tense: 3rd person
Revision of impersonal si
Relative pronoun: che
qualcosa di + *adjective*
fa caldo/freddo
per + *infinitive*

Unità 13: In vacanza

*Talking about holidays (present,
  past and future)*
Contradicting and denying
Choosing a holiday
Describing situations in the past
Making plans for the future

Future tense: all persons
Imperfect tense: regular verbs,
  essere, dire, fare
da + *infinitive*
scorso/a *and* prossimo/a
Negative sentences: non . . .
  niente/nessuno, *etc.*

Unità 14: Ripasso 2

Revision
Reading practice

sempre più/meno
ci vorrà/ci vorranno

in viaggio

Ordering drinks and snacks
Introductions
Finding out about other people
Countries and nationalities
Alphabet and spelling
Numbers 1–12

9
10
7
8   11   12

1
2
3 **Effervescente naturale.**   6
4
5

aranciata   patatine   gelato   birra
vino   Coca-Cola   Martini
cappuccino   succo di frutta   tè
acqua minerale   caffè

- *Listen and underline where the stress falls in each of the words.*
  Esempio (Example): birra, gelato
  Now say these words.
- *Look at the pictures.*
  Match the words to the pictures.
- *Cover the pictures. How many things can you remember?*
- *What do you prefer?*
  Make a list: 'Preferisco . . .'

A In treno. Cosa prendiamo?

1 a 🧍🧍 ▭ Ascolti e ripeta con un compagno.
(Listen and repeat with a partner.)

Signora	Scusi . . .
Cameriere	Dica?
Signora	Un caffè per favore.
Cameriere	Ecco.

b 🧍🧍 Ordini queste cose. *(Order these items.)*

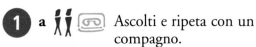

	gelato
	cornetto
un	tè
	cappuccino
	panino

un: *a . . . an . . . (masculine)*

2 a ▭ Ascolti e completi. *(Listen and complete the conversation.)*

dica	quant'è	cappuccino	scusi
	per favore	euro	un

Signora	SCUSI
Cameriere	DICA
Signora	Un cappuccino PER FAVORE
Cameriere	Ecco un CAPPUCCINO
Signora	QUANTE ?
Cameriere	Un EURO
Signora	Ecco DICA UN euro.
Cameriere	Grazie.
Signora	Prego.

grazie	*thank you*
prego	*you're welcome*
ecco	*here is . . .*

b 🚶🚶 📼 Riascolti e legga con un compagno.
(Listen again and read with a partner.)

c 📖 ✏️ Avete notato? *(Have you noticed?)*

What does the lady say to attract attention?

Scusi

What is the man's reply?
How does she ask for a coffee?
How does she ask for the amount to pay?

3 **a** 📼 Ascolti. Chi lo dice?
(Listen. Who is saying what in the picture below?)

signore	*sir*
signora	*madam*
signorina	*young lady*
bambino	*(young) child*
mi dispiace	*I'm sorry*
…non c'è	*there is no …*
allora	*then*

Per me una Coca-Cola e per il bambino un panino.

Per me una birra, per favore.

Per me un cappuccino.

Ecco a lei.

Va bene.

Mi dispiace signore, il cappuccino non c'è.

Allora un caffè per favore.

Per lei, signorina?

Vorrei un'aranciata e un pacchetto di patatine.

b Riascolti. Segni (✓) sul listino solo le cose che sente.
(Listen again and tick on the list only the items you hear.)

Bar Isola Bella
Listino Prezzi

Caffé espresso	€0,80
CoCa Cola	€0,95
Cappuccino	€1,05
Tè caldo o freddo	€0,85
Patatine	€0,60
Acqua minerale (bicchiere)	€0,30
Birra (bottiglia piccola)	€2,10
Succo di frutta	€1,15
Aranciata	€0,55
Cono gelato	€1,30
Panino con prosciutto	€1,85

  Avete notato?

cappuccin**o**	(maschile)
birr**a**	(femminile)
caff**è**	(maschile)
stazion**e**	(femminile)

Nouns in -o are masculine.
Nouns in -a are feminine.
Nouns in -e can be either masculine or feminine.
See page 240.

4 **a** 📖 **Per me, un frullato di frutta!**

Some of these words are masculine and some are feminine. Can you guess which are which?

FRULLATO DI FRUTTA

una fetta di anguria, un fico, una banana, una pesca, il succo di un limone, un po' di spumante e ghiaccio

Frullare per 1 minuto: pronto!

un frullato, **un** fico
una fetta, **una** banana
un'aranciata, **un**'anguria
uno spumante, **uno** studente

This is the indefinite article (a, an)

b 🖉 Metta il nome sotto l'articolo giusto.
(Put each noun under the appropriate article.)

MAS   MAS SECOND FEM   FEM + VOWEL

un	uno	una	un'
concerto	*studente*	*rosa*	*agenzia*
OLIVA	DOTTORE	PIZZA	TELEVISIONE
CONCERTO	SPUMANTE	TELEVISION	AGENZIA
SALAMI		SIGARETTA	AMICA
UFFICIO		PATATA	
VINO			

concerto   rosa   salame (*m*)
pizza   televisione (*f*)   amica   patata
museo   studente (*m*)   studentessa
presidente (*m*)   treno   ospedale (*m*)
segretaria   ufficio   dottore (*m*)
agenzia   sigaretta   spumante (*m*)
isola   esempio   oliva

5 **a** 📼 🖉 Riascolti i quattro dialoghi nell'attività 3.
Cosa prendono? *(What are they having?)*
You are the waiter: make a quick note.

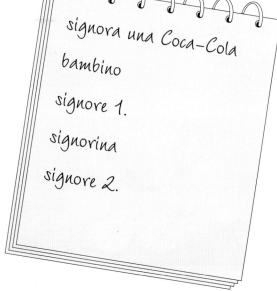

signora una Coca-Cola

bambino

signore 1.

signorina

signore 2.

b 👥
Studente A: Ordini queste cose. *(Order these things.)*
Studente B: Lei è il cameriere. *(You are the waiter.)*
Each time one item is not available.

Esempio:

A Per me un gelato e un caffè.
B Mi dispiace, il gelato non c'è.
A Allora un caffè.

Avete notato?

Asking for something:
Per me . . .
Vorrei . . .
Per favore . . .

B In aereo

6 🖉 ‖‖ 💿 **Quant'è?**

Completi con le parole nel riquadro e controlli con la cassetta. Faccia il dialogo con un compagno. *(Complete the dialogue and listen. Practise with a partner.)*

senza ghiaccio   con ghiaccio

Prego.	
Italiana per favore.	
Con ghiaccio e limone.	
Quattro euro in tutto.	
Un Cinzano rosso.	
Buongiorno.	
Vorrei una birra fresca.	

Buongiorno	*Good morning*
	Good afternoon
Quant'è?	*How much is it?*

Assistente di volo	Buongiorno.
Signore	*BUONGIORNO*
Assistente di volo	Desidera?
Signore	*UN CINZANO ROSSO* *Birra fresca*
Assistente di volo	Italiana o inglese?
Signore	*ITALIANA POR FAVOR*
Assistente di volo	Ecco a lei. E la signora che prende? *S CINZANO*
Signore	*CON GHIACCIO O LIMONE*
Assistente di volo	Con ghiaccio o senza?
Signore	*O LIMONE*
Assistente di volo	Va bene. Ecco a lei.
Signore	Quant'è?
Assistente di volo	*QUATTRO EURO IN TUTTO*
Signore	Ecco quattro euro.
Assistente di volo	Grazie.
Signore	*PREGO*

Avete notato?

una bir**ra** (*f*) fres**ca**
un Cinzan**o** (*m*) ross**o**
un caff**è** (*m*) ner**o**
un caff**è**/una cioccola**ta** bollent**e**

Gli aggettivi si accordano sempre con il nome.

7 I colori

a ✎ Unisca l'oggetto col suo colore.
(Match each object to its colour.)

1 giallo

A caffè

2 rosso

B mare

3 bianco

C sole

4 azzurro

D erba

5 verde

E neve

6 nero

F vino

b ✎ Cose rosse, cose gialle ... Metta in colonna.

limone (m)	pomodoro (tomato)
mare (m)	foglia (leaf)
cielo (sky) vino	rosa banana

rosso/a	giallo/a	azzurro/a	verde
VINO Pomodoro	LIMONE BANANA	*mare* CIELO	FOGLIA ELBA ALBERO (TREE)

c ✎ Scriva. *(Write.)*

Esempio: una banana gialla ... ecc.

8 Un caffè freddo e un tè caldo

a ✎ *Pair the items in the two columns according to whether you like them hot, very hot, not too hot, cool, cold or ice cold.*

un caffè	freddo *COLD*
un tè	fresca *FRESH*
un'aranciata	molto caldo *V. HOT*
un aperitivo	bollente *BOILING*
un Cinzano	ghiacciata *ICE*
una cioccolata	non troppo caldo *NOT TOO HOT*
un bicchiere di vino	caldo ~~cold~~ *HOT*
un bicchiere di latte	fresco *FRESH*
una birra	ghiacciato *ICE*
un cappuccino	fredda *COLD*

caldo/a	*hot*	molto	*very*
freddo/a	*cold*	troppo	*too (much)*
bollente	*boiling hot*	ghiacciato/a	*ice cold*

b 👥

Studente A e Studente B:

Esempio:
A Vorrei un tè.
B Freddo o caldo?
A Bollente, grazie.

Continuate *(Continue, swapping roles).*

9

a **Come si dice in italiano?**

Lo trovi nel testo. *(How do you say it in Italian? Find it in the text.)*

ice
ice cubes
slice of lemon
tonic water
drops

sugar
1tsp of sugar
glass
tomato juice
salt and pepper

b *Invent your own cocktail using at least four of the ingredients above. Use* con *and* senza.

GIN FIZZ*

40 gr Gin, succo di 1/2 limone, 1 cucchiaino di zucchero, shaker, completare con spruzzo di soda.

BLOODY MARY

40% Vodka, 60% succo di pomodoro, gocce di Worchestershire, gocce di limone, sale e pepe (goccia di Tabasco su richiesta), due cubetti di ghiaccio.

MANHATTAN

3/4 Whisky canadese, 1/4 Vermouth rosso, 2 gocce di angostura, mixing glass, decorare con ciliegina.

GIN AND TONIC*

40/50 gr Gin versato su cubetti di ghiaccio, aggiungere 1/2 fetta di limone, riempire il bicchiere con acqua tonica.

VODKA AND TONIC*

40/50 gr Vodka versata su cubetti di ghiaccio, aggiungere 1/2 fetta di limone, riempire il bicchiere con acqua tonica.

Il plurale *(The plural)*

1 gela**to**	2 gela**ti**
1 bibit**a**	3 bibit**e**
1 bicchier**e** d'acqua minerale	4 bicchier**i** d'acqua minerale

Vedi pag. 240.

10

a

Studente A: *Order two of each item in the box above.*

Studente B: *You are the waiter. Swap roles.*

b *Write dialogues ordering one of each item from the board on the left.*

C In volo

11 a 🔊 📖 **A bordo.** Ascolti e legga.
(Listen and read.)

The captain is speaking.

Signori, buongiorno. Benvenuti a bordo. È il comandante che vi parla. In questo momento siamo a un'altezza di 10.000 metri. Sotto di noi ci sono le Alpi. A sinistra c'è la Svizzera e il lago di Ginevra. A destra c'è l'Italia e ci sono i laghi e a sud delle Alpi c'è Milano.

e	*and*
è	*(it/he/she) is*
c'è	*there is*
ci sono	*there are*

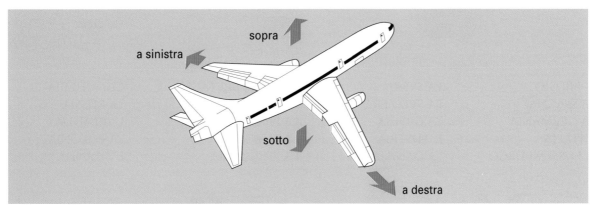

b 💬 ✏️ Risponda. *(Answer)*

Chi parla?
A che altezza è l'aereo?
Cosa c'è sotto l'aereo?
Milano è a nord o a sud delle Alpi?

chi?	*who?*
che?	*what?*
cosa?	*what?*

c ✏️ *You are now flying due south over the western Alps. Complete with* **c'è** *or* **ci sono**.

Sotto di noi . . . . le Alpi.
Laggiù . . . . il Monte Bianco.
A destra . . . . la Francia e Marsiglia.
A sinistra . . . . . . l'Italia, e sotto le Alpi . . . . .
Torino.

12 **L'Europa**

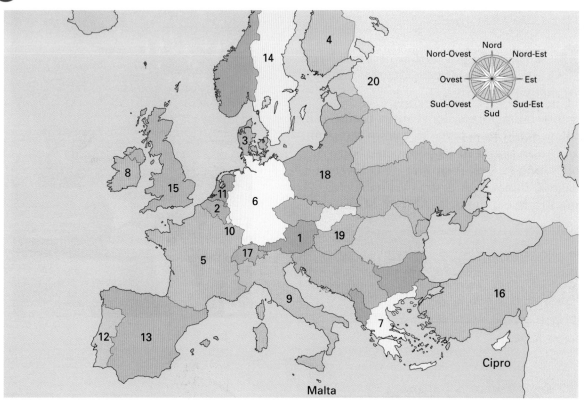

IL BELGIO	☐	LA SVEZIA	☐	LA GRAN BRETAGNA	☐	L'UNGHERIA	☐
LA SPAGNA	☐	LA SVIZZERA	☐	IL PORTOGALLO	☐	LA RUSSIA	☐
LA GERMANIA	☐	LA GRECIA	☐	LA FRANCIA	☐	L'IRLANDA	☐
L'ITALIA	☐	L'AUSTRIA	☐	LA TURCHIA	☐	LA POLONIA	☐
IL LUSSEMBURGO	☐	LA DANIMARCA	☐	LA FINLANDIA	☐	L'OLANDA	☐

a Ascolti e ripeta.
Sottolinei la sillaba accentata. *(Listen and repeat. Underline the stressed syllable.)*

Esempio: La Sv<u>e</u>zia

b Riascolti e scriva il numero del paese vicino al nome.

(Match the names to the numbers on the map.)

Avete notato?

la Francia, **il** Belgio, **l'**Italia
With names of countries the definite article must be used.
Vedi pag. 240.

13  **Quiz sull'Europa**

a È a est del Portogallo
   a ovest dell'Italia
   a nord dell'Africa
   a sud della Francia

   Che paese è? *(Which country is it?)*

b È a sud di Roma
   a nord-ovest di Bari
   a Nord-est di Palermo

   Che città è? *(Which town is it?)*

Continuate.

Per casa

Scriva altre due domande sull'Europa e due sulle città italiane.

(Write two more questions on Europe and Italian towns.)

14 **Ecco l'alfabeto italiano**. Ci sono solo 21 lettere. *(This is the Italian alphabet. There are only 21 letters.)*

a Ascolti e ripeta. *(Listen and repeat.)*

> A B C D   E F G
>
> H I   L M N O   P Q
>
> R S T   U V Z

J	i lunga
K	kappa
W	doppia vu
X	ics
Y	ipsilon

sono lettere straniere.

Come si scrive?
How do you spell it?

b Come si scrive il suo nome? Chieda e scriva il nome di cinque compagni. *(Ask and write the names of five people.)*

15 a ✏️ **I numeri da 1 a 10**

Copi il diagramma e completi con i numeri
in parole (words).

zero	due	sette	uno	sei
quattro	dieci	nove	tre
otto	cinque

```
 0   1   2   3   4   5   6   7   8   9   10
 ├───┼───┼───┼───┼───┼───┼───┼───┼───┼───┤
    uno                cinque            dieci
```

b 📞 Ascolti e ripeta i numeri.

c 🚶🚶 ✏️ *Ask other students for their phone
number and address and write
them down.*

Il suo numero di telefono, per favore?

E il suo indirizzo, per cortesia?

D Di dov'è?

16 ✏️ Scriva la nazionalità di ogni *(each)*
persona.

Esempio: Venus Williams è americana.

Venus Williams

Cecilia Bartoli

David Beckham

Michael Schumacher

Antonio Banderas

russo/a
polacco/a
italiano/a
americano/a

spagnolo/a
svizzero/a
tedesco/a
austriaco/a

francese
inglese
gallese
irlandese

scozzese
svedese
cinese
giapponese

17 a 🔊 📖 **Incontro in aereo**

Ascolti e legga. *(Listen and read.)*

Paolo	Scusi, lei è italiana?
Lisa	No, sono inglese.
Paolo	Di Londra?
Lisa	No, di Bath. Di dov'è lei?
Paolo	Sono di Firenze, sono italiano. Mi chiamo Paolo Cantoni. E lei come si chiama?
Lisa	Lisa Ford.
Paolo	Ah piacere! Parla bene italiano.
Lisa	Be', abbastanza. Mia madre è italiana, di Verona.
Paolo	Ah. E lei va a Verona?
Lisa	No, vado a Venezia.
Paolo	Anch'io vado a Venezia.
Lisa	In vacanza o per lavoro?
Paolo	Per lavoro, vado per tre giorni. Sono antiquario.
Lisa	Ah, è un lavoro interessante. Io vado in vacanza, sette giorni di riposo totale.

Avete notato?

Io *(I)*

Sono di …	*I'm from …*
Mi chiamo …	*My name is …*
Vado a …	*I'm going to …*

Lei *(You, formal)*

Di dov'è?	*Where are you from?*
Come si chiama?	*What's your name?*
Va a …?	*Are you going to …?*

parla bene	*you speak well*
abbastanza bene	*quite well*
anch'io	*me too*
in vacanza	*on holiday*
per lavoro	*for work*
per tre giorni	*for three days*
riposo	*rest*

b 🔊 ✏️ Riascolti e completi. *(Listen again and complete.)*

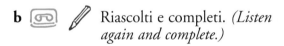

	Paolo	Lisa
Cognome		
Nazionalità		
Città di origine		
Destinazione		
Per lavoro/in vacanza		
Per quanti giorni		

18 👥👥👥

> Mi chiamo Paolo Cantoni. E lei come si chiama?

> Lisa Ford.

> Piacere!

Continui con gli altri studenti.
(Continue with other students.)

19 👥👥 ✏️ **Di dov'è lei?** Completi.

(Where are you from? Complete.)

Esempio: Sono *italiano*, sono di Firenze.

Sono . . . . . ., sono di Mosca.

Sono . . . . . ., sono di Ginevra.

Sono . . . . . ., sono di Madrid.

Continui con: Edimburgo/Stoccolma/
Dublino/Bonn/Boulogne/Vienna/Hong
Kong (vedi pagina 12).

> essere: *to be*
> (io) sono   *I am*
> (tu) sei   *you are (familiar)*
> (lui/lei) è   *he/she is*
>
> NB *The third person singular is also used
> for formal address* (lei).

Per casa

*Look at the grid on page 13 and write all you
can about Paolo and Lisa using the third
person of verbs. Do the same about yourself in
the first person.*

— Io mi chiamo Marta. E tu?
— Io no.

20 📖 👥 Franca fa conoscenza con
Miguel. *(Franca gets to
know Miguel.)*

*Unscramble the dialogues and practise them
with a partner.*

> **a** Roma   (**a** con nomi di città)
> **in** Italia   (**in** con nomi di paesi e regioni)

---

a   Per lavoro.
     Scusi, dove va lei?
     In vacanza o per lavoro?
     In Italia, a Roma.
     Io invece vado in vacanza.

b   Sono italiana, sono di Roma.
     No, sono di Siviglia. E lei di dov'è?
     No, sono spagnolo.
     È di Madrid?
     Scusi, lei è inglese?

21 a Faccia tre piccoli dialoghi con altri studenti.

(Make up three short dialogues with other students.)

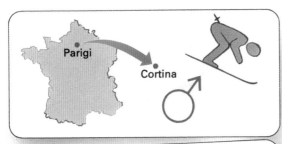

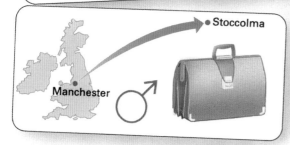

b Per casa
Scriva due dialoghi. *(At home: write out two of the dialogues.)*

22 Quattro persone parlano di sè. *(Four people talk about themselves.)*

Draw a grid like the one in 17b. Listen and write down the information. Write about one person as in 19, **Per casa**.

Grammatica

1 Genere (*Gender*)

Nouns in Italian are either masculine (maschile) *or feminine* (femminile).

Maschile	Maschile/Femminile	Femminile
-o	**-e**	**-a**
cappuccin**o**	caff**è** (*m*)	birr**a**
	television**e** (*f*)	

2 Accordo (*Agreement*)

An adjective in Italian must agree with the noun it refers to. Here are the singular forms:

vin**o** ross**o** (*m s*)   vin**o** frances**e**
acqu**a** fresc**a** (*f s*)   acqu**a** bollent**e**

caff**è** ner**o** (*m s*)   t**è** cinese
television**e** italian**a** (*f s*)   tv ingles**e**

NB: Nouns and adjectives ending in -e *can be either masculine or feminine.*

3 Articolo indeterminativo (*Indefinite article*)

The Italian for a/ an is **un/uno/una/un'**:
m   **un**   treno/amico/caffè
         before a consonant or a vowel
m   **uno**   zoo/studente/psichiatra
         before **s** + *consonant*, **z** *or* **ps**
f   **una**   banana/televisione
         before a consonant
f   **un'** aranciata/isola
         before a vowel

4 Singolare e plurale

	Sing.	**Pl.**		**Sing.**	**Pl.**
m	gelat**o**	gelat**i**	*f*	neve	nevi
f	birr**a**	birr**e**	*m*	bicchiere	bicchier**i**

5 *Forms of address*

Formal: (**lei** +) *verb in the third person singular*
Esempio: E lei come si chiama?

6 Verbi: presente *(1st, 2nd, 3rd person singular)*

(io)	son**o**	mi chiam**o**	vad**o**	prend**o**
(tu)	se**i**	ti chiam**i**	va**i**	prend**i**
(lei)	**è**	si chiam**a**	va	prend**e**

The first person singular always ends in **-o**.
The third person singular ends in either -a *(-***ARE** *verbs) or in* -e *(-***ERE** *and* **-IRE** *verbs).*

Vocabolario

Al bar	*At the bar*
l'acqua minerale	*mineral water*
l'anguria	*water melon*
l'aranciata	*orange juice*
un bicchiere d'acqua	*a glass of water*
la birra	*beer*
la bibita	*drink*
il caffè	*coffee*
la cioccolata	*chocolate*
il cornetto	*croissant*
il fico	*fig*
il frullato di frutta	*fruit shake*
il gelato	*ice cream*
il ghiaccio	*ice*
il limone	*lemon*
le patatine	*crisps*
la pesca	*peach*
lo spumante	*sparkling wine*
il succo di frutta	*fruit juice*
il tè	*tea*
il tramezzino	*sandwich*
il vino	*wine*
lo zucchero	*sugar*
con	*with*
senza	*without*
Dica?,Desidera?	*Can I help you?*
Ecco a lei	*There you are*
per favore	*please*
Per lei signorina?	*For you, young lady?*
Per me . . .	*For me . . .*
Vorrei	*I would like*

Presentazioni	*Introductions*
buongiorno	*goodmorning, good day*
come si chiama?	*what's your name? (formal)*
di dov'è lei?	*where are you from? (formal)*
dove va (lei)?	*where are you going? (formal)*
in vacanza	*on holiday*
mi chiamo . . .	*my name is . . .*
per lavoro	*for work*
per tre giorni	*for three days*
piacere!	*pleased to meet you!*
signora	*madam*
signore	*sir*
signorina	*young lady*
sono di . . .	*I am from . . .*
(io) vado	*I go, I am going*

Colori	*Colours*
azzurro/a	*blue*
bianco/a	*white*
giallo/a	*yellow*
nero/a	*black*
rosso/a	*red*
verde	*green*

Aggettivi	*Adjectives*
bollente	*boiling hot*
caldo/a	*hot*
freddo/a	*cold*
fresco/a	*fresh, cool*
ghiacciato/a	*ice cold*
molto caldo/a	*very hot*
non troppo caldo/a	*not too hot*

Soldi	*Money*
un euro (inv.)	*one euro*
10 euro (inv.)	*10 euros*

Posizione	*Location*
a destra	*on/to the right*
a Roma	*to/in Rome*
a sinistra	*on/to the left*
a sud delle Alpi	*south of the Alps*
a un'altezza di	*at a height of*
c'è	*there is*
ci sono	*there are*
dov'è?	*where is?*
in Italia	*to/in Italy*
(a) nord, sud, est, ovest	*north, south, east, west*
siamo	*we are*
sopra	*above*
sotto (di noi)	*under (us)*

Numeri	**Numbers**
zero	*zero*
uno	*one*
due	*two*
tre	*three*
quattro	*four*
cinque	*five*
sei	*six*
sette	*seven*
otto	*eight*
nove	*nine*
dieci	*ten*
il numero di telefono	*telephone number*

lavorare per vivere

Talking about work
Asking and giving the time
Enquiring about opening and closing times
Describing your daily routine
Dates and birthdays

Giorgio Melli

Pietro Martelli

Armando Picasso

Mario Migucci

Lina Funale

Alberto Moravia

Mariella Scotti

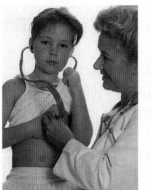

Anna Vinci

- Che lavoro fa? *(What is her/his job?)*

- Ascolti e controlli. Sottolinei la sillaba accentata (es: il <u>vi</u>gile).

- C'è il suo lavoro qui? *(Is your job here?)* Chieda all'insegnante il nome di altri lavori. *(Ask your teacher what other jobs are called.)*

la dottoressa	l'operaio
l'impiegata	lo scrittore
la segretaria	il vigile urbano
il biologo	il parrucchiere

Scusi, come si dice in italiano …?
Excuse me, how do you say … in Italian?

A Che lavoro fa lei?

1 Ascolti e metta i numeri da 1 a 6.

> Senta, lei che lavoro fa?

> Che lavoro fai, Piero?

> Faccio la segretaria.

> Io sono psicologa.

> Faccio il papà!

> Lei che lavoro fa?

Avete notato?

Che lavoro **fai**, Piero?
  (tu: *informal*)
Che lavoro **fa**, signora Vinci?
  (lei: *formal*)

Faccio la segretaria
        il papà   **Sono** psicologa

2 👥 **Presentazioni**
   Scelga un lavoro e un nome a pagina 17 e si presenti.
(Choose a job and a name from page 17. Introduce yourself and discover what other people do.)

Esempio: Mi chiamo Lina e faccio l'impiegata. E lei?

3

 Vero o falso? Ascolti bene.

- Franco fa il medico.
- Luciano fa lo studente.
- Angela fa la psicologa.
- Liliana fa l'insegnante.
- Bibi fa la segretaria.

Avete notato?

il medico	*doctor*	**la** commessa
		shop assistant
l'avvocato	*lawyer*	**l'**insegnante
		teacher
but		
lo studente		
lo zio		

This is the definite article. See page 240.

Da quanto tempo fa questo lavoro?

4 **Da quanto tempo?** *(How long?)*

a Guardi la vignetta e scelga la
risposta.
(Look at the cartoon and choose an answer)

Da 20 minuti *(minutes)*
tre giorni *(days)*
una settimana *(week)*
due mesi *(months)*
un anno *(year)*
venti anni *(twenty years)*

Avete notato?

Da quanto tempo . . . ? *How long . . . ?*

Da quanto tempo studi l'Italiano?
Studio l'Italiano da due mesi.

Present tense + **da** *+ time*

b Fatevi le domande. (*Ask each other the
questions.*)

* Da quanto tempo studia l'italiano?
* Da quanto tempo vive in questa città?
* Da quanto tempo non va al cinema?
* Da quanto tempo non prende un caffè?

5 **Le piace il suo lavoro?** *(Do you
like your job?)*

Mi piace *(I like it).*   Non mi piace *(I don't like it).*

a

È un lavoro interessante: mi piace.
È un lavoro noioso *(boring)*: non mi piace.
È un lavoro difficile: . . .

Continuate a turno con:

facile *(easy)*
vario
monotono
stimolante
faticoso *(tiring)*

b Per me il lavoro ideale è . . .

*Choose three adjectives to describe your ideal
job, in order of priority.*

6 🕴🕴 **Studente A** e **Studente B:** Guardate i disegni e continuate con i lavori nel riquadro. *(Look at the drawings and continue with the appropriate jobs in the box.)*

> Dove lavora?

> Faccio il cuoco, lavoro in un ristorante.

programmatore di computer   papà
chimico   cameriere   ricercatore
commesso   dottore   mamma
impiegato   farmacista   meccanico
insegnante *(teacher)*

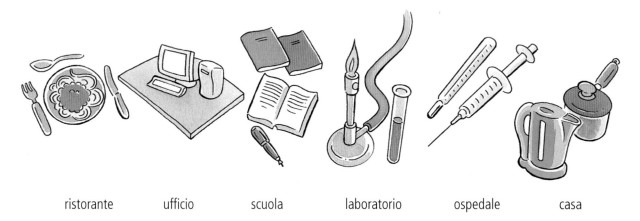

ristorante   ufficio   scuola   laboratorio   ospedale   casa

7 📼 ✏️ Riascolti Angela, Liliana, Luciano, Franco e Bibi (Attività 3). *The details in the chart are all mixed up. Sort them out and rewrite the chart correctly. Add* mi piace *or* non mi piace *in the last column.*

Nome	Lavoro	Da quanto tempo	Dove	🙂 Mi piace 🙁 Non mi piace
Angela	insegnante	2 mesi	in ospedale	
Liliana	mamma	20 anni	in casa	
Luciano	avvocato	20 anni	in palestra	
Franco	medico	30 anni	in uno studio	
Bibi		18 anni	in un negozio	

Per casa *Write up each person's story as in the model:* es: Franco fa l'avvocato da 20 anni. Lavora in uno studio. Gli piace molto.

NB: use **gli piace** *when speaking about a man,* **le piace** *for a woman*

8 a ✏️ Metta insieme *(match)* domande e risposte.

A	Che lavoro fa?	**1**	Mi chiamo Lillo Vinti.
B	Come si chiama?	**2**	Faccio l'architetto.
C	Le piace il suo lavoro?	**3**	Da dieci anni.
D	Da quanto tempo fa questo lavoro?	**4**	In uno studio.
E	Dove lavora?	**5**	Mi piace moltissimo.

b 👥

Studente A: Intervisti *(interview)* Studente B.

Studente B: pagina 223.
Scambiatevi i ruoli. *(Swap roles.)*

9 📖 ✏️ Guardi le vignette e scriva.
Chi . . .

. . . serve in un ristorante?
. . . lavora in un ufficio?
. . . cura i pazienti? *il dottore*
. . . vende fiori *(sells flowers)*?

Il presente dei verbi regolari			
(io)	lavor**o**	vend**o**	serv**o**
(tu)	lavor**i**	vend**i**	serv**i**
(lui/lei)	lavor**a**	vend**e**	serv**e**
	lavor**are**	vend**ere**	serv**ire**

Ci sono tre categorie di verbi in italiano:

-ARE   **-ERE**   **-IRE**

1

Un momento, dottore.

2

E lei aspetta da molto tempo?

3

Ecco un impiegato puntuale!

4

Cameriere, conti separati, per favore!

10 La postina

a 📖 ✏️ Rimetta gli articoli.
(*Supply the missing articles.*)

In bicicletta, consegna lettere e pacchi. . . .
L'orario è concentrato
nella mattinata. . . .
stipendio è buono. . . .
lavoro di postina è
adatto anche a una
donna con bambini
piccoli. Sara De
Gasperis, 30 anni, due
bambini, lavora da sette
anni per . . . Posta di
Novara. . . . aspetto
piacevole di questo
lavoro è . . . possibilità di
stabilire contatti umani,
dice . . . simpatica
postina.

b ✏️ Trovi l'inglese per queste parole: è
molto simile all'italiano!

bicicletta	stipendio	possibilità
lettere	postina	stabilire
pacchi	aspetto	contatti
è concentrato	piacevole	umani

c 💬 ✏️ In che città lavora la postina?
Che mezzo di trasporto usa?
Quanti bambini ha?
Da quanto tempo fa questo lavoro?

d 👥
Studente A: Ora intervisti la postina
(Studente B) come in Attività 8.
Studente B: Lei è la postina.

11 👥 Intervisti questi personaggi famosi.
(*Interview these famous people.*)
Studente A: Faccia le domande come in
Attività 8.
Studente B: pagina 223.
Scambiatevi i ruoli.

A

B

C

D

E

B Che ore sono?

   Studi i numeri da 11 a 100.

undici	ventuno
dodici	ventidue
tredici	trenta
quattordici	quaranta
quindici	cinquanta
sedici	sessanta
diciassette	settanta
diciotto	ottanta
diciannove	novanta
venti	cento

13 Ascolti e completi.

> Scusi, che ore sono?
> Scusi, che ora è? } *What time is it?*

1 Sono le
....

2 ....
e un quarto

3 ....
e mezza

4 ....
e tre quarti

5 È l'una

14 Legga ad alta voce:

11.15	9.30	4.45
6.45	12.15	2.30

15 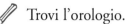 Trovi l'orologio.

A  **B**  **C**

D **E**

1 Sono le undici meno dieci.
2 È l'una meno diciotto.
3 Sono le dieci e dieci.
4 Sono le nove e sette.
5 È mezzogiorno in punto.

Sono le sei	**e**	un quarto mezza dieci
	meno	un quarto cinque venti
but		
È	l'una mezzogiorno mezzanotte	

NB: Italians use the 24-hour clock for timetables and radio / TV programmes.

16 ✏ 👥 Indovini che ora è.
Write down four different times of day. Your partner must guess what they are. Help him/her with:

| un po' prima
un po' dopo
(a little before/after) | molto prima
molto dopo
(a lot before/after) |

17 A che ora comincia?

Primo giorno di scuola per Valentina e Titta.

a 📼 ✏ Ascolti e scriva le ore.

l'inizio	beginning
la fine	end
iniziare cominciare }	to start
finire	to end

Per il verbo finire *vedi pag. 33.*

	Valentina	Titta
Inizio lezioni		
Intervallo		
Fine lezioni		

| A che ora? | Alle … |
| *At what time?* | *At …* |

b ✏ Che differenza c'è? Completi.

Titta comincia alle . . . . e finisce
alle . . . .
Valentina . . . .
e . . . .

18 ✏ Mattina, pomeriggio, sera, notte
(Morning, afternoon, evening, night)
Match the times to the pictures, then choose the appropriate greeting.

1

2

3   **4**

A   19,00: le sette di sera
B   16,00: le quattro di pomeriggio
C   2,00: le due di notte
D   6,00: le sei di mattina

Buongiorno!   Buonanotte!   Buonasera!

19 A che ora aprono le banche?

Peter has just arrived in Rome. Ugo tells him the local opening and closing times.

a 🖋 Ascolti e scriva l'ora.

La banca apre . . . . e chiude . . . .
I negozi aprono . . . . . . e chiudono . . . . . .
I bar aprono . . . . e chiudono . . . .

A che ora apre/aprono?
(What time does it/do they open?)

la banca	apr**e**	chiu**de**
le banche	apr**ono**	chiu**dono**
	apr**ire**	chiu**dere**

---

orario di apertura
feriali 9.00 - 20.00
festivi 10.00 - 13.30
          16.00 - 19.30

b 📖 👥 Continui a dare informazioni a Peter.

Peter	A che ora comincia il pranzo al ristorante?
Lei	. . . .
Peter	A che ora apre la libreria *(bookshop)*?
Lei	. . . .
Peter	Quando comincia "La Dolce Vita"?
Lei	. . . .
Peter	E quando finisce?
Lei	Non lo so.

---

orario continuato

librerie aperte tutto il giorno tutti i giorni:

feriali 9.00 – 20.00
festivi 10.00 – 13.30
          16.00 – 19.30

Librerie Feltrinelli

LA DOLCE VITA Italia 1960. Dur. 2h 53'.

Regia: Federico Fellini. Con: Marcello Mastroianni, Anita Ekberg, Anouk Aimée.

Un giornalista si aggira distrattamente nell'universo che ruota intorno a Via Veneto. È un affresco di un'epoca e di un momento sociale, tra l'onirico e il surreale. Alcune sequenze, e non solo quella del bagno nella Fontana di Trevi, sono rimaste nella storia del cinema. Scritto da Fellini, Pinelli e Flaiano, ha scatenato a suo tempo fischi e polemiche, ma presto ha fatto il giro del mondo diventando per tutti "il Film".

☐ **METROPOLITAN, via del Corso** 7, tel. *3600933*. **Orari:** *16; 18,15 20,20; 22,30.* **Biglietto:** €6,20.

Bauli
Grill
Ristorante
al 1° Piano

A pranzo   A cena
dalle 11° alle 15 dalle 18° alle 22

Gustate la nostra pasta fatta in casa le nostre specialità di pesce, il baccalà alla vicentina, gli arrosti, le insalate, i dessert . . . . . .
Servitevi a volontà

20   In Italia … In Inghilterra …

> *Definite article, plural:*
> **le**   banche *(f pl)*
> **i**   ristoranti *(m pl)*
> **gli**   uffici, **gli** studenti *(m pl)*

a

Studente A: *Ask Student B about opening and closing times in Italy. Then answer Student B's questions about England.*

Studente B: pagina 224.

	ITALIA		INGHILTERRA	
	Apertura	**Chiusura**	**Apertura**	**Chiusura**
le banche			9.30	15.30
i supermercati			8.30	18
i negozi			9.30	17.30
le scuole			9	15.30
i bar/i pub			11	23
gli uffici			9	17
i musei			10	18
i cinema			16.30	22.45

b

Scriva quattro differenze tra Italia e Inghilterra. Usi **ma** *(but)* e **mentre** *(while)*.

es: In Italia i bar aprono alle 7 mentre in Inghilterra aprono alle 11.

Per casa

Nella vostra zona ci sono supermercati o musei aperti fino a tardi? Scrivete un paragrafo.

> i bar, i cinema *(irregular plurals)*

C La routine quotidiana

21 a  🖉 **A che ora ti alzi?**

Ascolti e scriva le ore.

Note that with children the informal form of address (tu) *is used.*

alzarsi	*to get up*
andare a letto	*to go to bed*
cenare	*to have dinner*
pranzare	*to have lunch*

presto   **tardi**

	Si alza		Cena	Va a letto	
	d'estate	**d'inverno**		**d'estate**	**d'inverno**
Natalia					
Fiora					
Camilla					
Maria Chiara					

b 💬 🖉 Chi si alza per prima d'estate?
Chi si alza per prima d'inverno?
Chi cena tardi?
Chi cena presto?
Chi va a letto per prima?
Chi va a letto per ultima?
Chi si alza sempre alla stessa ora?

per primo/a	*first*
per ultimo/a	*last*
sempre	*always*
di solito	*usually*
l'estate	*summer*
l'inverno	*winter*

c Riascolti e trovi le domande.

. . .?　　　　Mi alzo alle otto.
. . .?　　　　Ceno alle 7,30.
. . .?　　　　Vado a letto alle 11.

Avete notato?

(io)　　　mi alz**o**
(tu)　　　ti alz**i**
(lui/lei)　si alz**a**

verbo riflessivo: alzar**si**

d In classe, copi la scheda delle bambine (**21a**) e faccia un sondaggio. *(In class, copy the girls' timetable and do a survey.)* Usi il **tu**.

prendo un caffè　　mi sveglio e mi alzo

mi lavo e mi vesto　　arrivo in studio

esco e vado al lavoro　　lavoro con i clienti

mi faccio la doccia

ceno　　finisco e torno a casa

vado a dormire　　guardo la tv

prendo un panino al bar

22 **La giornata di Franco, un avvocato romano**

a *Before listening, guess his routine. Write the time for each picture and compare with a partner.*

Altri verbi riflessivi	
svegliarsi	*to wake up (literally: to wake oneself up)*
lavarsi	*to wash*
vestirsi	*to get dressed*
farsi la doccia	*to have a shower*

Tre verbi irregolari

esco	vado	faccio
esci	vai	fai
esce	va	fa
uscire	and**are**	**fare**
to go out	*to go*	*to do*

b  Giusto? Ascolti e controlli con la cassetta. Scriva la frase giusta sotto ogni figura *(illustration)*.

c 👥 **L'intervista**

Studente A: Faccia cinque domande a Franco.

Studente B: Lei è Franco.

> Quando …?

> A che ora …?

> Che fa alle …?

23 ✏️ 👥 Scriva la sua routine del lunedì. A coppie, fatevi le domande come in **22c**.

(Write down your Monday routine. In pairs, ask each other questions, as in 22c.)

Espressioni utili

(non)	esco	presto	vado	al	lavoro
	torno	tardi			cinema
					ristorante
	preparo	il pranzo		in	ufficio
		la cena		a	casa
	leggo	un libro	faccio		colazione
		i giornali			la spesa
					i compiti
	prendo	l'autobus			
		un caffè	guardo		la televisione

D Giorni e date

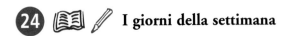

24 I giorni della settimana

Gli appuntamenti del

Corriere della Sera

Tutti i giorni il *Corriere della Sera* pubblica un supplemento su un tema di grande interesse e attualità.

LUNEDÌ

● **CORRIERE SPORTIVO**
Risultati, interviste, commenti.

MARTEDÌ

● **CORRIERE DELLE SCIENZE**
Un indispensabile aggiornamento scientifico.

MERCOLEDÌ

● **CORRIERE DELLE INCHIESTE**
Problemi di oggi in Italia e nel mondo.

GIOVEDÌ

● **CORRIERE DELL'ECONOMIA**
Le domande e le risposte.

VENERDÌ

● **CORRIERE DEL LAVORO**
Le migliori opportunità.

SABATO

● **CORRIERE DEGLI SPETTACOLI**
Opinioni e consigli.

DOMENICA

● **CORRIERE DEI LIBRI E DELL'ARTE**
Una guida selezionata.

L'appuntamento quotidiano col vostro giornale!

In che giorno della settimana compri il *Corriere* se . . . ?

(On which day of the week do you buy the Corriere if . . . ?)

● sei un biologo.
● ti interessa l'arte moderna.
● sei un industriale.
● adori lo sport.
● vuoi cambiare lavoro.
● vuoi vedere un buon film.
● ti interessano i problemi sociali e politici.

Presente del verbo **essere**
(*to be*)

(io)	sono	*I am*
(tu)	sei	*you are*
(lui/lei)	è	*he/she is*
(noi)	siamo	*we are*
(voi)	siete	*you are*
(loro)	sono	*they are*

N.B. In this activity the **tu** *form is used. See page 32.*

See page 32.

25 a  **I mesi**

Repeat and learn by heart.

Trenta giorni ha novembre
con aprile, giugno e settembre.
Di ventotto ce n'è uno.
Tutti gli altri ne han trentuno.

Presente del verbo **avere** (*to have*)		
(io)	ho	*I have*
(tu)	hai	*you have*
(lui/lei)	ha	*he/she it has*
(noi)	abbiamo	*we have*
(voi)	avete	*you have*
(loro)	hanno	*they have*

b Quanti giorni ha Febbraio?
Chieda ai compagni.

Completi con i nomi dei mesi.

GENNAIO	----------	MARZO
----------	MAGGIO	----------
LUGLIO	----------	----------
OTTOBRE	----------	DICEMBRE

26 Unisca foto e stagioni.

(Match the photos to the seasons.)

in primavera
in autunno
d'estate
d'inverno

A   B   C   D

Quanti anni hai?   Ho sei anni.

27   Scriva l'età di ogni bambina:

(Write the girls' ages:)

Carolina: Aurora:
Camilla: Maria Chiara

28 a Oggi è il 15 agosto.
Ascolti e ripeta.

A   Senti, Carolina, quanti anni hai?
B   Ho nove anni.
A   E quando è il tuo compleanno?
B   Il sedici agosto.
A   Allora tanti auguri! Buon compleanno!

b   Continui con un compagno.

Diana:	Stefano:
15 anni	5 anni
29 luglio	4 settembre

Nonna:	Lia:
83 anni	24 anni
10 dicembre	8 aprile

29 Trovi quante persone
nella classe sono nate
(born) nello stesso mese.

Grammatica

1 Articolo determinativo *(Definite article)*

	Singolare	Plurale
m	**il** bambin**o**	**i** bambin**i**
	lo **z**io/**s**tudente	**gli** **z**ii/**s**tudent**i**
	(**s** + *consonant or* **z**)	
f	**la** dottoressa	**le** dottoress**e**
m	**l'**avvocat**o** (vowel)	**gli** avvocat**i**
f	**l'**isol**a**	**le** isol**e**

2 Forms of address

Informal: (**tu** +) *verb in the second person.*
Esempio: Quanti anni hai? A che ora ti alzi?
Tu *is used with children, friends and family.*

Formal: (**Lei** +) *verb in the third person.*
Esempio: Che lavoro fa? Quanti anni ha?

*Note that you don't need to use the subject
pronouns except for emphasis.*

3 Ausiliari *(Auxiliaries)*

	essere	**avere**
	(to be)	*(to have)*
(io)	sono	ho
(tu)	sei	hai
(lei/lui)	è	ha
(noi)	siamo	abbiamo
(voi)	siete	avete
(loro)	sono	hanno

4 Verbi regolari. Presente.

Italian verbs fall into three groups, ending in **-are**,
-ere *or* **-ire**:

	lavor**are**	prend**ere**	apr**ire**
(io)	lavor**o**	prend**o**	apr**o**
(tu)	lavor**i**	prend**i**	apr**i**
(lui/lei)	lavor**a**	prend**e**	apr**e**

5 Verbi in **-isc-**

Some -ire *verbs add* -isc- *before some of the
endings as follows:* **finire**

fin**isco**
fin**isci**
fin**isce**
finiamo
finite
fin**iscono**

See also page 45.

6 Verbi riflessivi *(Reflexive verbs)*

Many 'daily routine' activities are expressed by reflexive verbs:

	alz**arsi**	lav**arsi**	svegli**arsi**
(io)	**mi** alzo	**mi** lavo	**mi** sveglio
(tu)	**ti** alzi	**ti** lavi	**ti** svegli
(lei/lui)	**si** alza	**si** lava	**si** sveglia

7 Verbi irregolari *(Irregular verbs)*

	fare	**andare**	**uscire**
(io)	faccio	vado	esco
(tu)	fai	vai	esci
(lei/lui)	fa	va	esce

8 piacere

Mi piace la televisione.	*I like TV.*
Non mi piace il vino.	*I don't like wine.*
Mi piacciono gli spaghetti.	*I like spaghetti.*

9 Per fare domande *(Asking questions)*

Che …?	*What …?*

Che lavoro fa?
Che ore sono?
A che ora …?

Quanti/e …?	*How many …?*

Quanti anni hai?
Quante sorelle ha?

10 Da quanto tempo? *(How long?)*

present + **da** *+ time*

Da quanto tempo studi l'italiano?
How long have you been studying Italian?

Studio l'italiano da due mesi.
I've been studying Italian for two months.

11 Giorni e date *(Days and dates)*

Paolo arriva lunedì.
(with days, no capitals, no prepositions)

Paolo arriva il 15 aprile.
(with dates, no capitals, no ordinal numbers):

articolo + numero + mese

Vocabolario

Il lavoro	*Work*
l'avvocato	*lawyer*
il biologo	*biologist*
il cameriere	*waiter*
la commessa	*shop assistant*
il cuoco	*cook*
il dottore	*doctor (m)*
la dottoressa	*doctor (f)*
l'impiegato/a	*clerk, officer worker*
l'insegnante	*teacher*
il medico	*doctor*
l'operaio	*worker*
il parrucchiere	*hairdresser*
il professore	*teacher*
la psicologa	*psychologist*
lo scrittore	*writer*
la segretaria	*secretary*
il vigile urbano	*policeman*
la banca	*bank*
il negozio	*shop*
l'ospedale	*hospital*
la scuola	*school*
l'ufficio	*office*
difficile	*difficult*
facile	*easy*
faticoso/a	*tiring*
interessante	*interesting*
monotono/a	*monotonous*
noioso/a	*boring*
simpatico/a	*pleasant*
stimolante/a	*stimulating*
vario/a	*varied*
mi piace/piacciono	*I like*
gli piace/piacciono	*he likes*
le piace/piacciono	*she likes*

L'ora	*The time*
Che ora è?	*What time is it?*
È l'una	*It's one o'clock*
Sono le due	*It's two o'clock*
le tre	*three o'clock*
le tre e un quarto	*a quarter past three*
le tre e mezzo	*half past three*
le tre e tre quarti	*a quarter to four*
le quattro meno un quarto	*a quarter to four*
mezzogiorno	*midday*
mezzanotte	*midnight*
in punto	*on the dot*

La routine quotidiana

Daily routine

(giorni) feriali	*weekdays*
(giorni) festivi	*Sundays and holidays*
alzarsi	*to get up*
andare a letto	*to go to bed*
aprire	*to open*
cambiare	*to change*
cenare	*to have dinner*
chiudere	*to close*
cominciare	*to begin*
fare	*to do*
finire	*to finish*
pranzare	*to have lunch*
la colazione	*breakfast*
il pranzo	*lunch*
la cena	*dinner, evening meal*
prima (adv.)	*first*
per primo/a	*first*
poi	*then*
presto	*early*
tardi	*late*
per ultimo/a	*last*

I giorni, i mesi, le stagioni

Days, months, seasons

la mattina	*morning*
il pomeriggio	*afternoon*
la sera	*evening*
la notte	*night*
lunedì	*Monday*
martedì	*Tuesday*
mercoledì	*Wednesday*
giovedì	*Thursday*
venerdì	*Friday*
sabato	*Saturday*
domenica	*Sunday*

gennaio	*January*
febbraio	*February*
marzo	*March*
aprile	*April*
maggio	*May*
giugno	*June*
luglio	*July*
agosto	*August*
settembre	*September*
ottobre	*October*
novembre	*November*
dicembre	*December*
la primavera	*spring*
l'estate	*summer*
l'autunno	*autumn*
l'inverno	*winter*
buon compleanno	*happy birthday*
tanti auguri	*best wishes*

Numeri

Numbers

undici	*eleven*
dodici	*twelve*
tredici	*thirteen*
quattordici	*fourteen*
quindici	*fifteen*
sedici	*sixteen*
diciassette	*seventeen*
diciotto	*eighteen*
diciannove	*nineteen*
venti	*twenty*
ventuno	*twenty-one*
ventidue	*twenty-two*
ventotto	*twenty-eight*
trenta	*thirty*
quaranta	*forty*
cinquanta	*fifty*
sessanta	*sixty*
settanta	*seventy*
ottanta	*eighty*
novanta	*ninety*
cento	*(a) hundred*

in famiglia

- Introducing people
- Talking about the family
- Describing people and pets
- Agreeing and disagreeing
- Giving personal information

Ti presento mio marito.

E questo è mio figlio, e questa è mia figlia.

È tuo fratello?

Piacere!

No, è mio cugino, e questa è mia sorella.

Piacere!

Piacere!

Questo è Carlo e quella è sua moglie.

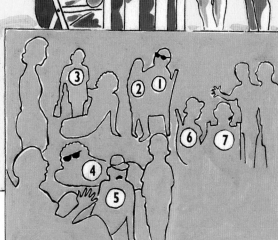

questo/a	*this*
quello/a	*that*

 • Ascolti e ripeta con l'intonazione giusta.
 (Listen and repeat with the right intonation.)

 • Scriva il legame di famiglia per ogni siluetta.
(Write the family relationship for each silhouette.)
Esempio. **1**: marito

Ti presento mio marito.

Piacere!

Continuate con:

mia sorella	mio fratello
mia moglie	… marito
… figlio	… cugino
… figlia	… cugina

A In famiglia

1

Quanti siete in famiglia?

Siamo in due.

Vivo solo.

Siamo in cinque, mia moglie, tre figli e io.

siamo	*we are*
siete	*you are*
sono	*they are*
siamo in cinque	*there are five of us*

Continui con un compagno.

2 a Mio o mia?

Ascolti, completi e legga *(read)*.

Piero

Ecco la mia famiglia. Questo sono io, Piero.
Ho due sorelle e un fratello: Carla, Silvia e
Gianni. . . . madre si chiama Teresa e . . .
padre si chiama Enrico. . . . padre ha un
fratello più grande, zio Roberto, e una sorella
più piccola, zia Mariella. . . . madre invece è
figlia unica. I miei nonni materni abitano in
campagna. . . . nonna si chiama Irene e ha
68 anni, e . . . nonno si chiama Eugenio e ha
70 anni. I nonni paterni non ci sono, sono
morti.

È figlia unica *She's an only child*

b 🖉 Scriva l'albero genealogico di Piero.

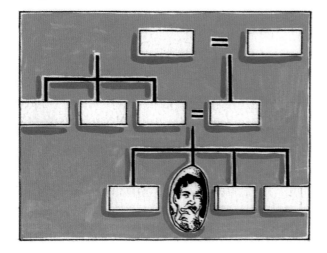

Avete notato?

la mia famiglia   *but*   **mia** madre
la mia casa   **mio** padre

The possessive is always preceded by the article, except with family nouns in the singular.

c 🖉 Guardi l'albero genealogico e completi:

Gianni è il . . . di Piero.
Silvia è la . . . di Gianni, Piero e Carla.
Enrico è . . . . . . di Piero, Gianni, Silvia e Carla.
Teresa è . . . . . . di Piero, Gianni, Silvia e Carla.
Enrico è il marito di . . .
Teresa è . . . moglie di . . .

Continui lei. Faccia altre frasi.

d 👥 💬 Quanti fratelli ha Silvia?
Chi è Eugenio?
Quante sorelle ha Enrico?
Come si chiama la nonna di Carla?

quanti? quante?	*how many?*
chi?	*who?*

3 ☎ 🖉 **Hai fratelli e sorelle?**
Ascolti e faccia una frase con **è** o **ha** per ogni persona.

Avete notato?

Hai   fratelli e sorelle?
Sei   figlia unica?

essere e **avere**: pagina 45.

> Ho due sorelle, una più grande e una più piccola.

Maria Chiara
Camilla
Annetta   **ha**
Aurora   **è**
Il signor Meli

due fratelli e due sorelle.
un fratello più grande.
una sorellina più piccola.
figlia unica.
una sorella più grande.

4  Una famiglia sportiva

Completi con **è**, **ha** o **hanno**.

Questa . . . una foto insolita. La ragazza . . .
americana ma di origine italiana, si chiama
Jennifer Capriati ed . . . una famosa tennista.
Jennifer . . . 24 anni e ha già vinto una
medaglia d'oro. Il suo allenatore . . . suo padre,
Stefano Capriati, che le . . . insegnato a giocare
a tennis da bambina. Ma l'uomo nella foto
non . . . il padre di Jennifer. . . . suo fratello
Steven. Steven . . . solo venti anni ma . . . un
tennista molto bravo. Jennifer e Steven . . .
giocato insieme in un doppio a Wimbledon
nel 2001 ma questa volta non . . . vinto!

5 La famiglia di Luisella

a   Ascolti e completi la scheda.

l'età	age
il legame	relationship
lo stato civile	marital status
il notaio	solicitor

b Ricostruisca le frasi.

● famiglia/persone/quattro/ci sono/nella
● notaio/fratello/il/fa/il
● insegnante/la/sorella/l'/fa

Per casa

Descriva la famiglia di Luisella usando le
informazioni nella scheda.

nome	legame familiare	età	lavoro	stato civile	figli
Elisa					
Giuseppe					
Luciana					

B Che tipo è?

6 🖉 **Il corpo**

Match the names to the parts of the body.
Check with the vocabulary (pagina 46).

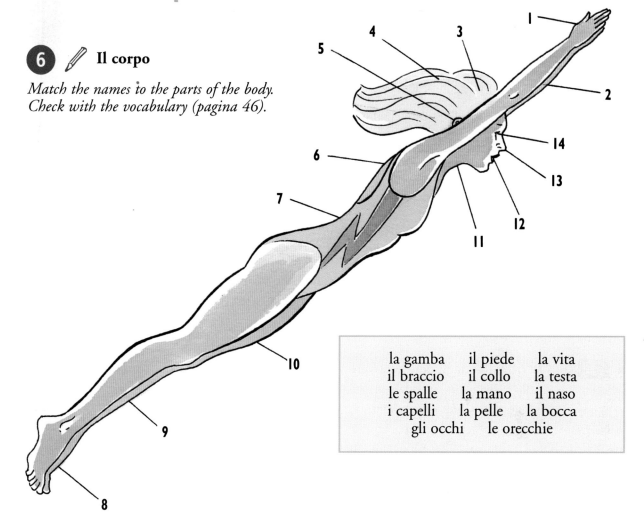

la gamba	il piede	la vita
il braccio	il collo	la testa
le spalle	la mano	il naso
i capelli	la pelle	la bocca
gli occhi	le orecchie	

7 🖉 💬 Questa ragazza ha le proporzioni ideali. Metta gli articoli e scelga gli aggettivi.

Esempio: Ha **le** gamb**e** lungh**e**

diritto/a	*straight*	
folto/a	*thick*	
snello/a	*slim*	

. . . testa   folti
.le. gambe   piccola
. . . vita   lunghe
. . . mani *(f pl)*   bianchi
. . . naso   grande
. . . spalle   diritto
. . . capelli   larghe
. . . bocca   snella
. . . denti   piccole

8

| Elena | Tina | Sandro | Marco | Roberta |

> gli occhi azzurri   i capelli corti   i capelli ricci
> i capelli grigi   gli occhi grandi   i capelli lunghi
> i capelli neri   i capelli biondi   gli occhi castani
> gli occhi verdi   gli occhiali   i capelli castani
> i capelli lisci   la barba bionda   i baffi neri

a Trovi i dettagli per descrivere ogni persona.

(Choose the right details to describe each person.)

Esempio: Tina ha gli occhi azzurri e i capelli neri e corti.

b Giusto? Ascolti e controlli.

(Right? Listen and check.)

9 Trovi i contrari:

alto/a	corto/a
magro/a	bruno/a
riccio/a	liscio/a
lungo/a	grasso/a
biondo/a	basso/a

Check with the vocabulary (pagina 46).

10 *You each write a description of yourselves. Jumble up the descriptions, then take it in turns to read one aloud. The others guess who it is.*

Per casa

Ritagli *(cut)* tre fotografie dai giornali *(newspapers)* e descriva le persone.

11

spiritoso/a	*witty*
simpatico/a	*nice*
impulsivo/a	*impulsive*

a

Anna	Senti, che tipo è Cati?
Laura	Fisicamente?
Anna	Be', in generale, anche fisicamente, com'è?
Laura	Fisicamente, è alta, magra, ha le gambe lunghe e i capelli biondi e gli occhi celesti, e come carattere è molto aperta, simpatica e spiritosa e a volte anche un po' ironica . . .
Anna	Ma mi sembra un po' timida qualche volta . . .
Laura	Sì, è timida, infatti non è molto sicura di sè stessa.

Che tipo è Cati?

Fisicamente	Come carattere

b Ascolti e completi la stessa scheda per Francesca.

Che differenze ci sono tra le due ragazze? Ne parli con un compagno.

Avete notato?

molto aperta	*very open*
non molto alta	*not very tall*
un po' timida	*a bit shy*
abbastanza scura	*quite dark*

Per casa

Write a description of a brother, uncle or father.
Use **molto, abbastanza, un po'.**
Remember to use the masculine form of the adjectives.

12  **Qual è Tommaso Carpi?**

medio/a	*average, medium*
la statura	*height*
gli occhiali	*glasses*

Ditta Martelli
Via Portuense 16
Ostia
                                    Genova, 5 maggio

Gentile Direttore,
arriverò all'aeroporto di Fiumicino alle 12,50 con il volo Alitalia
AZ 560, come d'accordo. Mi riconoscerà facilmente: sono di
media statura, sono molto magro, ho i capelli castani, lisci e gli
occhi scuri. Importante: porto gli occhiali e ho i baffi. In genere
porto scarpe da tennis e jeans, con una giacca blu.

La saluto cordialmente.

Tommaso Carpi

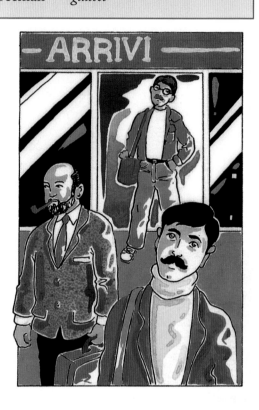

C Animali

13  Studi i nomi degli animali a
destra *(on the right)*. Poi
ascolti e scriva quanti animali ha ogni
persona. Riascolti e completi la scheda.

	Animali	Quanti
Lorenza		
Serena		
Marco		
Valentina		
Renata		
Elena		
Barbara		

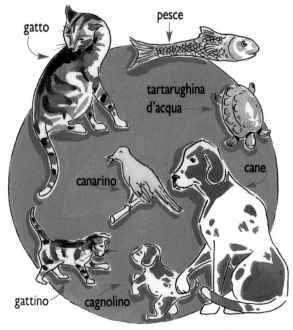

14 a  Metta insieme domande e risposte.

1 Ho cinque cani.
2 Sì, amo gli animali.
3 Si chiama Scheggia.
4 È un fox-terrier.
5 Sì, ho un cane lupo.
6 Non ho nessun animale domestico.
7 Da nove anni.

A Da quanto tempo ce l'ha?
B Le piacciono gli animali?
C Lei ha animali domestici?
D Come si chiama?
E Lei ha un cane in casa?
F Quanti animali ha lei?
G Che cane è?

> Le piacciono gli animali?
> *Do you like animals?*

b Faccia una conversazione con tre persone in classe, usando le stesse domande.

15 a  **I cani o i gatti?**

sono molto affettuosi
sono indipendenti
sono molto puliti
sono costosi per il mangiare
fanno compagnia
sono fedeli
sono egoisti
dormono sui letti
rovinano la casa
sono ottimi amici
non possono stare soli

b Lei preferisce i cani o i gatti? Perché?
Parli con un compagno e chieda se è d'accordo *(ask if s/he agrees)*

Vocabolario a pag. 46.

> Lei è d'accordo?

> Sì, sono d'accordo!

> No, non sono assolutamente d'accordo.

> Verbi in **-isco**:
>
> preferire
>
> prefer**isco**   preferiamo
> prefer**isci**   preferite
> prefer**isce**   prefer**iscono**
>
> Vedi pag. 45.

Per casa

Descriva un animale domestico, suo o di altri, usando le espressioni sopra.

D Presentazioni

16 a   Ascolti. Chi è?

Details of one of these two people are on this page.

A Piacere.
B Piacere!
A È di qui?
B No, sono toscana.
A Ah, io sono di Genova. E lavora qui a Milano?
B No, lavoro a Siena. Ho un negozio di scarpe. E lei?
A Ah! Anch'io faccio il commerciante.
B E da quanto tempo fa questo lavoro?
A Da tre anni. È un lavoro interessante. Viaggio molto. Mi piace viaggiare.
B Ha figli?
A No, non ho figli. E lei?
B Sì, io ho tre figli. Anche a me piace viaggiare. Vado spesso a Firenze per lavoro.

b 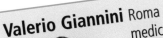 Scelga un personaggio e parli con gli altri come in **a**.

*(Choose a character from the cards and move around talking to people as in **a**.)*

celibe = un uomo non sposato
nubile = una donna non sposata

Angela Vettori   Milano
architetto da 12 anni
nubile
35 anni
Interessi: l'amicizia

Mina Donisio   Palermo
segretaria da 5 anni
nubile
22 anni
Interessi: il tennis

Marta Bonelli   Siena
commerciante (negozio di scarpe)
sposata da 15 anni,
3 figli
39 anni
Interessi: viaggiare

Valerio Giannini Roma
medico pediatra
(Ospedali Riuniti)
celibe
43 anni
Interessi: l'opera

Renato Frugoni   Vicenza
piccolo industriale
sposato da 20 anni
2 figli (1 maschio/ 1 femmina)
Interessi: la caccia

Stefano Cella   Firenze
camionista da 3 mesi
divorziato
27 anni
niente figli
Interessi: il football

17  Scriva le domande e
trovi una persona che . . .

- è sposato/a
- ha tre figli
- ha meno di 30 anni
- fa la segretaria
- fa il medico

Grammatica

1 Plurali irregolari

Singolare	Plurale	
la mano *(f)*	le mani	*hands*
il braccio	le braccia	*arms*
l'uomo	gli uomini	*men*

For regular plurals, see page 15, no. 4.

2 Aggettivi *(Adjectives)*

All adjectives agree with the noun they refer to, both in gender (see page 15, no. 2) and number.

una ragaz**za** bru**na**	due ragaz**ze** bru**ne**
un ragaz**zo** biond**o**	due ragaz**zi** biond**i**
una donn**a** interessant**e**	due donn**e** interessant**i**
un uom**o** interessant**e**	due uomin**i** interessant**i**

3 Possessivi *(Possessives)*

Like all adjectives, these agree with the noun they refer to. They are normally preceded by the article (il, la etc.):

Maschile		Femminile	
il mio		la mia	
il tuo	libro	la tua	penna
il suo		la sua	
i miei		le mie	
i tuoi	nonni	le tue	sorelle
i suoi		le sue	

But when speaking of members of the family in the **singular**, *the article is* **never** *used:*

mio figlio	mia sorella
tuo marito	tua madre
suo padre	sua zia

4 questo *(this)*, quello *(that)*

	Singolare	Plurale
m	questo	questi
	quello	quelli
f	questa	queste
	quella	quelle

For other forms of quello *(adj.) see page 241.*

5 Presente dei verbi in -**isco**

Some -ire verbs take an -isco ending in the present tense (but not in the noi *and* voi *forms). The most common are* finire, preferire, capire.

finire	capire	preferire
fin**isco**	cap**isco**	prefer**isco**
fin**isci**	cap**isci**	prefer**isci**
fin**isce**	cap**isce**	prefer**isce**
finiamo	capiamo	preferiamo
finite	capite	preferite
fin**iscono**	cap**iscono**	prefer**iscono**

6 Presente di **essere** *(to be)* e **avere** *(to have)*

	essere	avere
(io)	sono	ho
(tu)	sei	hai
(lui/lei)	è	ha
(noi)	siamo	abbiamo
(voi)	siete	avete
(loro)	sono	hanno

7 Avverbi *(Adverbs)*

Adverbs are placed after a verb:
Mario parla **bene** *(Mario speaks well)*
but before an adjective:
È **molto** simpatico *(He's very nice).*

Some adverbs of degree:

un po'	*a little*
abbastanza	*quite, fairly*
molto	*very*

Vocabolario

La famiglia | Family

la madre	mother
il padre	father
il figlio	son
la figlia	daughter
la sorella	sister
il fratello	brother
il/la cugino/a	cousin
il/la nonno/a	grandfather/grandmother
il/la nipote	nephew/niece; grandchild
il marito	husband
la moglie	wife
più grande	older/bigger
più piccolo	younger/smaller
figlio/a unico/a	only child
insolito	unusual
allenatore (m)	trainer
giocare	to play
vincere (vinto)	to win (won)

Il corpo e il carattere | Body and character

i baffi	moustache
la barba	beard
la bocca	mouth
il braccio	arm
le braccia (pl irreg)	arms
i capelli	hair
il collo	neck
i denti	teeth
le gambe	legs
la mano	hand
l'occhio	eye
gli occhi	eyes
l'orecchio	ear
le orecchie (pl irreg)	ears
i piedi	feet
le spalle	shoulders
la testa	head
gli occhiali	glasses
riccio/a	curly
liscio/a	straight (hair)
castano/a	chestnut
biondo/a	fair, blond
corto/a	short (hair etc.)
lungo/a	long
grande	large
piccolo/a	small
alto/a	tall
basso/a	short (height)
magro/a	thin
grasso/a	fat
largo/a	wide, broad
diritto/a, dritto/a	straight
aperto/a	open
simpatico/a	nice
spiritoso/a	witty

Animali domestici | Pets

affettuoso/a	affectionate
egoista	selfish
fedele	loyal
ottimo/a	extremely good
pulito/a	clean
il cagnolino	puppy
il canarino	canary
il cane	dog
il cane lupo	Alsatian
il gattino	kitten
il gatto	cat
il pesce	fish
la tartarughina d'acqua	terrapin
rovinare	to ruin
il pelo	coat

Presentazioni | Introductions

ti presento . . .	let me introduce you to . . . (informal)
le presento . . .	let me introduce you to . . . (formal)
celibe	unmarried (man)
divorziato/a	divorced
nubile	unmarried (woman)
sposato/a	married
il camionista	lorry driver
il commerciante	trader, retailer
i figli	children
l'amicizia	friendship
la caccia	hunting
viaggiare	to travel, travelling
e	and
ed	and (before words beginning with a vowel)

tutti a casa

Talking about homes
Describing rooms and furniture
Finding a house
Booking into a hotel
Making a reservation by letter or phone
Filling in forms

palazzo moderno

palazzina a sei piani

casa di campagna

casetta al mare

villetta a schiera

 Dove abitano? Ascolti e scriva il tipo di casa.

Mauro	
La nonna di Renata	
Vanna	
Armando	
Franco	
Il fratello di Franco e sua moglie	

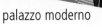

appartamento

A A casa

**R.A.I.1.
RADIOCORRIERE T.V.
UFFICIO PRODUZIONE**

Ditta Musetti & C.
Amministrazione Centrale

STUDIO LEGALE
MELIADÒ-PANZINI

**Studio Medico
Dr. Luigi Franchi
Pediatra**

1 **Dal portiere: a che piano?**

a 📟 ✏️ Ascolti e scriva il piano per ogni ufficio.

al quinto	**piano**	*on the fifth*	*floor*
quarto			*fourth*
terzo			*third*
secondo			*second*
primo			*first*
al pianterreno		*on the ground floor*	

b 👥 es: Scusi, a che piano sta lo studio medico? Fatevi le domande:

2 📖 **Casa o appartamento?**

casa, *sf.* **(a)** house **(b)** home; **a casa**, at home: **vado a casa**, I'm going home

(io) abit**o**	*I live*
(tu) abit**i**	*you live*
(lui/lei) abit**a**	*he/she lives*
(noi) abit**iamo**	*we live*
(voi) abit**ate**	*you (pl) live*
(loro) abit**ano**	*they live*

Presente di abitare (*to live*).
Vedi pagina 66.

Noi italiani generalmente abitiamo in un appartamento, mentre gli inglesi generalmente abitano in una casa. Voi dove abitate? A che piano? Fate un sondaggio (*survey*) in classe.

3 **Quante stanze?**
Ascolti Luisa.

Tick only the rooms she mentions and say how many there are of each.

giardino

camera da letto

cucina

camera da pranzo

salotto (o salone)

ingresso

studio

soggiorno

balcone/terrazzo

bagno

4 a  **La mia casa**

Ascolti Fiora e studi la piantina.

Fiora   La mia casa, credo che sia la casa
tipo della famiglia media italiana.
È un appartamento in un
fabbricato . . . sta al terzo piano.
Appena si entra c'è un corridoio,
o un ingresso come si può
chiamare. A sinistra c'è una
stanza molto grande, poi c'è un
terrazzo che da questa stanza gira
e arriva fino in cucina. In fondo
all'ingresso c'è un piccolo bagno,
un salottino a destra e la cucina a
sinistra. Poi ci sono altre due
stanze e un bagno più grande.

Marina   Sono stanze da letto?

Fiora   Ci sono due stanze da letto, un
salottino, un salone, la cucina e
due bagni.

b 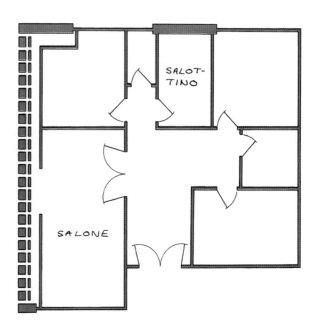 Riascolti e completi con i nomi
delle stanze.

c 🖊 Ora copra *(cover)* la piantina.

Che stanze ci sono?

c'è	ci sono

in fondo
(at the end)

a sinistra   a destra

appena si entra
(as you go in)

5 a

Studente A: Disegni *(draw)* la pianta
della sua casa. La descriva a
Studente B come in Attività **4a**.

Studente B: Disegni la casa di Studente A.

Poi scambiatevi i ruoli.

b Fate la conversazione.

- Quante stanze ci sono nella sua casa?
- Quante camere da letto?
- Ci sono due bagni o uno?
- La cucina è grande o piccola?
- C'è la stanza da pranzo?
- C'è il giardino?

6   Ascolti Renata.

Noi non mangiamo in cucina. Nel salone passiamo moltissime ore della giornata, perché lì guardiamo la televisione, lì io lavoro a maglia, lì io gioco a carte con gli amici. Sul balcone coltivo i fiori. Mia figlia Laura studia nel tinello.

| lì | *there* |
| il tinello = il soggiorno | *living room* |

| cucinare | leggere | lavarsi | guardare la tv | dormire |
| mangiare | coltivare fiori | giocare a carte | lavorare a maglia | pettinarsi |

a 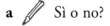 Sì o no?

- La famiglia di Renata mangia sempre in cucina.
- In cucina c'è la televisione.
- Renata gioca a carte con gli amici nel tinello.
- Coltiva fiori sul balcone.
- Lavora a maglia nel salone.
- La figlia studia in camera sua.

b Cosa fa Renata in casa? Studi il vocabolario e completi.

Cosa fa?	*What does she do?*
lavora	(lavor**are**)
legg**e**	(legg**ere**)
dorm**e**	(dorm**ire**)

nel salone . . . .
sul balcone . . .
in cucina . . .
in camera da letto . . .
nel bagno . . . . . .
nello studio . . .
nella stanza da pranzo . . .

Per casa

Descriva le sue abitudini in casa come in Attività 6.

7 ✏ 👥 La casa ideale

Guardi l'opuscolo *(brochure)* e metta in ordine di importanza. Dica le sue preferenze e chieda al compagno.

> Quali sono le cose importanti in una casa per lei?

> Per me le cose più importanti sono il giardino, il riscaldamento e la cucina grande.

PINETA-CASA
La casa per le vacanze

Tutti gli appartamenti hanno:

- riscaldamento *(central heating)*
- finestre grandi *(large windows)*
- doppi servizi (= due bagni)
- garage
- esposizione a sud *(south-facing)*
- cucina grande
- giardino
- balcone
- doccia *(shower)*

8 📖 Il mercato della casa

PICCOLA PUBBLICITÀ

In Liguria, vicino al mare, affitto un appartamento arredato con cucinino, soggiorno, camera, 2 balconi e servizi. Telefonate nelle ore dei pasti al numero 021/63592.

A Salerno vendo per €77.500 un appartamento composto da 4 camere, cucina grande, salone, doppi servizi, garage, a 200 metri dal mare. Telefonate al numero 810/62791.

A Tonezza, a 1200 metri, vicinissimo alle montagne, vendo una villetta a schiera, composta da soggiorno, 3 camere doppie, doppi servizi, cucina piccola, garage, piccolo giardino. Telefonare ore pasti 073/36450.

A Sanremo affitto un appartamento di una camera e soggiorno con divano-letto, cucina, bagno, terrazzo, riscaldamento autonomo. Telefonate al mattino 0571/63456.

A Recanati vendo un apartamento composto da sala, cucina, 2 camere, bagno e posto auto, per €31.000. Telefono 049/26581.

A Riccione, a 150 metri dal mare, vendo un appartamento nuovo, composto da soggiorno, cucina, 2 camere, 2 bagni, terrazzo coperto. Telefonare sera 689/78632.

A Pegli vendo appartamento nuovo, composto da una camera, soggiorno con zona cucina, servizi, con vista sul mare. Telefonare ore pasti al numero 0652/40681.

affittare	*to rent/let*
vendere	*to sell*
vicino a	*near*
i pasti	*meals*
il mare	*sea*
l'auto/la macchina	*car*
il posto auto	*parking space*

a 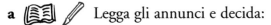 Legga gli annunci e decida:

- Qual è l'appartamento più vicino al mare?
- Quale appartamento ha più camere da letto?
- Quanto costa l'appartamento di Recanati?
- Quali appartamenti hanno più di un bagno?
- Quanti hanno il balcone?
- In quali case c'è il posto per la macchina?
- Qual è la casa per chi ama la montagna?

> | più | *more, most* |
> |---|---|

b All'Agenzia: una casa per l'estate

Studenti A, B e C:
A: una persona singola con la macchina.
B: una famiglia di 4 persone.
C: una coppia con un cane.

Tell the Agency your requirements (four each). For ideas, look at Attività 7 & 8.

Studente D: Lei lavora all'Agenzia. Riempia il modulo *(form)* con le richieste. C'è una casa per queste persone negli annunci?

CASABELLA Agenzia Immobiliare Turistica			
	A	**B**	**C**
cucina camere da letto bagno giardino garage riscaldamento altro			

9 Lei vuole affittare la sua casa durante l'estate. Completi l'annuncio per un giornale italiano.

(You want to let your house during the summer. Complete the ad for an Italian newspaper.)

> Affitto mese luglio .... composto/a da.....
>
> letto, ... grande/piccolo/a,
>
> cucina ....., giardino .....
>
> .... bagno/i, vicino al ......
>
> Telefonare dopo le ...... al ......

B La mia stanza

10 I mobili

a 🖉 Ascolti la descrizione.

Join the names to the pieces of furniture.

un mobile	*a piece of furniture*
i mobili	*furniture*

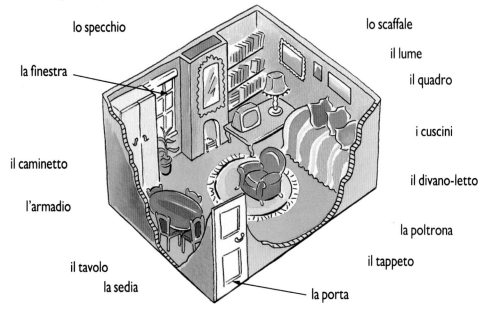

lo specchio

la finestra

il caminetto

l'armadio

il tavolo

la sedia

lo scaffale

il lume

il quadro

i cuscini

il divano-letto

la poltrona

il tappeto

la porta

dietro	*behind*	di fronte a	*opposite*
sotto	*under*	sopra	*above*

b 🖉 *After listening: can you remember this room? Look at the picture and fill in the gaps. Then check with the tape.*

È una stanza abbastanza grande con una sola . . . . A destra c'è un piccolo . . . . Sopra il caminetto c'è uno . . . . antico. La . . . . e il lume sono sul mobile a destra. I libri sono sugli . . . . dietro la televisione. Sotto i . . . . c'è un divano-letto con molti . . . . Al centro della stanza c'è una . . . . A sinistra c'è un . . . . con quattro . . . . Dietro il tavolo c'è un . . . . per i vestiti e, vicino al tavolo, una bella pianta.

Avete notato?

Preposizioni articolate

di + la	=	**della** stanza
a + il	=	**al** tavolo
su + il	=	**sul** mobile
su + gli	=	**sugli** scaffali

Some common prepositions combine with the definite article. See page 245.

c 🖉 👥

Studente A: Descriva la sua stanza a Studente B. Cosa c'è?

Studente B: Disegni la stanza di A. Scambiatevi i ruoli.

Per casa
Scriva una lettera descrivendo una stanza della sua casa sul modello di **b**.

11 Le cose che piacciono a
Stefano e a Susanna

il sassofono, la chitarra   i libri gialli *(detective stories)*, le riviste   il verde, il blu
il tennis, il calcio *(football)*, lo sci   la tv, il computer   i cioccolatini, le patatine
la Coca-Cola, il caffè   il videoregistratore, il lettore di CD   i poster, i CD

Studente A: questa pagina.
Guardi bene gli oggetti nella stanza di
Stefano. Dica a Studente B cinque cose che
piacciono a Stefano e si informi su *(find out
about)* Susanna.

Esempio:

A Stefano piace il calcio. E a Susanna?

Studente B: pagina 224.

Scambiatevi i ruoli.

a Stefano a lui / gli	**piace** la musica, il tennis
a Susanna a lei / le	**piacciono** i libri gialli, le patatine

12 Che disordine! La signora Olga vuole
tutto a posto, subito.

QUINO

sotto il giradischi   sul tavolino   sullo scaffale   sul divano
sul mobile   sul pavimento   per terra   vicino al lume   nel piatto

a 🖉 Metta in ordine la stanza.

Il cuscino non va sul pavimento, va sul
divano.
Gli occhiali non vanno sul divano, vanno
. . . tavolino.
Il portacenere non va . . . . ,
va . . . .
Le bottiglie non . . . . ,
vanno . . . .
Il disco non . . . . ,
va sotto . . . .
I bicchieri non . . . . ,
. . . .
I libri . . . .

b 👥 Vero?

Studente A: Controlli con Studente B.
Esempio: Il cuscino va sul
divano, vero?

Studente B: pagina 225.

13 🎎 **Il trasloco** *(The move)*

Dove mettiamo i mobili?

Dove metto il tavolo?

Lo metta in cucina, vicino alla finestra.

Studente A e **Studente B** continuate con:

l'armadio – la poltrona – il tappeto –
il pianoforte – i cuscini – il vaso di fiori –
la televisione – le sedie – il quadro –
il tavolino – il lume

masc.	fem.
lo metta (il tavolo)	**la** metta (la sedia) *sing.*
li metta (i tavoli)	**le** metta (le sedie) *plur.*

*I pronomi personali (oggetto diretto) vanno in
genere prima del verbo. Vedi pag. 244.*

14 Studi i numeri da cento a un milione.

100	cento
200	duecento
350	trecentocinquanta
1000	mille
1500	millecinquecento
2000	duemila
5000	cinquemila
10000	diecimila
100.000	centomila
1.000.000	un milione (di)

NB In italiano i decimali sono scritti con la
virgola. es: 420,74

15 Gli elettrodomestici

a Trovi il nome di ogni oggetto e lo scriva accanto alla sua funzione.

1. Lava i piatti.
2. Pulisce tappeti e pavimenti.
3. Trasmette programmi.
4. Lava vestiti, lenzuoli ecc.
5. Stira i vestiti.
6. Surgela e conserva i cibi.
7. Asciuga i capelli.
8. Cuoce i cibi.
9. Permette di usare l'Internet.
10. Registra film e programmi TV.

> TV e telecomando   lavatrice   ferro
> lavastoviglie €446   aspirapolvere
> videoregistratore
> cucina a gas con forno elettrico
> fon €16,80 computer
> frigorifero con surgelatore

b Segnate (✓) gli elettrodomestici che avete in casa. Poi fatevi le domande:

Quali elettrodomestici ha lei?
Qual è il suo elettrodomestico preferito?
Perché? Che cosa fa?

c Quanto costano?

Ascolti e scriva i prezzi in euro (attenzione ai decimali) sotto ogni elettrodomestico.

C In albergo, in pensione

16 **a**   Ascolti e legga con un compagno.

A   Buonasera. Desidera?
B   Una camera, per favore.
A   Singola o doppia?
B   Singola.
A   Per quante notti?
B   Per tre notti.
A   Con bagno o con doccia?
B   Con bagno.

b Fate questi dialoghi:

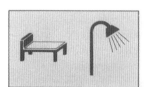 

 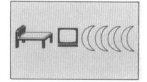

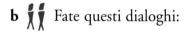

una camera	doppia singola a tre letti	con	bagno doccia telefono televisione	per	una notte due notti una settimana

17   **a**   Cosa dice il turista?

Completi con un compagno.

A   Buongiorno. Desidera?
B   . . . .
A   Una doppia. Per quante notti?
B   . . . .
A   Mezza pensione o pensione completa?
B   . . . .
A   Dunque … Doppia con bagno, mezza pensione, viene €62.
B   . . . .
A   Con doccia viene €39.
B   . . . .
A   Allora con doccia … Al 3° piano: camera numero 60.
B   . . . .
A   No, la prima colazione non è compresa. Ha un documento, per favore?
B   Ecco . . . .

b   Ora ascolti e confronti.

mezza pensione	*half board*
pensione completa	*full board*
la prima colazione	*breakfast*
compreso/a	*included*
camera con prima colazione	*bed and breakfast, B & B*

Avete notato?

ce n'è uno al bar	*there is one (of them) at the bar*
ce ne sono due qui vicino	*there are two (of them) nearby*

ne: *of it, of them. See page 245.*

18   C'è un telefono?

Studente A: Faccia le domande. Lei è il/la turista.

Vuole informazioni su:

- la tv in camera
- camere che danno sul giardino/sul mare
- il bar
- camere tranquille
- il parcheggio
- le tolette.

Studente B: pagina 226.

Ora scambiatevi i ruoli.

dà sul mare	*it overlooks the sea*
danno sul giardino	*they overlook the garden*

19 All'albergo Le Agavi tutto è a rovescio! *(everything is upside down!)*

La signora Zipoli (**A**) è appena arrivata al ricevimento.

Completi la conversazione guardando la piantina.

A C'è un caffè nell'albergo, per favore?
B Sì, certo, sulla . . . .
A E mi scusi, la mia camera è al piano Azalee. Dov'è?
B . . . .
A C'è l'ascensore?
B No, mi dispiace, ci sono le scale.
A Alle 16 devo andare alla sala Congressi. Dov'è?
B . . . .
A C'è . . . . ?
B Sì certo, all'ottavo piano.
A Mi dica, c'è musica stasera in albergo?
B Sì, c'è ogni sera, ...
. . . .
A E dove si può . . . .
B Proprio qui, signora, alla sua destra.

Continui la conversazione con un compagno.

al	ristorante
alla	sala congressi
all'	ottavo piano
allo	stesso piano

Preposizioni articolate: vedi pag. 247.

20 a **All'Ente Turismo**

Ascolti e legga.

> Pronto? Vorrei un'informazione, per favore. Vorrei un buon albergo di 2ª categoria, aperto a marzo, con televisione nelle camere. Abbiamo un cane con noi. . . . C'è il giardino per i bambini?

SIMBOLI

☺ Acqua calda e fredda		♀ Bar
☺ Acqua fredda		🚗 Garage
Termosifone		Ⓟ Parcheggio
Appartamenti		Campo Tennis
Aria condizionata		Piscina
L***** Hotel di gran lusso	Ⓡ Radio	Auto dell'albergo
***** Hotel di lusso	TV TV nelle camere	Spiaggia privata
**** Hotel di 1ª categ.	Frigo bar nelle camere	Giardino
*** Hotel di 2ª categ.	Telefono nelle camere	Bagni e fanghi term
** Hotel di 3ª categ.	Ascensore	⟨h⟩ Accessibile ai disabili
* Hotel di 4ª categ.	Ristorante	Si accettano animali domestici

Hotel Villaggio

★
★ ★
★ **MARINA RESIDENCE**

| 🚗 ✕ ☺ ♀ 🐾 p |

PER PRENOTAZIONI
Tel.0836.97725

0836.97002
0331.588272
0331.541409

b

Studente A: Cosa cerca lei in un buon albergo? Studi i simboli e scriva cinque requisiti.

Ora telefoni all'Ente Turismo come nell'esempio sopra.

Studente B: Lei lavora all'Ente Turismo. Vada a pagina 226.

Per casa

Scriva altri due dialoghi.

D Prenotazioni

 a **Prenotare al telefono**

Ascolti.

A Pronto?
B Pronto. Albergo Quattro Stagioni. Desidera?
A Vorrei prenotare una camera doppia con bagno e una singola per un bambino.
B Quando, signore?
A Dal 4 al 10 agosto. Vorrei anche la prima colazione.
B Benissimo, signore. Il nome, per favore?
A Tom Mirton.
B Come si scrive?
A Dunque, il nome: T come Torino, O come Orvieto, M come Milano. Il cognome è: Milano, Imola, Roma, Torino, Orvieto, Napoli.
B Bene. Il signor Tom Merton.
A No, non Merton – Mirton: I come Imola.
B Ah, scusi. Mirton, Tom Mirton. Benissimo.

L'alfabeto telefonico:

Ancona, **B**ologna, **C**omo, **D**omodossola, **E**mpoli, **F**irenze, **G**enova, **H**otel, **I**mola, **L**ivorno, **M**ilano, **N**apoli, **O**rvieto, **P**isa, **Q**uebec, **R**oma, **S**alerno, **T**orino, **U**dine, **V**enezia, **Z**ara

j = i lunga   **k** = kappa
w = doppia v   **x** = ics   **y** = ipsilon

b **Come si scrive?** (*How do you spell it?*)

Cinque nuovi clienti sono appena arrivati al suo albergo. Chieda e scriva i nomi, usando l'alfabeto telefonico.

c

Studente A (Portiere): Prepari le domande e riempia il modulo.
Cominci così: Il suo nome per favore?
Check all spelling.

Studente B (Cliente): Risponda.
Scambiatevi i ruoli.

ALBERGO QUATTRO STAGIONI
PISA

Nome _____
Cognome_____
Nato/a a _____
Data di nascita_____
Abitazione (città) _____
Stato civile_____
Professione _____
Documento _____
Soggiorno: dal _____ al _____

22 a ✏️ 📖 **Prenotare per lettera o email**

From: John Warren (j.warren@geor.uk)
To: Pensione la Giara, Vulcano
Cc:
Bcc:
Subject: Prenotazione

Gentile Direttore,

Vorrei venire in Italia dal 25 al 31 luglio con mia moglie e i miei due
bambini di quattro e otto anni. Vorrei prenotare due camere doppie, una
matrimoniale e una a due letti per i bambini, tutte e due con doccia. Vorrei
la camera a due letti con televisione e la matrimoniale con telefono.

Vorrei sapere il prezzo delle camere e se la prima colazione è inclusa.

In attesa di una sua risposta la saluto cordialmente.

John Warren

---

b ✏️ Quanto spenderà al giorno il signor
Warren per tutta la famiglia?

Pensione
La Giara
a 100 m dalla spiaggia
Via Porto Levante 98050 Vulcano (Messina), ISOLE EOLIE
Tel. 090/9852229 – 089/344346 (invernale) – email: fabgiar@sabner.it

Pensione di primissimo ordine. Tutte le camere con bagno e aria condizionata
Inoltre: Solarium – Bar – Doccia termale – Terrazza – Sala Televisione –
Tavolo da ping pong – Campo da tennis a pochi passi (a pagamento).

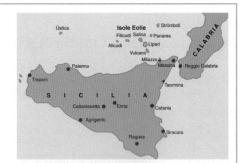

PREZZI AL GIORNO PER PERSONA
Camera singola: 15% in più – Bambini sotto i 5 anni: metà prezzo

PERIODO		SOLO CAMERA	CAMERA CON PRIMA COLAZIONE	MEZZA PENSIONE
aprile-maggio		€21,17	€23, 24	€38, 73
giugno			€27, 37	€42, 86
luglio	1–20		€30, 47	€46
	21–31		€33, 56	€49
agosto	1–7		€43, 89	€56, 39
	8–26		€56, 81	€63, 52

b ✏ Completi in modo appropriato la lettera di conferma della pensione.

Pensione la Giara
Vulcano
Isole Eolie

Vulcano, 17 maggio

Gentile Signor Warren,

Siamo lieti di confermare la prenotazione di ... camera
..............., con ...., e una
...., con ......, per il periodo ....
Il prezzo è di .... al giorno per persona.
Le camere non hanno .... nè...............
La .... è compresa.

Distinti saluti,
La Direzione

23 **a** ✏ Usando queste note, scriva due lettere per prenotare le camere.

I camera, tre letti
doccia
1ª colazione
1-30 agosto
camera tranquilla
prezzo?

3. camere singole
1 doccia / 2 bagno
niente colazione
10-15 giugno
telefono in camera
prezzo?

dal dieci **al** venti maggio
dal primo **all'**otto settembre

b 👥 Con un compagno, faccia due telefonate.

Grammatica

1 Presente dei verbi regolari.

	abit**are**	legg**ere**	dorm**ire**
(io)	abit**o**	legg**o**	dorm**o**
(tu)	abit**i**	legg**i**	dorm**i**
(lui/lei)	abit**a**	legg**e**	dorm**e**
(noi)	abit**iamo**	legg**iamo**	dorm**iamo**
(voi)	abit**ate**	legg**ete**	dorm**ite**
(loro)	abit**ano**	legg**ono**	dorm**ono**

2 Verbi irregolari

	fare	**andare**	**uscire**
(io)	faccio	vado	esco
(tu)	fai	vai	esci
(lui/lei)	fa	va	esce
(noi)	facciamo	andiamo	usciamo
(voi)	fate	andate	uscite
(loro)	fanno	vanno	escono

3 **piacere**: singolare e plurale

Mi **piace** la pizza.   *I like pizza.*
Mi **piacciono** i bambini.   *I like children.*

piacere, 3a persona

a Stefano	a Susanna	piace lo sport,
		piacciono gli spaghetti
a lui	a lei	piace la musica …
gli	le	piace il jazz …

4 Pronomi personali

I pronomi personali oggetto diretto vanno in genere prima del verbo.

leggo il libro	→	**lo** leggo
compro i libri	→	**li** compro
vedo la sedia	→	**la** vedo
compro le sedie	→	**le** compro

Pronomi personali (oggetto indiretto), 3a persona singolare:

gli telefono   **(a lui)**
le scrivo   **(a lei)**

5 **c'è/ci sono, ce n'è/ce ne sono**

c'è un tavolo   ci sono tre sedie
(there is …)   *(there are …)*

Scusi, c'è un telefono?
Sì, ce n'è uno   Sì, ce ne sono due
(there is one)   *(there are two)*

ne = *of it, of them*

6 Numeri ordinali

primo	*first*
secondo	*second*
terzo	*third*
quarto	*fourth*
quinto	*fifth*
sesto	*sixth*
settimo	*seventh*
ottavo	*eighth*
nono	*ninth*
decimo	*tenth*

7 Preposizioni articolate

su, a, in, di, da + articolo

Esempio: La gatta è **sul** letto vicino **alla** finestra **nella** stanza di Mimma.

a + la = alla	su + la = sulla	in + la = nella	di + la = della	da + la = dalle
a + il = al	su + il = sul	in + il = nel	di + li = del	da + il = dal
a + lo = allo	su + lo = sullo	in + lo = nello	di + lo = dello	da + lo = dallo
a + l' = all'	su + l' = sull'	in + l' = nell'	di + l' = dell'	da + l' = dall'
a + le = alle	su + le = sulle	in + le = nelle	di + le = delle	da + le = dalle
a + i = ai	su + i = sui	in + i = nei	di + i = dei	da + i = dai
a + gli = agli	su + gli = sugli	in + gli = negli	di + gli = degli	da + gli = dagli

Vocabolario

La casa	**The home**
l'appartamento	*flat, apartment*
la casa	*house; home*
la casetta	*small house, cottage*
il palazzo	*block of flats*
il piano	*floor, storey*
il pianterreno	*ground floor*
la villetta a schiera	*terraced house*
il bagno	*bathroom*
il balcone	*balcony*
la camera/stanza da letto	*bedroom*
la camera/stanza da pranzo	*dining room*
il corridoio	*corridor*
la cucina	*kitchen*
la doccia	*shower*
l'ingresso	*entrance hall*
il salone/salotto	*drawing room*
il soggiorno	*living room*
lo studio	*study*
il terrazzo	*balcony*
coltivare i fiori	*to grow flowers*
cucinare	*to cook*
dormire	*to sleep*
fare	*to do*
giocare a carte	*to play cards*
guardare la tv	*to watch TV*
lavarsi	*to wash oneself*
lavorare a maglia	*to knit*
leggere	*to read*
mangiare	*to eat*
affittare	*to let; to rent*
l'annuncio	*advertisement*
composto da	*consisting of*
l'esposizione a sud	*south-facing position*
la finestra	*window*
il garage	*garage*
il giardino	*garden*
il riscaldamento	*heating*

I mobili	**Furniture**
l'armadio	*wardrobe, cupboard*
il caminetto	*fireplace*
i cioccolatini	*chocolates*
il cuscino	*cushion*
il disco (i dischi)	*record(s)*
il divano	*sofa, divan*
gli elettrodomestici	*eletrical appliances*
il letto	*bed*
i libri gialli	*detective stories*

il lume	*lamp*
il mobile	*piece of furniture*
il pavimento/la terra	*floor*
il piatto	*dish*
la poltrona	*armchair*
la porta	*door*
il portacenere	*ashtray*
il quadro	*picture*
lo scaffale	*bookshelf*
la sedia	*chair*
il tappeto	*carpet*
il tavolo	*table*
la televisione	*television*

L'albergo	**The hotel**
l'albergo	*hotel*
l'ascensore	*lift*
la camera/stanza	*room*
compreso/a	*included*
doppio/a	*double*
mezza pensione	*half board*
la pensione	*pension*
pensione completa	*full board*
la piscina	*swimming pool*
il ricevimento	*reception*
le scale	*stairs*
singolo/a	*single*
come si scrive?	*how do you spell it?*
una camera che dà su ...	*a room overlooking ...*

Prenotazioni	**Bookings**
il cognome	*surname*
il luogo di nascita	*place of birth*
il luogo di abitazione	*place of residence*
il nome	*first name*
prenotare	*to book*
lo stato civile	*marital status*

I numeri	**Numbers**
cento	*(a) hundred*
duecento	*two hundred*
mille	*a thousand*
duemila	*two thousand*
tremila	*three thousand*
diecimila	*ten thousand*
ventimila	*twenty thousand*
centomila	*a hundred thousand*
un milione (di)	*a million*
due milioni (di)	*two million*
quaranta virgola due	*forty point two (40.2)*

in città

Piazza Navona

San Pietro

Castel Sant'Angelo

il Pantheon

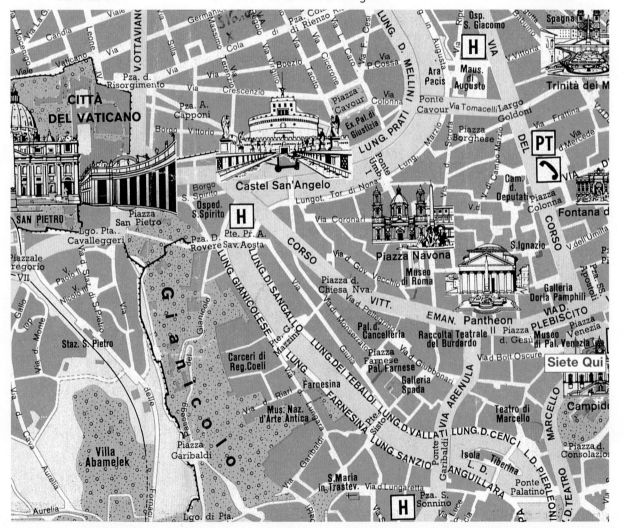

Piazza Venezia

 • **Siamo a Roma.** Ascolti la
guida. Conosce questi
monumenti?

• Riascolti la guida e segua sulla
cartina l'itinerario di oggi e di
domani. Ripeta i nomi.

il Campidoglio

il Colosseo

il Foro Romano

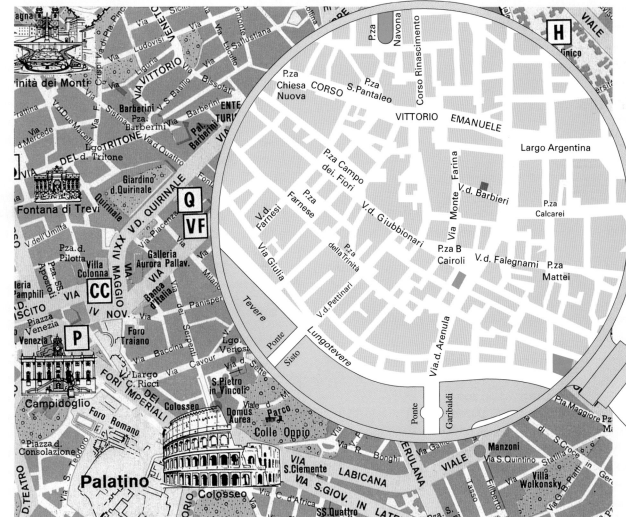

A In città

1  **In tassì.** Ascolti e completi gli indirizzi.

. . . . . Frattina . . . . .
. . . . . Parioli . . . . .
. . . . . Risorgimento . . . . .
. . . . . Vittorio . . . . .

la via	*street*
il viale	*avenue*
la piazza	*square*
il corso	*main street*
but: Via Piave 32	

2   **a**  **Dove siete?**

Ascolti e completi.

Tommaso	Pronto? Ciao Nico, sono Tommaso, sono arrivato.
Nico	Dove sei?
Tommaso	Sotto casa tua, ... alla farmacia, ... al semaforo.
Nico	Aspettami, vengo subito!
Lisa	Pronto? Carla? Siamo arrivati.
Carla	Dove siete?
Lisa	Siamo a Piazza Esedra, ... alla stazione.
Carla	Dove esattamente?
Lisa	Di fronte al cinema, ... all'edicola.
Carla	Bene. Vengo a prendervi. Sono lì fra dieci minuti.

b Completi con al/alla/all'/allo:

vicino . . . . . stazione
di fronte . . . . . chiesa
vicino . . . . . fontana
davanti . . . . . zoo
vicino . . . . . parcheggio
vicino . . . . . semaforo
davanti . . . . . edicola

il semaforo	*traffic lights*
aspettami	*wait for me*
vengo subito	*I'll be right there*
davanti a	*in front of, outside*
di fronte a	*opposite*
vicino a	*near*
l'edicola	*newspaper kiosk*

3  **Davanti al cinema, vicino all'edicola.** Fate i dialoghi come nell'esempio.

es: Sandro Dove sei?	**Enzo**	**Gianni**
Anna Davanti alla farmacia.	**Pina**	**Aurora e Alessio**
(outside chemist's)	*(near traffic lights)*	*(near station)*
Giulia Dove siete?	**Luciano**	**Massimo**
Manuela e Carla	**Angela**	**Patrizia**
(outside church)	*(near fountain)*	*(outside zoo)*

4  **Scusi, dov'è …?**

Studente A: Guardi la foto e chieda la strada per …

Esempio: La stazione Termini, per favore?

Studente B: Dia le indicazioni.

a sinistra

a destra

sempre dritto

in fondo

5  Prenda, giri, vada

Guardi la cartina di Roma (pagina 68): lei è a Piazza Venezia.
Ascolti: dove la manda il vigile? (4 posti)

Avete notato?

pren**da**	*take*
va**da**	*go*
gir**i**	*turn*

(Imperative: **Lei** *form)*

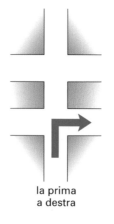

la prima
a destra

la seconda
a sinistra

---

6 Scusi, per andare a...?

Studente A: questa pagina.
Studente B: pagina 227.

Studente A

È lì!

a  Ascolti e scriva i nomi dei posti.
(Listen and write in the names of the places.)
Check with Studente B.

b Chieda a Studente B dove sono il Bar Paradiso, la stazione, la farmacia e l'agenzia di viaggi.

c *Place* l'edicola, la posta, il museo, il supermercato, la chiesa *in any of the empty spaces on the map.*
Dica a Studente B come andare in questi posti.

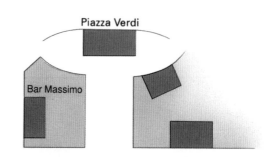

Piazza Verdi

Bar Massimo

Via Manzoni

Corso Italia

Viale Dante

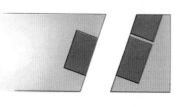

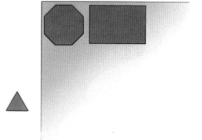

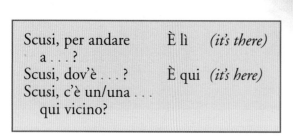

Scusi, per andare a . . . ?	È lì *(it's there)*
Scusi, dov'è . . . ?	È qui *(it's here)*
Scusi, c'è un/una . . . qui vicino?	

B Passeggiate romane

7 Le fontane di Roma

a 📞 📖 Ascolti e legga.

Bianca Ciao Peter, la settimana prossima vado a Roma: mi puoi dare un consiglio? Tu Roma la conosci bene. Mi puoi dire cosa posso vedere in due giorni?

Peter Ma . . . in due giorni non puoi vedere tutto. Per me la cosa più bella a Roma sono le fontane. Sono stupende. Tu in che albergo vai?

Bianca Vado in una pensione in Via dei Barbieri, vicino a Largo Argentina.

Peter Benissimo, lì vicino ci sono tre fontane meravigliose: la Fontana dei Fiumi a Piazza Navona, la Fontana delle Tartarughe a Piazza Mattei e non lontano, vicino al fiume, c'è il Mascherone di Via Giulia.

Bianca Che bell'idea! E senti, posso andarci a piedi?

Peter Certo, sono vicinissime. Dunque, la più vicina è la Fontana delle Tartarughe. Da Via dei Barbieri devi andare a Via Arenula. Lì devi girare a destra e attraversare la strada, poi devi prendere la terza a sinistra, Via dei Falegnami. Poi devi andare sempre dritto fino a Piazza Mattei e lì c'è la fontana.

posso	*I can*
puoi	*you can* (tu)
il fiume	*river*
la tartaruga	*turtle*
il mascherone	*large mask*
devi	*you must* (tu)
attraversare	*to cross*

b Riascolti e segua l'itinerario da Via dei Barbieri sulla cartina di Roma a pag. 69. (Prima trovi Via dei Barbieri: è vicino a Largo Argentina, a sinistra.)

8 Scelga **a**, **b** o **c** per completare le frasi **1**, **2**, **3**.

1 Bianca telefona a Peter,
2 Bianca non può vedere tutto,
3 Bianca può andare a piedi,

a perché le fontane sono vicine.
b perché vuole un consiglio.
c perché rimane due giorni.

9 Riascolti il dialogo di Attività 7 e risponda.

- Dov'è la Fontana delle Tartarughe?
- Qual è la fontana più vicina?
- In che strada si trova il Mascherone?
- Come si chiama la fontana di Piazza Navona?

10 Guardi la cartina di Roma (pagina 69).

Usando vada/giri/prenda/continui/attraversi

a dica a un turista come andare dalla pensione in Via dei Barbieri alla Fontana dei Fiumi a Piazza Navona.

b scriva un messaggio a Bianca dicendo come andare dalla sua pensione

1 a Campo dei Fiori
2 più lontano: al Ponte *(Bridge)* sul fiume Tevere.

11 **Che bel bambino!**

> *To express admiration:*
> Che bell'idea!
> Che bel**le** fontane!
>
> *The endings of* bello *are just like the definite article (see* Grammatica 4, pagina 83*). The same applies to* quello.

Esempio: Che bella casa!

Continui.

frutta

bambino

chiesa

casa

fiori

scarpe

statua

paesaggio

piazza

12 💬 ✏️ Dire o dare? Usi il **lei** o il **tu**.

Avete notato?

Mi puoi/può dare un consiglio?
Can you give me . . . ?
Mi puoi/può dire cosa posso vedere?
Can you tell me . . . ?

posso . . . ?   (io)
puoi . . . ?   (tu: *informal*)
può . . . ?   (lei: *formal*)

(A telefono)	Mi può dare un consiglio?
(Per strada)	Mi . . . . dov'è la banca?
(Alla stazione)	Mi . . . . a che ora parte il treno?
(All'edicola)	Mi . . . . un giornale inglese?
(Al negozio)	Mi . . . . quanto costa questo ombrello?
(Al bar)	Mi . . . . un bicchiere d'acqua?
(Al telefono)	Mi . . . . un'informazione?
(Per strada)	Mi . . . . se c'è una farmacia?

13 📖 **Una bella città**

Cara Mariella,

finalmente siamo arrivati. Roma è una città molto bella. Ci sono tanti monumenti belli. Ci sono chiese antichissime e belle. Nel centro di Roma ci sono molti negozi belli. Il Campidoglio è in cima ad una collina ed è veramente bello. Lì vicino, a Piazza Venezia, c'è il monumento a Vittorio Emanuele che non è particolarmente bello. La cosa più bella per me è il Foro, pieno di monumenti belli, e c'è anche un giardino con piante di limoni e di arance che è veramente bello. Le fontane di Roma poi sono assolutamente belle! Perchè non vieni anche tu?

Un abbraccio

Elena

a 📖 ✏️ Al posto di **bello** usi

~~bello~~
bellissimo/a
   interessante
      meraviglioso/a
         stupendo/a
            straordinario/a
               famoso/a
                  magnifico/ca/ci/che
                     fantastico/ca/ci/che
                        incantevole

Attenzione: Si può tenere solo un **bello/a**.

b Per casa

Descriva allo stesso modo la sua città:

È una città . . .
Ci sono . . .
Nel centro c'è/ci sono . . .
Per me la cosa più . . .
C'è anche . . .
È pieno/a di . . .
Poi . . .

C Trasporti urbani

14 **Lei come va al lavoro?**

a piedi — in autobus — in tram — in metropolitana — in bicicletta — in macchina — in treno

a 📼 ✏️ Ascolti e metta le indicazioni di tempo.

	qualche volta	sempre
di solito	prima . . . poi	generalmente

Roberta . . . . in macchina.

Bianca Vado . . . . in metropolitana.

Carlo . . . . a piedi, ... in autobus.

Diana . . . . a piedi, è vicinissimo.

Massimo Vado in tram, ...

Federico Prendo . . . . l'autobus e . . . . il treno.

Giulia Se c'è il sole vado in bicicletta, se piove vado in autobus.

se	*if*
se piove . . .	*if it rains . . .*
se c'è il sole . . .	*if it's sunny . . .*

b ✏️ Vero o falso?

1 Bianca va raramente in metropolitana.
2 Massimo va sempre in autobus.
3 Federico va in autobus e in treno.
4 Carlo non va mai a piedi.
5 Diana di solito va in bicicletta.
6 Roberta va generalmente in macchina.
7 Giulia va sempre in autobus.

Vado	**in**	macchina	metropolitana
Vai		treno	autobus
Va		bicicletta	tram
Andiamo			
Andate	**a**	piedi	
Vanno			

Il verbo **andare** è irregolare.

15 **Quanto ci vuole?**

circa	*about*
più o meno	*more or less*
non più di	*no more than*

a  Riascolti il testo di Attività 14 e segni (✓) solo i tempi che sente.

5 minuti   45 minuti
mezz'ora   20 minuti
30 minuti   tre quarti d'ora
10 minuti   25 minuti
un quarto d'ora   40 minuti
un'ora   due ore

Avete notato?

Ci **vuole**	un'ora
	mezz'ora
	un quarto d'ora
Ci **vogliono**	5 minuti
	10 minuti
	tre quarti d'ora

b Dica e scriva quanto ci vuole:

Esempio: Ci vuole mezz'ora.
         Ci vogliono 30 minuti.

16 **a**  Riascolti e riempia la scheda:

Nome	Mezzo di trasporto	Sempre/Di solito/ Qualche volta	Tempo che ci vuole
Roberta			
Bianca			
Carlo			
Diana			
Massimo			
Federico			
Giulia			

b

Perché?	*Why?*
Perché . . .	*Because . . .*

Perché Bianca va al lavoro sempre in
metropolitana?
Perché Massimo va generalmente in tram?
Perché Giulia qualche volta va in autobus?
Perché Federico prende due mezzi?
Perché Diana va sempre a piedi?

c Copi la scheda e faccia un
sondaggio in classe.

17 **a** **Dov'è la fermata?**
Ascolti e ripeta.

A Scusi, c'è un autobus per il Colosseo?
B Sì, c'è l'11.
A Dov'è la fermata?
B Davanti alla Standa, a 200 metri.
A Scusi, che autobus prendo per San
Pietro?
B Ma c'è il tram, signora. La fermata è a
Piazza Ungheria, all'angolo. È a due
passi.
A Che numero è?
B Il 30.

---

a 200 metri	*200 metres away*
all'angolo	*round the corner*
a due passi	*very near (literally:*
	two steps away)

---

b

Studente A: Chieda se c'è un autobus/un
tram per
1 il Pantheon
2 la fontana di Trevi.
Poi dia le indicazioni a
Studente B.

Studente B: pagina 227.

Piazza Navona

fermata autobus 62
vicino all'edicola
50 metri

Stazione Termini

fermata autobus 60
davanti alla Standa
100 metri

18 **Prenda, scenda, cambi**

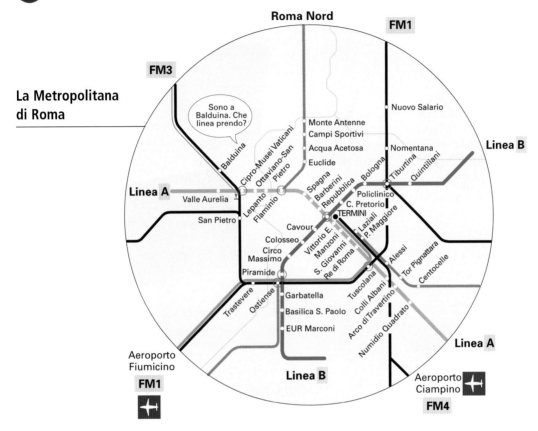

La Metropolitana di Roma

Roma Nord

FM1

FM3

Sono a Balduina. Che linea prendo?

Nuovo Salario

Monte Antenne
Campi Sportivi

Acqua Acetosa

Euclide

Nomentana

Linea B

Balduina

Cipro-Musei Vaticani

Ottaviano-San Pietro

Spagna
Barberini
Repubblica

Bologna

Tiburtina
Quintiliani

Linea A

Valle Aurelia

Lepanto
Flaminio

Policlinico
C. Pretorio
TERMINI

San Pietro

Cavour

Vittorio E.
Manzoni
S. Giovanni
Re di Roma

Laziali
P. Maggiore

Colosseo
Circo
Massimo

Alessi

Tor Pignattara

Centocelle

Piramide

Tuscolana
Colli Albani
Arco di Travertino

Trastevere

Ostiense

Garbatella

Basilica S. Paolo

EUR Marconi

Numidio Quadrato

Linea A

Aeroporto
Fiumicino

FM1

Linea B

Aeroporto
Ciampino

FM4

a 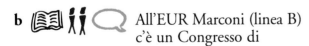 Sì o No? Studi la piantina concentrandosi sulla zona centro.

- Dalla Stazione Termini a Piazza di Spagna ci sono due fermate.
- Per andare da San Giovanni ai Musei Vaticani bisogna prendere la linea B.
- Per andare dalla Piramide a Piazza Bologna non bisogna cambiare.
- Dal Flaminio al Colosseo bisogna cambiare due volte.

b All'EUR Marconi (linea B) c'è un Congresso di

Industriali. Bisogna dire ai partecipanti come arrivare in metropolitana.

es: "Sono a Balduina. Che linea prendo?"
"Dunque … Prenda la FM3, cambi a Cipro, prenda la linea A, cambi a Termini, prenda la B e scenda all'EUR Marconi.

Continuate con: Nuovo Salario, Tiburtina, Tuscolana, Aeroporto di Ciampino, Basilica di San Paolo, Aeroporto di Fiumicino, San Pietro, Acqua Acetosa.

bisogna cambiare	*you need to change*
bisogna prendere	*you need to take*
bisogna scendere	*you need to get off*

Altri imperativi con il **Lei**:	
camb**i**	*change* (cambi**are**)
scend**a**	*get off* (scend**ere**)

19  **Biglietti.** In Italia bisogna fare i biglietti *(buy tickets)* prima di salire sull'autobus, di solito dal giornalaio o dal tabaccaio.

un blocchetto di 10 biglietti

una tessera per un mese

un biglietto da 45 centesimi.

un biglietto valido dalle 5 alle 14

un biglietto **da** 0,82 euro

Compri:
2 biglietti   (ore 5–14)
4 biglietti   (45 centesimi)
10 biglietti   (blocchetto)
1 biglietto   (ore 14–24)
1 tessera   (1 mese)
2 tessere   (1 settimana)

D Cartoline

20 a  **Quale cartolina è?**

2

1

3

A

Ciao!
Ti scrivo da
Torricella. Siamo qui
da due settimane e
stiamo benissimo.
Il paese è su una collina
ed ha un vecchio castello.
Il tempo è buono.
A presto!
  Un abbraccio

      Franco

C Questo è il mio panorama
preferito. Si vedono le chiese
del centro storico e, in
fondo, la cupola di
San Pietro.
    Cari saluti
    Teresa

B

Adoro questa città
anche perché non ci
sono macchine, ma
quanti turisti!
E quante zanzare!
    Affettuosamente
      Diana

b  Guardi bene le cartoline 1 e 2.
Conosce queste città?

(io)	conosco
(tu)	conosci
(lui, lei)	conosce

conoscere: *to know, to be familiar with*

21 Una cartolina da . . .

Cara Angela, sono a Londra.
È una città fantastica.
Questo è il famoso ponte,
Tower Bridge!
È molto interessante.
    Un abbraccio,
        Natalia

Continui con le cartoline di:

Hyde Park (parco)
Harrods (negozio)
Buckingham Palace (palazzo reale)
Big Ben (orologio del Parlamento)

affollato/a   pieno/a di belle cose
pieno/a di turisti   verde   caro/a
    caratteristico/a   bello/a
            imponente

22 Dal tabaccaio

a  Ascolti e legga.

James	Scusi, quanto costa un francobollo per l'Inghilterra?
Tabaccaio	41 centesimi per tutta l'Europa, posta prioritaria 62 centesimi.
James	Allora due francobolli da 41 centesimi, per favore.
Tabaccaio	Ecco a lei.
James	Grazie, buongiorno.
Tabaccaio	Prego, buongiorno.

un francobollo **per** l'Inghilterra
un francobollo **da** 41 centesimi

b Continui. Faccia il dialogo.

Come va la tua
vacanza?
Divertiti!
A presto
    Mirella

Pado Carlini
64, Rue Vitiouve
Nice
Francia

Mr and Mrs G. Lawrence,
47, Oak Avenue
Billington,
Sydney
Australia

Grammatica

1 Indicazioni stradali *(Asking the way)*

Scusi, dov'è . . .?
Scusi, c'è un/una . . . qui vicino?
Scusi, per andare a . . .?

È qui
È lì

davanti ⎫
vicino ⎬ al/allo/alla/all' *etc.*
di fronte ⎭

a due passi ⎫
a 100 metri ⎬ dal/dallo/dalla/dall' etc.

2 Imperativo con il **Lei** *(Formal commands)*

•Verbi in **-are:**

attravers**i**	attraversare
camb**i**	cambiare
continu**i**	continuare
gir**i**	girare

•Verbi in **-ere, -ire:**

prend**a**	prendere
scend**a**	scedere
segu**a**	seguire
vad**a**	andare (irreg.)

3 Presente di **potere, volere, dovere**
(verbi irregolari)

potere	**volere**	**dovere**
posso	voglio	devo
puoi	vuoi	devi
può	vuole	deve
possiamo	vogliamo	dobbiamo
potete	volete	dovete
possono	vogliono	devono

Potere, volere, dovere sono quasi sempre
seguiti da un infinito.

Esempio: Posso andarci a piedi?
Vuoi telefonare?
Deve scrivere una cartolina.

4 **Che bello!**

	Singolare	Plurale
che	be**l** cielo!	be**i** giardini!
	bel**lo** spettacolo!	be**gli** edifici!
che	bel**l'**orologio!	be**gli** orologi!
	bel**l'**isola!	bel**le** isole!
che	bel**la** città!	bel**le** fontane!

NB: The endings of bello *are the same as the
definite article.*

5 **Bisogna. . .**

bisogna + infinito = *it is necessary to, one
needs to*

Esempio: Bisogna prendere l'autobus.

6 Presente di **andare**

vado

vai

va

andiamo

andate

vanno

Vocabolario

Indirizzi — *Addresses*

la cartina/piantina	*map (of town)*
il corso	*main street*
la piazza	*square*
la strada	*road, street*
la via	*street*
il viale	*avenue*

Indicazioni stradali — *Directions*

a destra/sinistra	*on the right/left*
all'angolo	*round the corner*
davanti a	*in front of / just outside*
di fronte a	*opposite*
in fondo (a)	*at the bottom (of)*
sempre dritto	*straight on*
vicino a	*near*

In città — *In town*

il centro	*the centre*
la chiesa	*church*
la collina	*hill*
la cupola	*dome*
l'edicola	*newspaper kiosk*
la farmacia	*chemist's*
il fiume	*river*
il panorama	*view*
la posta	*post office*
il semaforo	*traffic lights*
il tabaccaio	*tobacconist*
il vigile	*traffic policeman*

Verbi — *Verbs*

attraversare	*to cross*
cambiare	*to change*
comprare	*to buy*
conoscere	*to know*
continuare	*to continue*
girare	*to turn*
mandare	*to send*
prendere	*to take*
scendere	*to get off*
vedere	*to see*
vengo a prendervi	*I'll come and fetch you*

Frequenza — *Frequency*

di solito	*usually*
generalmente	*generally*
(non) mai	*never*
qualche volta	*sometimes*
raramente	*rarely*
sempre	*always*
spesso	*often*

Trasporti — *Transport*

a piedi	*on foot*
in autobus	*by bus*
in bicicletta	*by bike*
in macchina	*by car*
in metropolitana	*by tube*
il biglietto	*ticket*
il blocchetto	*book of tickets*
fare i biglietti	*to buy tickets*
la fermata	*stop*
la tessera	*season ticket*
veloce	*fast*

Il tempo — *Weather*

c'è il sole	*it is sunny*
piove	*it rains/it's raining*

Lettere e cartoline — *Letters and cards*

a presto	*see you soon*
un abbraccio	*hugs and kisses*
affettuosamente	*love from*
la cartolina	*postcard*
il francobollo	*stamp*
la lettera	*letter*
cari saluti	*greetings, all the best*

per sopravvivere

Understanding prices and rates of exchange
Changing money
Using Italian weights and measures
Shopping for food
Recipes
Talking about eating habits

● Guardi le foto e ascolti.
Completi la lista dei prezzi.

Banane	*€1,55*
Patate	
Pesche bianche	
Uva nera	
Lattuga	
Pomodori rossi	
Pomodori verdi	
Peperoni	
Meloni	
Zucchine	
Finocchi	

● Quanto costa l'uva? Quanto
costano le pesche? Qual è la
frutta meno cara *(least
expensive)* oggi al mercato?

A Quant'è il cambio?

1  **I cambi oggi**

a Ascolti e completi con la nazionalità.

b Riascolti e scriva le valute in numeri (euro).

MERCATO VALUTARIO
Dollaro Canadese
Franco
Lira Sterlina
Corona
Corona
Corona
Yen
Dollaro

1,613 = uno **virgola** seicentotredici

2 **Allo sportello del cambio**

a  Ascolti e ripeta.

Impiegato	Desidera?
Turista	Vorrei cambiare 50 sterline. Quant'è il cambio oggi?
Impiegato	Dunque, la sterlina … è 1,61 euro. Ha un documento per cortesia?
Turista	Sì – ecco il passaporto.
Impiegato	Bene. Si accomodi alla cassa.

b Continui con un compagno usando la tabella dei cambi.

100 dollari patente	80 yen passaporto
50 corone danesi carta d'identità	200 franchi svizzeri passaporto

3  **La nuova monete**

Studente A: Legga le informazioni sull'Euro e si prepari a rispondere alle domande di Studente B.

Studente B: vada a pagina 227.

attualmente	*at the moment*
non c'è bisogno di	*it's not necessary to*
la moneta	*currency; coin*
il taglio	*denomination*

Per casa

Scriva le risposte alle domande di pagina 227.

L'Unione Monetaria Europea

La Comunità Europea attualmente (2002) è formata da quindici paesi.12 di questi paesi fanno parte dell'Unione Economica e Monetaria.

I 15 Paesi dell'Unione europea

Austria
Belgio
Finlandia
Francia
Germania
Grecia
Irlanda
Italia
Lussemburgo
Paesi Bassi
Portogallo
Spagna

Danimarca
Regno Unito
Svezia

L'euro

In tutti i paesi dell'Unione Economica e Monetaria si usa la stessa moneta, l'euro: non c'è più bisogno di cambiare soldi tra un paese e l'altro. Dal 28 febbraio 2002, l'euro è l'unica moneta legale nell'Unione. Le vecchie monete nazionali non si possono più usare.

Le banconote

Le banconote in euro sono identiche per tutti i paesi dell'Unione. Su tutte le banconote si vede la bandiera europea e il profilo geografico dell'Europa.

Ci sono sette tagli di banconote: da 5, 10, 20, 50, 100, 200 e 500 euro. Ogni taglio ha un disegno e un colore diverso.

Le monete

In un euro ci sono 100 centesimi.

Le monete in circolazione sono da 1 e 2 euro, e da 1, 2, 5, 10, 20 e 50 centesimi.

Tutte le monete hanno una faccia comune, identica in tutta la Comunità, e una faccia nazionale con il simbolo di ogni paese.

Per i turisti

Travellers cheques

I turisti stranieri possono comprare travellers cheques in euro nei loro paesi.

Carte di Credito

Nei paesi dell'Unione Monetaria Europea si accettano tutte le maggiori carte di credito.

B Dove fa la spesa?

4 Mercato o supermercato?

a 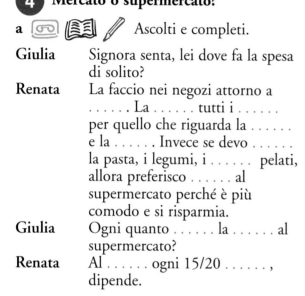 Ascolti e completi.

Giulia Signora senta, lei dove fa la spesa di solito?

Renata La faccio nei negozi attorno a . . . . . . La . . . . . . tutti i . . . . . . per quello che riguarda la . . . . . . e la . . . . . . Invece se devo . . . . . . la pasta, i legumi, i . . . . . . pelati, allora preferisco . . . . . . al supermercato perché è più comodo e si risparmia.

Giulia Ogni quanto . . . . . . la . . . . . . al supermercato?

Renata Al . . . . . . ogni 15/20 . . . . . . , dipende.

Ombretta Io . . . . . . una volta alla settimana in un grande . . . . Poi giornalmente compro invece nei . . . . . . che ho . . . . casa, il pane, il latte, ... , ...

Mariella C'è un mercato vicino . . . . . . sua?

Ombretta Sì ce n'è uno . . . . Se posso vado al . . . . . . ogni . . . . . . , se no una volta alla . . . . . . perché la frutta è più fresca.

fare la spesa	to do the shopping
il negozio	shop
comodo/a	handy
si risparmia	you save money

b 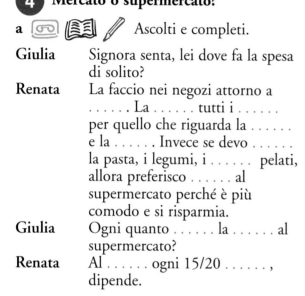 Riascolti e riempia la scheda.

	Negozi	**Mercato**	**Supermercato**
Renata			
Ombretta			

- Ogni quanto fa la spesa al supermercato Renata?
- Va spesso al mercato Ombretta?
- Dove compra la pasta, i legumi e i pelati Renata?
- Cosa compra nei negozi Ombretta?
- E lei, ogni quanto . . . ?

ogni quanto? *how often?*	
una volta	**alla** settimana *once a week* **al** giorno, **al** mese **all'**anno
tutti i giorni } ogni giorno }	*every day*

5 Metta ogni prodotto sul suo scaffale. (*Place each product on the appropriate shelf.*)

| 3 Frutta & Verdura | 4 Carne & Pesce | Entrata |

2 Uova

| 5 Surgelati | Cassa ① |

| 6 Pasta   Pane   Riso | Cassa ② |

1 Vini

| 7 Tutto per la casa | Cassa ③ |

| 8 Latte Formaggi | 9 Salumeria | Uscita |

pomodori pelati

saponette

piselli surgelati

carne

pane

uva

spaghetti

ß
uova

lattuga

mele

riso

prosciutto cotto

latte

pollo

carote

detersivo

Chianti

trota

ricotta

parmigiano

carta igienica

dentifricio

6 **a** "Preferisco fare la spesa al supermercato/al mercato perché …" Scelga.

si risparmia
si può fare tutta la spesa insieme
si fa prima
si parla con la gente
di solito c'è un parcheggio
c'è più scelta
la verdura è più fresca
è più pulito

b Copi la scheda di Renata e Ombretta e faccia un sondaggio in classe.

7 a

La lista della spesa
Faccia la lista della spesa per la settimana con i prodotti a pag. 89 e le quantità in questa pagina.

un chilo di mele	= 1000 grammi	= 1kg	*(2lb approx)*
mezzo chilo di pane	= 500 grammi	= $\frac{1}{2}$ kg	*(1lb approx)*
un etto di salame	= 100 grammi		*($\frac{1}{4}$lb approx)*
un litro di vino			*(2pt approx)*
mezzo litro di latte			*(1pt approx)*

b 🖊 **ⁱⁱ Quanto ne vuole?**

Al negozio di alimentari.
Studente A: Buongiorno. Desidera?
Studente B: Per favore, mi dà . . . .

Continuate.

una bottiglia

latte

Coca-Cola

un pacco

tonno

un vasetto

olio

un pacchetto

di

pasta

una scatola

patatine

marmellata

una lattina

un cartone

succo di frutta

8 📼 **Oggi viene Mario a pranzo**

Ascolti la conversazione.

il formaggio	*cheese*
l'insalata mista	*mixed salad*
il basilico	*basil*
il pane integrale	*wholemeal bread*

Avete notato?

Man**ca** il pane	*There is no bread*
Man**cano** i pomodori	*There are no tomatoes*

mancare: *same structure as* **piacere**

a **Cosa c'è in casa?** Guardi nel frigo e scriva. Controlli con la cassetta.

b **Cosa manca?** Riascolti e faccia la lista della spesa con le quantità.

Esempio: Prosciutto, 300gr.

Articolo partitivo

Compriamo **del** prosciutto, **degli** sfilatini, **della** mozzarella, **dell'**acqua minerale

Let's buy some . . .

Vedi Grammatica 1 (pagina 98).

---

c *Practise asking for unspecified quantities (**del**, **delle**, ecc.) with the items in Activity 7b or 5.*

---

9 **a**   **La spesa**

Completi le conversazioni poi controlli con la cassetta.

- Dal fruttivendolo

A . . . . Desidera?
B Buongiorno.
Un chilo di pomodori . . . . . per favore.
A Ecco a lei. . . . . . ?
B Un po' di basilico, grazie. . . . . . . ?
A 1,80 euro in tutto.

- Dal fornaio

A . . . . ?
B Vorrei tre sfilatini.
A Altro?
B . . . .

- Dal salumiere

A Buongiorno. Dica?
B . . . .
A Provi questo San Daniele: è squisito!
B . . . .

---

quanto costa?	*how much is . . . ?*
quanto costano?	*how much are . . . ?*
quant'è (in tutto)?	*how much is it (altogether)?*

---

b Ora coprite il testo e fate i dialoghi.

10 **Per casa** Scriva un dialogo per ogni scontrino.

```
              Supermercato
        STANDA COMMERCIAL S.P.A.
       Via M. te Cervialto, 135 ROMA
                                    €
    P.I. : 12619750156             1,01
                                   1,62
    Pz.  1   YOGURT                1,19
    Pz.  1   SUCCO ARANCIA         0,41
    Pz.  1   LATTE PS LT           0,53
    Pz.  1   PATATINE              2,54
    Pz.  1   SPAGHETTI PACCH       0,50
    Pz.  1   UVA NERA              0,41
    Pz.  1   RADICCHIO             2,47
    Pz.  1   PASSATA BOT           0,54
    Pz.  1   PESCHE PRIMA          1,53
    Pz.  1   ACQUA MINERALE        2,30
    Pz.  1   MELONI CANTAL         15,05
    Pz.  1   SUSINE ROSSE
                                   20,00
    TOTALE €
    PAGAMENTO CONTANTE
    ART   12      138  1807011234 P
                                   4,95
    RESTO
       18/2/02  12-33  51594  2 SC.N. 131
                  MFAM 52003569
```

```
              LA SPICA
       PASSALACQUA V.ZO
         VIA BRIATICO 62
         VILLA S.GIOVANNI
         REGGIO CALABRIA
         TEL.0965/795652
        P.I. 01581790803
    PANE
    DOLCI             €
    TOTALE €         0,67
    CONTANTE         3,10
                     3,77
    *********************
    21 02-2002
    N. SCONTR FISC    11-04
    MFBC    6797916    79

        GRAZIE
           E
      ARRIVEDERCI
```

```
              ENOTECA
        TRIPODI GIOVANNI
          VIA V.VENETO-46
         TEL. 0965/895009
        P.I. 00146860804

    Chianti            €
    Barolo           4,02
    Nobile           5,06
    TOTALE €         6,55
    CONTANTE        15,63

    21-02-2002
    N.SCONTR FISC    11-41
    MFLM              2
              6814133

           TUTTO
          IL MONDO
             IN
          BOTTIGLIA
```

11 **a**   Ascolti e scriva i nomi dei negozi che sente.

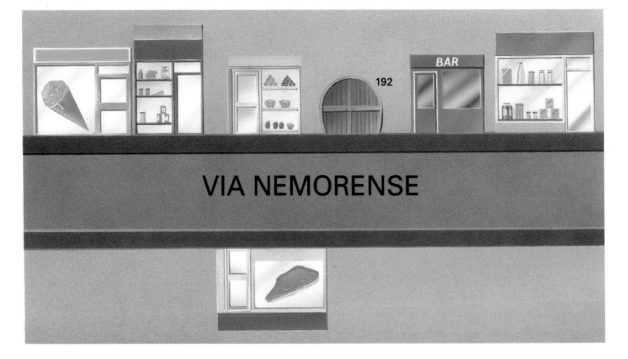

b 🔊 ✏️ Riascolti Luisa. Scriva **sì** o **no**.

1 Luisa compra l'acqua minerale dal macellaio.
2 Vicino al fruttivendolo c'è un supermercato.
3 Il fruttivendolo è alla destra del portone.
4 Ci sono due negozi di alimentari nella sua strada.
5 Il macellaio è a sinistra.
6 Il macellaio vende prosciutto, salumi e formaggi.

Avete notato?

dal macellaio	*at/to the butcher's*
in salumeria	*at/to the delicatessen*
al mercato	*at/to the market*

For more examples, see Grammatica 3 (pagina 98).

c Scriva il nome dei negozi con le cose che compra Luisa.

la frutta   il salame
i formaggi freschi   la carne
la pasta   la verdura
l'acqua minerale   il gelato
il pane   il prosciutto

12 👥 📖 **Cose che mancano**

Studente A e B:

A Mancano i formaggi.
B Va bene. Vado in salumeria.
A Manca il pane.
B . . . .

Continuate con:

È finito il pane

Aspirine!

non c'è carne

Manca il prosciutto per cena

mamma vuole 12 rose per Elena

13 👥👥👥 **Facciamo un picnic**

Gruppi di quattro.

- Decidete cosa volete comprare per il picnic
- Fate la lista della spesa con le quantità (v. pagina 90) divisa in:

  Pane   Ripieno *(filling)*
  Da bere   Frutta/Dolce

- Fate i dialoghi nei negozi come in Attività 9.

C Come si fa?

14 a   **Tre ricette per gli spaghetti**

Studi il vocabulario a destra. Ascolti Ombretta e segni (✓) solo gli ingredienti che sente.

cipolla *(onion)*   sedano *(celery)*
carota   prezzemolo *(parsley)*
aglio *(garlic)*   pancetta *(bacon)*
sale   vino   pepe   origano
pelati   parmigiano   basilico
peperoni   lattuga

- Si fa rosolare un po' di cipolla nell'olio. Si aggiungono i pelati, sale, un po' di prezzemolo.
- Si aggiunge una scatola di tonno e si lascia cuocere per circa 10 minuti.

- Si mettono dei funghi freschi nell'olio con mezza cipolla e aglio. Dopo dieci minuti si aggiungono i pelati, il sale e il pepe. Si cuoce per 15/20 minuti.

- Si mette in una pentola l'aglio con un po' d'olio e si fa rosolare per due minuti. Si aggiunge una scatola di pelati, sale e pepe e un po' di basilico.
- Si cuoce per 10 minuti e si aggiunge alla pasta già cotta.

b Una di queste tre ricette è quella di Ombretta. Quale?

Avete notato?

si aggiunge il sale   *one adds salt*
si aggiung**ono** i pelati   *one adds tomatoes*

si: pronome impersonale   *(one, you)*

Vedi pagina 252.

15 🍴 ✏️ 💬 Come si cuoce la pasta al dente? Completi con i verbi e dica al compagno come si fa.

| aggiunge fa scola buttano |
| mette mescola fanno aggiunge |

Si . . . . l'acqua nella pentola.
Si . . . . il sale.
Si . . . . bollire.
Si . . . . gli spaghetti.
Si . . . . bene.
Si . . . . bollire per sette minuti.
Si . . . . con lo scolapasta.
Si . . . . il sugo.
Si serve al dente.

16 📖 ✏️ **Lasagne al forno**

Metta le preposizioni che mancano nel menù (v. Grammatica, pag. 98)

Lei conosce altri nomi di piatti italiani? Li aggiunga.

Menu

risotto allo zafferano ___
spaghetti ♦ pomodoro ___
risotto ♦ gamberi ___
pasta ♦ tonno ___
tagliatelle ♦ sugo ___
scaloppine ♦ marsala ___
pizza ♦ funghi ___

17

IL FORNO A MICROONDE DA 210 EURO

BRUCIA I TEMPI, ABBATTE I PREZZI.

Alimento	Cottura (in minuti)	Scongelamento (in minuti)
Cannelloni di magro 600g	14/16	18/20
Filetti di pesce 500g	6/7	8/10
Pesce intero 750g/1kg	10/12	15/17
Roastbeef 500g	7/11	18/20
Arrosto di maiale 500g	10/11	18/20
Arrosto di vitello 500g	13/15	20/22
Coscia di pollo 125g	5/6	7/8
Spinaci 500g	5/6	7/8
Budino alla vaniglia 1kg	10/12	–

📖 🍴 **Quanto tempo ci vuole per … ?** Fatevi le domande.

1 scongelare *(defrost)* mezzo chilo di filetto di pesce
2 arrostire un chilo di carne di maiale
3 cuocere un budino alla vaniglia
4 cuocere un chilo e mezzo di roastbeef
5 scongelare mezzo chilo di vitello
6 cuocere un pesce intero di un chilo
7 scongelare mezzo chilo di cannelloni

D A tavola

18 a  Legga l'intervista con Simona Marchini e metta in ordine le figure.

A

B

C

D

– Simona, in cucina ci stai volentieri?

Sì, perché stare in cucina, cucinare, è un modo di dare agli altri. Quindi per me cucinare è un piacere grande.

– Ami fare la spesa?

Mi dà tanta gioia, trovo che sia un rituale stupendo. Cioè: fare la spesa avendo tanto tempo, passeggiando con calma tra i banchi del mercato, guardando tutto, inventando magari piatti da cucinare davanti alle belle cose che vedo. Per me fare la spesa in un mercato è un momento di allegria: c'è tanta gente, l'atmosfera è vivace, gioiosa. Mi piace molto.

– Se inviti a cena una persona per te importante, cosa prepari?

Io credo che vada bene qualsiasi cosa. Trovo invece molto importante presentare una tavola ben apparecchiata. Mi piace pensare alla tovaglia, al colore dei piatti, ai fiori, alle candele. Anche se mangio da sola, io apparecchio per me in maniera carina.

– E quando aspetti una telefonata che non arriva e ti senti nervosa, il cibo ti aiuta?

Eccome! Mangio pane. Rosette, sfilatini. Io vivrei di pane. Il pane è per me la cosa più buona del mondo. Pane e qualcosa, pane e olio, pane con pane se non ho altro.

b  Queste affermazioni sono sbagliate. Corregga e dica perché.

1 Simona detesta stare in cucina.
2 Preferisce fare la spesa al supermercato.
3 L'atmosfera del mercato la deprime.
4 Per Simona i colori non sono importanti.
5 Apparecchia la tavola solo se ha ospiti.
6 Quando è nervosa fuma.

c   Simona è un'entusiasta. Nell'intervista trovi quattro espressioni di entusiasmo.

> È un piacere grande!

d   Scriva le domande per Attività **b** e intervisti due persone.

Esempi: 1 Le piace stare in cucina?
         2 Dove preferisce …?

19 ✏ ♟♟ **Una tavola ben apparecchiata**

1 il tovagliolo   **2**   **3**   **4** il cucchiaio

a 📖 ✏ Guardi la figura e scriva le parole che mancano.

il piatto	la forchetta
i fiori	la candela
il bicchiere	il coltello
la tovaglia	le posate

b ♟♟ Coprite la foto.

Studente A: Dica a Studente B come si apparecchia la tavola per due.

Usi: si mette/si mettono
a destra di/a sinistra di
davanti al/al centro

Studente B: Ascolti Studente A e disegni la tavola apparecchiata.
Confronti con la figura.

20 L'ora dei pasti

a Ascolti Paola e scriva le ore:

Pasti	In Italia:	In Inghilterra:
colazione pranzo cena		

- A che ora si fa colazione in questa famiglia?
  Generalmente . . .
- A che ora si pranza?
  Di solito . . .
- E a che ora si cena?
  Verso . . .

b E in Inghilterra? Lavori con un compagno e completi la scheda.

Per casa

Scriva un paragrafo sull'orario del pasti nel suo paese e nella sua famiglia. Usi il **si** impersonale.

fare colazione	*to have breakfast*
pranzare	*to have lunch*
cenare	*to have dinner/supper*

Grammatica

Preposizioni articolate: altri usi

1 Quantità: articolo partitivo *(some)*

Singolare	Plurale
del pane	**dei** fiori
dello zucchero	**delle** mele
della carne	**degli** sfilatini
dell'acqua	**degli** aranci
dell'olio	

or

un po' di . . .

2 al, allo, alla, all', ai, agli, alle

Per esprimere lo stile, l'origine o gli ingredienti principali di un piatto:

antipasto **all'**italiana
ragù **alla** bolognese
gelato **al** limone
pizza **ai** funghi

3 Per indicare i negozi

With names of shops: **in** farmacia, pasticceria, libreria, pescheria, salumeria, profumeria

With name of owner: **dal** fornaio, tabaccaio, salumiere, macellaio, giornalaio, lattaio

With type of shop: **al** mercato, supermercato, negozio di alimentari

4 si *(one)*

*Si always takes the **3rd person**, singular or plural. If the verb has a plural object: 3rd person **plural**.*

Singolare	Plurale
Si risparmia.	Si mettono i funghi.
(You save/One saves.)	*(You put in the*
Si aggiunge il sale.	*mushrooms./The*
(You add salt./Salt	*mushrooms are put in.)*
is added.)	

Vocabolario

Il cambio — *Exchange*

il cambio	exchange (rate)
il documento	identification
il portafoglio	wallet
lo sportello	window/counter
la sterlina	pound
la tabella	board
la valuta	currency

La spesa — *Shopping*

il negozio	shop
la gelateria	ice cream shop
il negozio di alimentari	grocer's (shop)
la salumeria	delicatessen
il fornaio	baker
il fruttivendolo	greengrocer
il macellaio	butcher
il salumiere	owner of delicatessen
la verdura	vegetables
l'aglio	garlic
il basilico	basil
la carota	carrot
la cipolla	onion
il fungo	mushroom
la lattuga	lettuce
il melone	melon
i piselli	peas
il pomodoro	tomato
la frutta	fruit
maturo/a	ripe
la mela	apple
l'uva	grape
il pane	bread
il pane integrale	wholemeal bread
la rosetta	type of bread roll
lo sfilatino	small baguette
la carne	meat
il formaggio	cheese
il maiale	pork
la pancetta	bacon
i pelati	peeled tomatoes
il pesce	fish
il pollo	chicken
il prosciutto	ham
la ricetta	recipe
i surgelati	frozen food
il vitello	veal
il budino	pudding
il dolce	dessert
il pasto	meal

La tavola — *The table*

il bicchiere	glass
il cucchiaio	spoon
il coltello	knife
la forchetta	fork
il piatto	plate
le posate	cutlery
la tovaglia	table cloth

Verbi — *Verbs*

aggiungere	to add
apparecchiare	to lay the table
arrostire	to roast
bollire	to boil
buttare	to put in
cenare	to have dinner
cuocere	to cook
fare colazione	to have breakfast
mancare	to be missing
mangiare	to eat
mescolare	to mix
mettere	to put
pranzare	to have lunch
rosolare	to brown
scolare	to drain
scongelare	to defrost
tagliare	to cut

Espressioni utili — *Useful expressions*

altro?	anything else?
c'è più scelta	there's more choice
cosa manca?	what's missing?
desidera/dica?	can I help you?
è più pulito	it's cleaner
quanto costa?	how much does it cost?
quant'è?	how much is it (altogether)?
si fa prima	it's quicker
si risparmia	you save
magari	possibly

come, dove, quando

Ecco le cose che abbiamo imparato
finora. Per ogni azione a sinistra,
trovi un esempio a destra.
es: Presentarsi → Mi chiamo Sandro, e lei?

A	Presentarsi	1	Quella alta, con i capelli rossi, è Roberta.
B	Ordinare al bar	2	D'inverno mi alzo presto.
C	Opinioni	3	Ti scrivo da un posto fantastico.
D	Nazionalità	4	Faccio il chimico.
E	Descrivere case	5	Per me un caffè. Tu che prendi?
F	Parlare del proprio lavoro	6	Lei è d'accordo, vero?
G	Dare indicazioni stradali	7	Ho dodici anni.
H	Dire/ chiedere l'ora	8	Le presento la mia amica Gina.
I	Prenotare un albergo	9	Mi chiamo Sandro, e lei?
J	Descrivere la routine quotidiana	10	Vorrei prenotare una camera.
K	Chiedere informazioni sui trasporti	11	Mi dà un chilo di pane per favore?
L	Indicare età, date e compleanni	12	È un palazzo moderno a sei piani.
M	Cambiare soldi	13	Di dove sei?
N	Presentare qualcuno	14	Vada dritto, poi giri a destra ed è lì.
O	Scrivere cartoline	15	Sa l'ora per favore?
P	Parlare della famiglia	16	C'è una fermata qui vicino?
Q	Fare la spesa	17	Qual è il cambio oggi?
R	Descrivere persone	18	Si mette olio, aglio e cipolla.
S	Dare ricette	19	Siamo in quattro, mia moglie, due figli e io. E poi c'è il cane.

A Tu o lei?

1 **Saluti**

Scriva una frase o un piccolo dialogo per ogni figura (1–6) usando i saluti a destra.

> Ciao   Buonanotte
> Buongiorno   Arrivederci
> Buonasera   Piacere!

2 a   **Tu** o **lei**? Ascolti Gianna al telefono.

- Pronto? Sono Gianna.
  Come va? Stai meglio oggi?
  Sono contenta. E tuo figlio come va?
  Benissimo. Allora ci vediamo in ufficio alle 10.
  A più tardi. Ciao.

- Pronto? Sono Gianna Bonelli.
  Buongiorno. Come sta?
  E la sua vacanza è andata bene?
  Benissimo. Allora la vedo in ufficio alle 10.
  A più tardi, arrivederla.

Come va?	*How are things?*
Come sta?	*How are you? (formal)*
Come stai?	*How are you? (informal)*

Qual è la telefonata al direttore della banca? Quale all'amica? Perché?

b Con un compagno scriva la parte dell'altra persona al telefono e faccia le due telefonate.

3 a  Metta le frasi del riquadro nella colonna giusta.

b Con le frasi, fate due brevi conversazioni usando il **tu**.

tu	lei

Come ti chiami?   Desidera?   Sei molto gentile.
Lei che cosa prende?   Tu che cosa prendi?   Le dispiace se fumo?
Mi dai il libro?   Le piace il jazz?   Le presento mio figlio.
Mi dica come si chiama.   Che lavoro fai?   Parla francese?
Parli tedesco?   Sa l'ora?   Buongiorno, come sta?
Ti telefono stasera.   Va a Milano?   Che lavoro fa?
Ti dispiace se fumo?   Le telefono stasera.   Di dov'è lei?
Dove vai?   Ciao, come stai?   Sai l'ora?

4  **Diamoci del tu**. (*Let's use* **tu**.)
Che cosa si dicono? Completi la storia.

Colpo di fulmine in discoteca (*Love at first sight at the discotheque*)

5  Trovi quattro differenze di stile (formale e familiare) tra le due lettere.

```
Albergo Lungolago
Torno
(Como)

                    Novara, 21 marzo
Gentile Direttore,

    le scrivo per prenotare una camera
doppia con bagno per due notti dal 13
al 15 luglio prossimo. Può dirmi se ci
sono camere libere per quel periodo? La
ringrazio e le telefono venerdì per
avere una conferma.

            Cordiali saluti,

            Ugo Trovatore
```

Cara Nikki,

Prima di tutto grazie per la tua lettera. Ti scrivo per darti una bella notizia – Vengo a Londra a marzo, per lavoro, naturalmente. Tu ci sei? E tua sorella? Mi piacerebbe molto vedervi. Ti telefono prima di partire – Allora a presto, a Londra!
Un abbraccio.

Valentina

una bella notizia	*good news*

B Eccomi qua

6  Dica la verità: le piace l'opera? Le piacciono i motorini?

Fate una conversazione sulle cose nella lista.

> l'opera   le canzoni napoletane
> ballare   le spiagge deserte
> viaggiare in aereo   sciare
> Mozart   il dialetto veneziano
> i bambini   il jazz
> leggere   la chitarra elettrica
> i libri gialli   il traffico

Per casa
Risponda alle due lettere.

mi		gli occhi azzurri
ti	**piace**	il gelato
le	**piacciono**	l'Italia
gli		viaggiare in treno
ci		la cioccolata . . .
vi		
gli/a loro		

7   **I ragazzi di Modena**

a Ascolti. In che ordine parlano? Metta i numeri (1–5) vicino ai nomi sulla foto.

b Scriva il nome di ogni ragazzo vicino al posto dove abita.

San Vito . . . . .   Formigine . . . . .
quartiere di periferia . . . . .   Modena . . . . .
3 km dalla scuola . . . . .

8 **Chi è?**

a Guardi i biglietti e la foto e completi i dettagli dove possibile.

Filippo   Max

Daniela   Lorenza

Elena

NOME _____

ETÀ _____

RESIDENZA _____*Modena*_____

DISTANZA DALLA SCUOLA _____

MEZZI DI TRASPORTO _____

TIPO DI ABITAZIONE _____

FAMIGLIA _____*3 persone*_____

ANIMALI DOMESTICI _____

SPORT PRATICATI _____

INTERESSI _____*musica*_____

PASSATEMPI _____

b Ascolti i primi tre ragazzi e scriva il nome sul modulo. Finisca i dettagli.

c Per casa

Copi il modulo e lo riempia per sé.

9   **Sabato pomeriggio**

Questa lettera è di Daniela, Elena o Lorenza?
Riascolti.

il nuoto	*swimming*
la pallavolo	*volleyball*
la polisportiva	*sports centre*
la palestra	*gym*

Cara Alessandra

è sabato pomeriggio, niente scuola. che bellezza! Mi sono alzata alle 11. È una bellissima giornata e ho portato fuori il cane. Forse più tardi vado al centro a fare spese con mia zia. Adesso voglio pulire l'acquario dei pesci e dare da mangiare ai miei uccellini. Poi verso le cinque ci vediamo con gli amici alla polisportiva per una nuotata o un po' di palestra.

Serena ha promesso di portarmi dei bellissimi francobolli inglesi per la mia raccolta.

Un caro abbraccio

ciao.

10 Ora riascolti i ragazzi di Modena (Attività 7) e completi per tutti.

Nome	Casa	Zona di residenza	Famiglia	Animali	Passatempi e sport
Max					

11 **Domande**

Completi le domande con le parole nel riquadro e intervisti due persone.

chi	quanti	quando
dove	quali	come
quanto tempo	che	che (x2)

1 . . . . sport pratichi?

2 . . . . è il tuo cantante preferito?

3 . . . . tipo di musica ti piace?

4 . . . . cosa ti piace fare la domenica?

5 . . . . siete in famiglia?

6 . . . . vai a nuotare?

7 . . . . si chiama tuo fratello?

8 . . . . ci vuole in treno?

9 . . . . abiti?

12 Preferenze

a 'Il mio cantante preferito è Vasco Rossi.' Continui con le foto qui sotto.

Vasco Rossi

Del Piero

sportivo/sportiva

Botticelli

artista (*m/f*)

Dario Fo   Franca Rame

'attore (*m*)'   'attrice (*f*)'

Laura Pausini
cantante (*m/f*)

scrittrice(*f*)   scrittore (*m*)

il mio/la mia	i miei/le mie
il tuo/la tua	i tuoi/le tue

b Ora scriva le sue preferenze personali. Chieda anche agli altri, usando il **tu**.

Maschile	Femminile
l'at**tore**	l'at**trice**
lo scrit**tore**	la scrit**trice**
l'art**ista**	l'art**ista**
il cantante	la cantante

13 ✏ 💬 Una presentazione

Ripassi la sezione B e scriva un autoritratto (*self-portrait*) sul modello dei ragazzi di Modena. Registri (*record*) la sua presentazione (100–150 parole).

14 👥 Per andare da Michele

Michele invita Serena a una festa.

Studente B: (Michele) pagina 228.
Studente A: (Serena) questa pagina.
Risponda all'invito di Michele. Gli dica dove abita. Poi ascolti le indicazioni e segni l'itinerario sulla cartina.

Usate il **tu**.

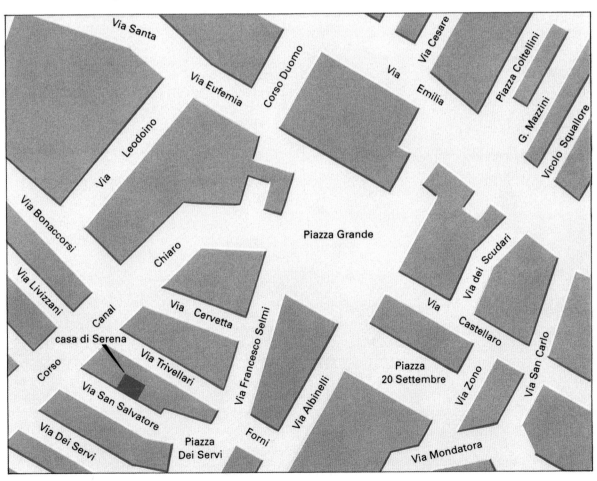

15 **Trova l'anima gemella**

club avventura

Non sei ancora socio? Compila il tagliando e richiedi la tessera

nome | | | | | | | | | | | | | | | | | | | cognome | | | | | | | | | | | | | | | | | | | data di nascita | | | | | | | | |

giorno mese anno

via e n. | | | | | | | | | | | | | | | | | | | | località | | | | | | | | | | | | | | | | | | | | | | |

codice postale | | | | | | tel. | | | | | | | | | | | |

Chi sei? Che fai?
1 ☐ studente scuole superiori
2 ☐ studente universitario
3 ☐ operaio
4 ☐ impiegato
5 ☐ libero professionista
6 ☐ discoccupato
7 ☐ altro

Come impieghi il tuo tempo libero?
1 ☐ musica
2 ☐ lettura
3 ☐ sport
4 ☐ televisione
5 ☐ cinema
6 ☐ fotografia
7 ☐ altro

Che genere musicale preferisci?
1 ☐ rock
2 ☐ jazz
3 ☐ classica

4 ☐ altro

Cosa leggi abitualmente?
1 ☐ quotidiano
2 ☐ settimanale di attualità
3 ☐ riviste sportive
4 ☐ altro

Guardi la TV?
1 ☐ abitualmente
2 ☐ quando capita

Preferisci libri di
1 ☐ narrativa
2 ☐ saggistica
3 ☐ attualità
4 ☐ sport
5 ☐ avventura
6 ☐ gialli, terrore, mistero
7 ☐ fantascienza

Che sport pratichi?
1 ☐ calcio
2 ☐ pallacanestro

3 ☐ nuoto
4 ☐ sci
5 ☐ tennis
6 ☐ alpinismo
7 ☐ palestra
8 ☐ motociclismo
9 ☐ atletica leggera
10 ☐ altro

Quali dei seguenti sport-avventura ti piacerebbe praticare?
1 ☐ scalate
2 ☐ discese in canoa o gommone
3 ☐ rally
4 ☐ deltaplano
5 ☐ trekking
6 ☐ altro

Per le tue vacanze scegli
1 ☐ un viaggio organizzato tradizionale

2 ☐ un viaggio-avventura ma organizzato
3 ☐ un viaggio programmato da te

Quali di queste cose desideri di più?
1 ☐ una moto
2 ☐ una vacanza all'estero
3 ☐ un impianto stereo
4 ☐ un guardaroba firmato
5 ☐ altro

In che cosa spendi il tuo budget mensile?
1 ☐ libri
2 ☐ dischi
3 ☐ vestiti
4 ☐ viaggi
5 ☐ accessori auto o moto
6 ☐ collezionismo
7 ☐ altro

a Riempi il modulo del club. Usa il dizionario se vuoi.

b Gruppi di quattro. Facendo domande, scoprite l'anima gemella. Usate il **tu**.

socio	*member*
tagliando	*detachable form*
anima gemella	*soul-mate*

C Lavoro, routine, famiglia

16 Nuovi lavori

Studente A e Studente B:

State cercando (*looking for*) lavoro in Italia. In un sito Internet avete trovato (*found*) esempi interessanti di nuovi lavori.

a Leggete attentamente. Quale dei due lavori vi attira (*attracts*) di più? Perché? Parlatene.

b Scegliete un ruolo per uno (*each*) e fate una conversazione sul lavoro come in *Unit 2*, pagina 18.

Per casa

Descrivete la giornata tipica di uno dei personaggi. Usate il dizionario se volete, e un po' di immaginazione.

> ● **Come si dice in italiano...?**
>
> *the Web* _____
> *internet site* _____
> *video games* _____
> *virtual animation* _____

Il creatore di video giochi

> invia il tuo CV
> agente di ricerca
>
> RICERCA
> [   ] trova
> ● fra gli annunci
> ○ negli articoli
>
> IL MIO LAVORO
> 》 Entra
> 》 Nuovo utente
>
> LE INFORMAZIONI

Autodidatta (*self taught*) e appassionato di videogiochi, Francesco Mei, 27 anni, realizza animazioni virtuali per siti web usando film, cartoon, fotografie e musica.

Nome: *Francesco Mei*
Luogo di nascita: Napoli
Professione: creatore di video giochi
Età: 28 anni
Per chi lavora: Compagnia di video giochi
Da quanto tempo: 4 anni
E-mail: riceve 30 email al giorno
Dove lavora: ufficio
Tempo per arrivare al lavoro: 20 minuti (Vespa)
Quante ore lavora al giorno: minimo 9 ore
Opinione sul suo lavoro: molto divertente

Il Bio-cuoco

> invia il tuo CV
> agente di ricerca
>
> RICERCA
> [   ] trova
> ● fra gli annunci
> ○ negli articoli
>
> IL MIO LAVORO
> 》 Entra
> 》 Nuovo utente
>
> LE INFORMAZIONI

E uno chef specializzato in prodotti biologici (*organic*) e salute (*health*), che dà consigli ai ristoranti e agli alberghi.

Nome: *Angelo Verdi*
Luogo di nascita: Mestre (Venezia)
Professione: Consulente alimentare, Bio-cuoco
Età: 40 anni
Per chi lavora: Ristoranti, scuole alberghiere
Da quanto tempo: 6 anni
E-mail: circa 10
Dove lavora: Parma, Bologna, Rimini
Tempo per arrivare al lavoro: dipende, da 1 a tre ore
Quante ore lavora al giorno: anche 10
Opinione sul suo lavoro: bello ma faticoso

17 **Piccola biografia**

Enrico Monti vuole un aumento di stipendio.
Ecco la sua scheda personale.

```
            SCHEDA PERSONALE
              Enrico Monti
```

1966	Nasce a Reggio Emilia
1982	Comincia a studiare l'inglese
1986–89	Studia informatica all'Università di Bologna
1990	Si laurea in Informatica
1991	Passa sei mesi in Inghilterra per migliorare il suo inglese
1992–96	Insegna elettronica nelle Scuole Tecniche e comincia a scrivere programmi
1996	Sposa una collega, Bice Parenti
1998	Si trasferisce a Firenze
1998	Entra nella Società Manetti (caporeparto)
2000–oggi:	Programmatore capo per la Società

lo stipendio	*salary*
nascere	*to be born*
l'informatica	*information technology*
laurearsi	*to get a degree*
migliorare	*to improve*
sposare	*to marry*
trasferirsi	*to move*
il caporeparto	*manager*

a **Da quanto tempo?**

> Studia l'inglese **da** molti anni
> Lavora qui **dal** 2001
> (ma: è nato **nel** 1968)

Studi la scheda di Enrico e risponda.

1 Da quanto tempo si interessa di informatica?
2 Da quanto tempo studia l'inglese?
3 Da quanto tempo scrive programmi per computer?
4 Da quanto tempo vive a Firenze?
5 Da quanto tempo lavora per questa società?
6 Da quanto tempo è caporeparto?
7 Da quanto tempo è sposato?
8 Da quanto tempo è laureato?

b Scriva una nota su Enrico Monti per il direttore.

Per il direttore– Memorandum
Enrico Monti: è di Reggio Emilia.
È nato nel...Studia l'inglese ..

c Scriva una piccola biografia (un amico, suo padre) sul modello di Enrico Monti.

d **Ora a voi.** Uno di voi è Enrico.

Fatevi le domande come in **a**, usando il **tu**.
es: Da quanto tempo ti interessi di . . . ?

18 a 📖 ✏️ La mia routine

In questa intervista con Antonio, operaio all'Olivetti, c'è qualcosa di strano! Corregga le parole sottolineate. Usi il dizionario.

Quando faccio il turno del pomeriggio prendo le cose con calma. Mi sveglio alle 7.30 e mia moglie gentilmente mi porta il <u>cane</u> a letto. Alle 8 accompagno in <u>aereo</u> i figli a scuola e mia moglie al lavoro, poi passo <u>allo zoo</u> e se trovo qualche <u>canarino</u> prendo un caffè con loro. Alle 9.30 torno a casa e faccio qualche <u>giochetto</u>, metto in <u>disordine</u> eccetera.

A <u>mezzanotte</u> faccio bollire <u>il vino</u> per la pasta, friggo due <u>aranciate</u>, fumo <u>un caffè</u>, sparecchio e preparo il <u>gattino</u> che devo portarmi al lavoro. Alle 13 vado in <u>aereo</u> in <u>fattoria</u> e arrivo alle 13.45. Inizio la <u>passeggiata</u> alle 14, alle 18 mangio il <u>gattino</u>, <u>nuoto</u> con i compagni di lavoro, e finisco alle 22.

Arrivo <u>al cinema</u> alle 23.15. <u>Bevo</u> un panino, o un dolce se c'è, <u>mangio</u> la tv e qualche volta mi addormento in <u>treno</u>!

b 📼 Giusto? Ascolti e controlli.

19 📖 ✏️ Famiglie

È meglio la seconda volta

I protagonisti di questa storia sono Laura (Musolino) e Luigi (Cacace), di San Giovanni La Punta, in provincia di Catania. Si sono sposati nel 1972, lei studentessa diciottenne, lui di poco maggiore. Dopo dodici anni di matrimonio e due figli, hanno divorziato nel 1984. Qualche giorno fa, diciotto anni dopo, si sono nuovamente sposati. Testimoni d'eccezione i figli: Massimo di 26 anni e Stefania di 23. Laura e Luigi hanno ripreso a vivere insieme con un entusiasmo mai avuto.

sposarsi	*to get married*
il matrimonio	*marriage*
maggiore	*older*
il/la testimone	*witness*

a Legga l'articolo e completi.

Laura e Luigi sono *marito e moglie*
Nel 1972 si sono . . .
Il loro primo matrimonio è durato . . .
Hanno avuto . . .
Nel 1984 hanno . . .
Nel 1992 . . .
I testimoni erano . . .
Massimo ha . . . e Stefania ha . . .
Ora vivono insieme con . . .

b Trovi nell'articolo l'equivalente di:

i personaggi principali
ragazza che studia
pochi giorni prima di oggi
di diciotto anni
uniti in matrimonio
più grande
ancora una volta

20 👥 **Un rompicapo** *(riddle)*

Nino, Roberto e Giacomo sono sposati. Le loro mogli si chiamano (non necessariamente nell'ordine) Rosanna, Ida e Maria.

- Nino e Ida non si conoscono.
- Ida è figlia unica.
- Roberto ha sposato la sorella di Rosanna.

Con un compagno, decida chi è sposato con chi.

	Rosanna	Ida	Maria
Nino			
Roberto			
Giacomo			

D Com'è? Come si fa?

21 a 👥 **La ricetta per la pizza**

Studente A: questa pagina.
Studente B: pagina 228–9.

Studente A: Stasera lei vuole cucinare la pizza. Chieda a Studente B. Lei vuole sapere:

- la quantità degli ingredienti per fare la pasta.
  Esempio: Quanta farina ci vuole?

- il tempo che ci vuole per impastare, lievitare e cuocere al forno.
  Esempio: Quanto tempo ci vuole per …?

- gli ingredienti da mettere sulla pizza.
  Esempio: Che ingredienti ci vogliono?

la farina	*flour*
il lievito	*yeast*
le acciughe	*anchovies*
impastare	*to knead*
lievitare	*to rise*
spianare	*to flatten*
sottile	*thin*
cuocere	*to cook*

b 💬 Come preferisce la pizza?

Describe your favourite topping.

Per casa

Preparate una descrizione di come si fa il tè o il caffè. Usate il dizionario.

22 📖 Intervista sulla casa

Signora Thulin, lei ha due case, una a Stoccolma, l'altra vicino a Roma. Le sue abitazioni sono diverse?

Ciò che rende diverse le mie case sono i colori. Nella casa vicino a Stoccolma, ci sono tutti colori più <u>tenui</u>, che assomigliano al cielo svedese, al sole pallido. A Roma invece colori <u>forti</u>, decisi: i rossi, i verdi, i gialli, i bordeaux. Che sono poi le tinte classiche dell'<u>arredamento</u> mediterraneo.

Ma la sua casa a Stoccolma com'è?

Prima di tutto non è proprio a Stoccolma, ma a 15 minuti dalla città. È abbastanza isolata. È uno <u>chalet</u> molto piccolo.

Bello è soprattutto quello che si vede dalle finestre. Il mare, il <u>paesaggio</u> tranquillo. La casa ha pochi <u>locali</u>, separati talvolta da <u>pareti</u> in legno, altre volte da <u>tendoni</u>.

La stanza che ama di più?

La mia camera.

La stanza da letto?

No. La "mia camera" è lo studio, dove leggo, fantastico, organizzo il lavoro, mi concentro. Lì ci sono librerie di legno chiaro, tanti libri, una <u>scrivania</u>. E naturalmente poltrone per sedersi.

E che cosa altro ama nello chalet vicino a Stoccolma?

La <u>piscina</u>. Anche a Roma ho una piscina simile a quella di Stoccolma.

E la casa di Roma com'è?

Non è a Roma prima di tutto. È un <u>casale</u> alle porte della città. Erano due grandi locali sovrapposti. Qui ho fatto costruire il bagno e la piccola cucina. Nelle mie case la cucina è sempre piccola, perché è un luogo dove non vado quasi mai, che non mi interessa . . . Ho fatto costruire una scala. E al piano di sopra ci sono soltanto tende, tende <u>dappertutto</u>. Di colori profondi, colori intensi, come dite in Italia. Insomma mi ricordano i <u>tramonti</u>.

Le piacciono le sue case?

Non solo mi piacciono, le amo!

---

a 📖 Cerchi sul dizionario le parole sottolineate nel testo.

b 🖊 Che vuol dire? (*What does it mean?*)

1 È abbastanza isolata.
  A È piena di sole.
  B È su un'isola.
  C È lontana da altre case.

2 Mi concentro.
  A Penso attentamente.
  B Vado in centro.
  C Vado a un concerto.

3 alle porte della città
  A vicino al porto
  B vicino alla città
  C vicino alla stazione

4 (due locali) sovrapposti
  A all'ultimo piano
  B troppo grandi
  C uno sopra all'altro

23 a  Confronti la casa svedese di Ingrid con la sua casa italiana.

	la casa svedese	la casa italiana
tipo di casa		
posizione		
stanze		
colori		
cucina		
piscina		

Cosa hanno in comune? In che modo sono diverse?

b Usi la stessa scheda per la sua casa (*your house*) e confronti con un compagno.

Grammatica

1 *Formal and informal address: summary*

tu
Come sta**i**?
Quando vien**i** a Londra?
Ti piace il jazz?
Ti interessi di informatica?

A che ora **ti** alzi?
Ecco il **tuo** libro.

lei
Come sta?
Quando vien**e** a Londra?
Le piace il jazz?
(Lei) **si** interessa di informatica?

A che ora **si** alza?
Ecco il **suo** libro.

2 Per fare domande

che?	*what?*
che cosa?	*what?*
chi?	*who?*
come?	*how?*
dove?	*where?*
quale?	*which?*
quando?	*when?*
quanto/a?	*how much?*
quanti/e?	*how many?*

3 Piacere

(Non) mi		il gelato
ti	**piace**	la musica
gli/le		l'opera
ci		l'italiano
vi		lo zucchero
gli/loro	**piacciono**	i tortellini
		le macchine
		gli stadi
	piace	Mozart
		leggere
		ascoltare la radio

If the thing you like is plural, use **piacciono**.
Other verbs behaving in the same way:
interessare, mancare, servire, ci vuole/ci voglioni

4 Da quanto tempo?

Domanda:

Da quanto tempo stud**i** l'italiano?
How long have you been studying Italian for?
Risposta:
Stud**io** l'italiano **da** quattro mesi.

present tense + **da** + *length of time*

sotto l'albero

Choosing and buying presents
Shopping for clothes and shoes (sizes)
What things are made of
Writing Christmas cards and invitations
Describing what people are doing

Attenzione: *All instructions in this unit are in the*
tu *form.*

Il Quiz delle Feste

 • Per ogni domanda, scegli la risposta
1, 2 o 3 (rosso, blu o verde)

Domanda 1	*Domanda 5*
Natale con i tuoi e Pasqua con chi	**Preferisci**
vuoi: è ancora vero?	Ricevere regali 2
Sì 1	Scegliere regali per altri 1
No 3	Ci pensa la segretaria 3
Forse 2	
	Domanda 6
Domanda 2	**Vuoi modernizzare Jingle Bells: chi**
Dove preferisci passare la fine	**scegli?**
dell'anno?	Madonna 3
Sulla neve 2	Andrea Bocelli 2
Lontano, nei Mari del sud 3	Va bene così 1
A casa senza dubbio 1	
	Domanda 7
Domanda 3	**Chi inviti a pranzo?**
Natale è	Babbo Natale 1
La festa dei bambini 1	Il tuo capo 3
La festa degli adulti 2	La donna/L'uomo dei tuoi sogni 2
Una festa come le altre 3	
	Domanda 8
Domanda 4	**L'albero di Natale deve essere**
Il pomeriggio del 25 dicembre	Grande, profumato di resina 1
Rimani a casa con i tuoi 1	Di plastica 3
Vai al cinema con amici 2	
Alitalia volo AZ 1270 posto 59 3	

le Feste	*Christmas season*
Natale	*Christmas*
Pasqua	*Easter*
la neve	*snow*
il regalo	*present*
Babbo Natale	*Father Christmas*

 • Quale colore hai scelto tu? Quale colore
ha scelto la maggioranza degli studenti?

Risultato a pagina 229.

A Regali per tutti

giacchetto

poltrona

orologi

vespa

libro

cellulare

orecchini

valigia

tappeto

spumante

monopattino

profumi

occhiali

guanti

scarpe

1 📖✏️ Guarda la figura a pagina 116. Fai una lista di possibili regali per una coppia di amici, Ugo e Sonia.

Esempio: Per **lui** la valigia, per **lei** gli orecchini.

per **lui**	*for him*
per **lei**	*for her*

2 **a** 📼 ✏️ **Che gli regali?** Ascolta e completa con **gli** o **le**.

Vittoria	Vieni a fare spese con me oggi pomeriggio?
Cecilia	Perché? Dove vai?
Vittoria	Vado a comprare un regalo per Paolo.
Cecilia	Che . . . . . regali?
Vittoria	Forse la Tosca in compact disc. Sai lui adora l'opera. E io . . . . voglio bene.
Cecilia	E a Antonia? Che . . . . . regali?
Vittoria	Degli orecchini un po' pazzi che . . . . . piaceranno di sicuro.
Cecilia	E a Savina? Che . . . . . . regali?
Vittoria	Be', lei è un'artista: . . . . . regalo un tappeto colorato.

sai	*you know*
gli voglio bene	*I love him*
pazzo/a	*crazy*

3 👥 📖 ✏️

Studente A: Scegli sei oggetti da pag. 116 e indovina il prezzo di ognuno in euro.

Confronta con Studente B che ha i prezzi giusti. Usa le espressioni utili qui sotto.

Studente B: pagina 229.

Avete notato?

gli regalo	(a Paolo → a lui → **gli**)
le regalo	(a Antonia → a lei → **le**)

b 📖 Cerca i regali di Vittoria nella figura. Ci sono tutti?

c 👥 Continuate con Franco (programmatore di computer), Elvira (modella), tuo fratello (studente) e altri regali da Attività 1.

Espressioni utili

quanto viene/vengono?	*how much is it/are they?*
è caro/costa troppo	*it's expensive/too expensive*
non è caro/costa poco	*it's cheap/inexpensive*
è un'occasione	*it's a bargain*

4    **Le spese**

A

B

C

D

E

F

G

H

a Ascolta le conversazioni (1–6). In quale negozio si svolgono (A–H)?

b Cosa comprano? Riascolta e unisci le due colonne come nell'esempio.

Attenzione: nella lista ci sono due negozi e due oggetti in più.

profumeria	un orologio
libreria	una torta
pasticceria	un paio di scarpe
pelletteria	un registratore
abbigliamento	un libro
calzature	una borsa
orologeria/gioielleria	un profumo
dischi e radio	un golfino

5 👥 Una borsa di pelle

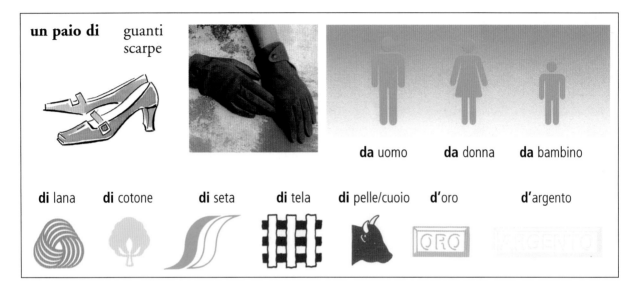

un paio di   guanti
               scarpe

da uomo   **da** donna   **da** bambino

di lana   **di** cotone   **di** seta   **di** tela   **di** pelle/cuoio   **d'**oro   **d'**argento

Guardate pagina 116 e a turno fate un esempio per ogni materiale.

es: Vorrei vedere un paio di scarpe da donna di pelle.

B Desidera?

6 📼 ✏️ Lo shopping.

Ascolta i dialoghi e riempi la scheda.

	1	2	3
l'oggetto			
il negozio			
la taglia/il numero			
il materiale			
il colore			
il prezzo			
lo compra/ non lo compra			

> Desidera?

> Vorrei vedere ...

nero
viola arancio
giallo bianco
verde rosso

Per comprare: espressioni utili

Desidera?	*Can I help you?*
Vorrei vedere …	*I would like to see …*
Mi fa vedere …?	*Can you show me …?*
Che taglia?	*What size? (clothes)*
La 42	*Size 42*
Che numero?	*What size? (shoes)*
il (numero) 43	*Size 43 (shoes)*
Posso provare?	*Can I try (it on)?*
Quanto viene?	*How much is it?*
Di che colore?	*What colour?*

8 a Riascolta il dialogo 3 (Attività 6) e completa la storiella.

7 **Cosa dice il cliente?**
Completa il dialogo con l'aiuto delle espressioni utili. Poi ascolti e controlli. (Attività 6, dialogo 2)

A Buongiorno. Desidera?

B . . . .

A Ne abbiamo di lana, di cotone, di seta . . .

B . . . .

A Che taglia?

B . . . .

A Mi dispiace, la 42 in rosso non c'è. C'è in rosa o marrone.

B . . . .

A 98 euro. È un'occasione. Lo prende?

B . . . .

Un signore entra in un negozio e chiede prima un . . . . di scarpe . . . . , numero . . . . , poi un paio di sandali . . . . e infine delle . . . . sportive di tela . . . . Il commesso continua a ripetere 'Mi dispiace, non ne . . . .', ma il cliente non vuole capire: 'Ma che negozio è questo?' grida. 'Questa è una . . . ., signore', risponde il commesso, 'non un . . . . di . . . .!'

il/la cliente	*customer*
il/la commesso/a	*shop assistant*
capire	*to understand*
gridare	*to shout*

b

Studente A: Chiudi il libro e racconta la prima parte della storia.

Studente B: Finisci la storia.

9 Questo o quello?

> Mi piacciono quegli orecchini d'oro. Li prendo.

Continua con:

ombrello (seta) portafoglio (cuoio)
poltrona (perspex) borsa (pelle)
scarpe (tela) guanti (lana)

For lo, la, li, le, *see page 66*, n. 4.

quel vestito	quei sandali
quell'ombrello	quegli ombrelli
quella borsa	quelle borse

Attenzione: **quel/quello** *etc.* come **bel/bello** *See page 74.*

10 Le taglie

		8	10	12	14	16	18
DONNA vestiti	GB	8	10	12	14	16	18
	ITALIA/EUROPA	36		40		44	46
UOMO camicie, golf	GB	36	38	40	42	44	46
	ITALIA/EUROPA	46	48			54	56
DONNA scarpe	GB	3	4	5	6	7	8
	ITALIA/EUROPA	36		38		40	41
UOMO scarpe	GB	7	8	9	10	11	
	ITALIA/EUROPA	40		42		44	

Studente A: questa pagina.
Studente B: pagina 230.
Completate il quadro delle taglie per l'abbigliamento.

es: A che taglia italiana corrisponde la 10 inglese?

b Che taglia hai? Che numero di scarpe porti? Scrivi le tue misure e chiedi ad altre due persone. Usa il **tu**.

C Com'è vestito? Cosa porta?

11  **La moda**

Guarda la foto e leggi le descrizioni. Copia i
numeri 1–13 e scrivi i nomi dei vestiti.

Per lei:

- **Vestito** a fiori corto e leggero per l'estate.
- **Gonna** lunga di seta con **maglietta** verde.
- **Gilé** di lana rosso e marrone sopra la camicetta;
  pantaloni classici scozzesi; **cappotto** di pura lana
  con grandi tasche.

Per lui:

- **Jeans** celesti e **maglietta** bianca, con **camicia** a
  scacchi a maniche lunghe.
- **Completo** da uomo blu-viola; con **giacca** a tre
  bottoni, camicia sportiva blu scuro; **cintura** in pelle e
  scarpe nere.

i vestiti	clothes, items of clothing
com'è vestito?	what's he wearing?
portare, indossare	to wear (clothes)
la biancheria	underwear

12 Valentina e Armando
vanno a passare due
settimane a Londra. Ascolta.

a Qual è la lista di Armando?

b Valentina ha messo molte cose in valigia.
Aggiungi quello che manca alla sua lista.

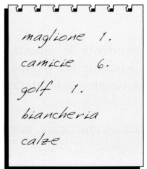

magliette
pantaloni   3
camicie
biancheria
scarpe 5 paia

maglione 1.
camicie   6.
golf 1.
biancheria
calze

13 **Come sei elegante!** Che bel vestito!

Fai i complimenti a un altro studente per tutto quello che porta oggi. (v. pag. 83, no. 4)

14 a ✏ **Gli amici di Caterina**
Ascolta la descrizione della foto e scrivi i nomi.

1   2   3   4   5   6   7

 a righe    a scacchi

 a pallini   a fiori

b 💬 Senza riascoltare, descrivete a turno come sono vestiti due dei ragazzi. L'altro studente indovina.

Per casa

Prepara la descrizione di una foto (tua o dai giornali) da presentare in classe come in 14**a**.

15  **A una festa da amici**

Studente A: Sei a una festa e conosci solo tre persone, Gianni, Franco e Mirella. Informati sugli altri.

Esempio: Scusa, come si chiama la ragazza bionda che porta . . . ?

Studente B: pagina 230.

16 〈〈 📖 ✏ **Alla Rinascente**

La Rinascente		
5 V piano	**BAMBINO** Abbigliamento Giocattoli Tolette Telefoni	
4 IV piano	**DONNA GIOVANE** Abbigliamento sportivo Impermeabili Cappotti	
3 III piano	**DONNA CLASSICA** Moda classica Biancheria Taglie piccole Calzature	
2 II piano	**UOMO GIOVANE** Abbigliamento sportivo Articoli in pelle Valige	
1 Primo piano	**UOMO CLASSICO** Completi Cappotti Accessori Camicie	
T Pianterreno	Profumeria, cosmetici Erboristeria Borse Ombrelli	
S Sottosuolo	**TUTTO PER LA CASA** Elettrodomestici Arredamento	

〈〈 Una gara con il dizionario. Avete 5 minuti per trovare il nome di almeno 5 cose che si vendono in un reparto della Rinascente.

es: Profumeria, pianterreno:
sapone, acqua di colonia, shampo, rossetto, crema solare.

Vince la coppia con più nomi.

17 📖 ✏ Studia la tabella della Rinascente per due minuti. Decidi a che reparto devono andare queste persone.

– Reparto occhiali, secondo piano.

- Francesca vuole comprare una borsa per sua madre.
- Antonio cerca una blusa elegante per sua moglie.
- Marisa e Stefano cercano un regalo per i loro due bambini.
- La signora Mileto ha bisogno di un paio di scarpe per fare passeggiate in campagna.
- Carlo va a sciare e non ha un maglione.
- Sandro deve partire ma non ha valige.
- Titta vuole fare una telefonata.

cercare	*to look for*
avere bisogno di	*to need*

Per casa

Scrivi i dialoghi per le spese di Francesca, Marisa e Stefano, Carlo e Sandro.

18  Occasioni

SALDI DI FINE STAGIONE:
Migliaia di turisti danno l'assalto ai magazzini Harrods

Londra, 5 gennaio

Migliaia di turisti stranieri, e anche molti italiani, hanno dato l'assalto ieri ai grandi magazzini Harrods di Londra che hanno cominciato prima del solito i loro famosi saldi di dopo Natale. Le occasioni erano così buone che molti compratori hanno aspettato tutta la notte davanti alle porte sperando di entrare per primi. Louis Farah, uno studente libanese, fa la coda da mezzanotte sperando di comprare, per solo 1.400 sterline (circa 2330 euro), un orologio d'oro Rolex che ieri costava 2.900 sterline. A un'altra porta Mark Maker, di 24 anni, fa la coda da giovedì sera sperando di comprare un televisore Sony ridotto da 600 a 25 sterline. Tuttavia Mark è stato battuto da Peter Win, anche lui di 24 anni, che è stato il primo a arrivare al reparto Elettrodomestici. Mark è arrivato 30 secondi più tardi.

a ✏️ Gli sconti di Harrods. Riempi la scheda con i dettagli.

Oggetto	Marca	Prezzo originale	Prezzo ridotto	Compratore

b Sei un giornalista. Intervista un compratore italiano:

- Scusi, di dov'è lei?
- Quanti anni ha?
- Da quanto tempo fa la coda?
- Cosa spera di comprare?
- È un'occasione?

D Tanti auguri!

19

Buone Feste a tutti! Baci e abbracci

Buon Natale e Buon anno da noi tutti

Tanti auguri a te

Con i migliori auguri

a 📖 Quale cartolina va bene per

- i vicini di casa?
- il tuo professore?
- tua sorella e la sua famiglia?
- il compleanno di un amico?

b ✏️ Scrivi una cartolina

- agli amici Roberto e Lia.
- al dottor Milani per l'anno nuovo.
- a Pippo per il suo compleanno.
- a tuo fratello per il suo compleanno.

	m	f
s	buon/buono	buona/buon'
pl	buoni	buone

Attenzione: **buon/buono/buona/buon'**
come **un/uno/una/un'**

c 💬 ✏️ Augura **Buon** . . .

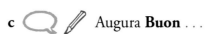

divertimento   vacanze   riposo
appetito   viaggio   studio
notte   pranzo   lavoro
ginnastica

- a Lia che parte per Genova
- a Carlo che si siede a tavola
- a un collega che va a casa a mangiare
- a Teresa che va in ufficio
- a tua madre che va a Capri per un mese
- a Tonino e Sandra che vanno a ballare
- a Gianni che ha molto da studiare
- a Rita che va in palestra *(gym)*
- a Giorgio che va a letto

20 🕴🕴🕴 **Al telefono. Un invito a cena**

Studente A: Telefona agli amici e invita anche loro.

Studenti B, C, D: Voi siete gli amici.
La prima telefonata è già fatta.

A: Pronto? Ciao Enrico, sono Antonio.
B: Ah, ciao, come va?
A: Bene, grazie. Senti, c'è una festa da Mariella. Vieni anche tu?
B: Quando?
A: Il 22 dicembre.
B: A che ora?
A: Alle nove. Allora, vieni anche tu?
B: Sì, certo. Grazie.
A: Mi raccomando, puntualità!

Enrico:

festa, Mariella

22 dicembre

21.00

Puntualità!

Carla:

pranzo, Paola

domenica ore 13

Portare il gelato!

Lisa e Riccardo:

cocktail, Marisa

ore 18

dopodomani

Vestito elegante!

Patrizia e Roberto

cena, Cati e Paolo

domani sera

20.30

Vestirsi casual!

Pronto? Sono Tonio.
Hello! It's Tonio here.
Mi raccomando, puntualità!
Please do be punctual.

Avete notato?

da Mariella	*at Mariella's*
da me, **da** noi	*at my/our place*
anche tu	*you too (informal)*
anche lei	*(formal)*
anche voi	*(group)*

Verbo irregolare: **venire** *(to come)*
vengo, vieni, viene, veniamo, venite, vengono

21 Che sta facendo?

a  Perché non risponde la dottoressa Milani? Guarda le figure e i verbi: completa quello che dice la segretaria.

parl**are**	visit**are**	and**are**
usc**ire**	pranz**are**	scriv**ere**

1. Mi dispiace, in questo momento sta visitando
2. . . . . al telefono
3. . . . . in ospedale
4. È l'una: . . . .
5. . . . . ricette per un paziente
6. . . . . chiudiamo alle 6

b Ora ascolta e controlla.

c E tu, cosa stai facendo in questo momento? Scrivi 3 cose. Confronta con gli altri.

d Gruppi di quattro. Uno studente mima un'azione, gli altri indovinano:

Esempio: Stai parlando al telefono.

parlare al telefono	lavorare al computer
bere una Coca-Cola	mangiare spaghetti
dormire	lavarsi le mani
giocare a tennis	bere il caffè

Avete notato?

Il presente progressivo

sto	
stai	visit**ando**
sta	
stiamo	usc**endo**
state	
stanno	scriv**endo**

Il dottore **visita** dalle 9 alle 2.
    (always)
Il dottore **sta visitando** un paziente.
(at this very moment)

22 **Tradizioni di fine anno**

Quattro tuffi da ponte Cavour

L'egiziano vola per primo

Un minuto d'anticipo, centinaia di persone a guardare e una piccola novità nella tradizione: un egiziano al posto di un romano. Alle 11,59 di ieri Ahmed Bisciara, di 40 anni, è stato il primo a tuffarsi nel Tevere dal ponte Cavour per il tradizionale tuffo di Capodanno.

Subito dopo si sono tuffati tre romani. Un minuto dopo mezzogiorno si è tuffato Giuseppe Palmulli, di 35 anni, sposato con cinque figli. Un quarto d'ora più tardi si sono presentati Aldo Corrieri di 35 anni, che si è tuffato subito, e il suo «maestro» Spartaco Bandini, di ben 76 anni, veterano del tuffo. Ed è lui che vediamo nella foto mentre sta volando dal ponte, quattro minuti dopo il concorrente più giovane.

Roma, 2 gennaio

a Spiega chi è l'uomo nella foto e che cosa sta facendo.

Gara	Data	Località
Nome	**Età**	**Ora del tuffo**
1		
2		
3		
4		

il tuffo	*dive*
tuffarsi	*to dive*
il ponte	*bridge*
volare	*to fly*
centinaia *(f pl)* di persone	*hundreds of people*
subito	*immediately*
la gara	*competition*

b Prendi appunti. Racconta la storiella agli amici.

Grammatica

1 Pronomi personali: oggetto indiretto

a lui → **gli**   *to him*
a lei → **le**   *to her*

Esempio: Gli/Le compro un regalo. *(I'm buying him/her a present.)*

2 **quel/quello**

Endings as in the definite article and in bel/bello *(see page 83, no. 4)*

Singolare	**Plurale**
que**l** tavolo	que**i** ragazzi
quel**l'**albero	que**gli** occhi
quel**lo** studente	que**gli** studenti
quel**la** bicicletta	quel**le** calze

3 **buon/buono**

Buon Natale e Buon Anno
Buone vacanze e Buone feste

Endings as in un/uno/una/un' *(see page 15, no. 3):*

Singolare	**Plurale**
un buon pranzo	buoni affari
un buono spumante	buoni spumanti
una buona vacanza	buone vacanze
una buon'amica	buone amiche

4 **da**

for	scarpe **da uomo**
	pantaloni **da donna**
at/to	Vieni **da noi** stasera?
	Andiamo a cena **da Carla.**

5 Complimenti

Come sei elegante! (tu)
Come siete bravi! (voi)
Che bel vestito! *(see page 83 no. 4)*

6 Quantità

centinaia *(f pl inv)* di persone
migliaia *(f pl inv)* di turisti
paia *(f pl inv)* di scarpe

7 Richieste

Vorrei vedere . . .
Mi fa vedere . . . ?
Posso provare . . . ?

8 **Presente Progressivo**

Presente di **stare** + gerundio (**-ando/-endo**)

sto	parl**ando** (-are)
stai	
sta	scriv**endo** (-ere)
stiamo	
state	usc**endo** (-ire)
stanno	

9 Verbo irregolare: **venire**

Presente

vengo
vieni
viene
veniamo
venite
vengono

10 **anche**

Venite anche voi?
Portiamo anche il vino.
NB: anche *always precedes the noun or pronoun it refers to.*

Vocabolario

Feste — *Festivities*

l'albero di Natale — *Christmas tree*
gli auguri — *wishes*
Buon Natale — *Happy Christmas*
Capodanno — *New Year's Day*
Natale (m) — *Christmas*

Regali — *Presents*

la borsa — *bag*
gli orecchini — *earrings*
l'orologio — *watch*
il portafoglio — *wallet*
il registratore — *(tape) recorder*
il lettore di CD — *CD player*
la torta — *cake*
la valigia — *suitcase*

Materiale — *Materials*

l'argento — *silver*
il cotone — *cotton*
la lana — *wool*
l'oro — *gold*
la pelle — *leather/skin*
la seta — *silk*
la tela — *canvas*

Negozi — *Shops*

negozio di abbigliamento — *clothes shop*
le calzature — *footwear, shoe shop*
dischi e radio — *record shop*
gli elettrodomestici — *electrical appliances shop*
la gioielleria — *jeweller's*
i grandi magazzini — *department store*
la libreria — *bookshop*
l'orologeria — *watchmaker's*
la pasticceria — *cake shop*
la pelletteria — *leather goods shop*
la profumeria — *perfumery*

Nei negozi — *In the shops*

caro — *expensive*
il/la cliente — *client, customer*
il/la commesso/a — *assistant*
il compratore — *buyer*
di fine stagione *(adj)* — *end of season (adj)*
la marca — *brand name*
migliaia *(f pl)* di … — *thousands of …*
l'occasione *(f)* — *bargain*

i saldi — *sales*
lo sconto — *reduction*
la svendita — *sale*

Verbi — *Verbs*

aspettare — *to wait (for)*
avere bisogno di — *to need*
cercare — *to look for*
comprare — *to buy*
dare l'assalto a — *to attack*
fare la coda, mettersi in coda — *to queue*
portare — *to wear*
regalare — *to give as a present*
ricevere — *to receive*
scegliere — *to choose*
sperare di — *to hope to*
vendere — *to sell*

Vestiti — *Clothes*

la biancheria — *underwear*
le calze — *socks/stockings*
i calzini — *socks*
la camicetta — *blouse*
la camicia — *shirt*
la giacca — *jacket*
il golf, golfino — *jumper*
la gonna — *skirt*
il guanto — *glove*
la maglietta — *T-shirt, vest*
il maglione — *sweater*
un paio *(f pl* paia) di … — *a pair of …*
i pantaloni — *trousers*
la scarpa — *shoe*
il vestito — *dress/suit*

a fiori — *floral*
a pallini — *with polka dots*
a righe — *striped*
a scacchi — *checked*

Espressioni utili — *Useful expressions*

Che stai facendo? — *What are you doing?*
così buono che — *so good that*
Costa poco — *It's cheap*
Mi dispiace, ma … — *I am sorry, but …*
Mi fa vedere? — *Can you show me?*
Posso provare? — *Can I try?*
prima del solito — *earlier than usual*
Quanto viene/vengono? — *How much is it/are they?*
Vorrei vedere — *I'd like to see*

dopo le feste

Saying what you have done recently
Giving advice
Choosing a place for a holiday
Short biographies

Carlo

Ho mangiato troppo, ho bevuto troppo, ho speso troppo, però mi sono divertito un sacco.

Serena

Sono andata a sciare, è stato fantastico.

Cosa hai fatto di bello a Natale?

Gianfranco

A Capodanno sono andato a una bellissima festa.

Antonio

Ho passato il Natale in famiglia, con i miei.

Francesca

Di solito resto a Roma, ma quest'anno sono andata a Parigi con amici.

s• Ascolti e segni (✓) il verbo al passato.

• Risponda.

- Chi ha ballato molto?
- Chi ha fatto una vacanza sportiva?
- Chi è andato in Francia?
- Chi è stato con sua madre e suo padre?
- Chi ha fatto troppo ma si è divertito un sacco?

ballare	*to dance*
sciare	*to ski*
divertirsi	*to enjoy oneself*
un sacco	*a lot*
troppo	*too much*

A Cosa hai fatto di bello?

1 a

Trovi una persona che ...

- ha passato il Natale con amici.
- è rimasto/a in città.
- è uscito/a tutte le sere.
- ha mangiato panettone.
- è andato/a a sciare.
- ha bevuto troppo champagne.
- ha fatto un viaggio all'estero.
- a Capodanno ha ballato tutta la notte.
- ha baciato qualcuno a mezzanotte.
- ha speso troppo.
- ha dormito pochissimo.

Prepari le domande con il **tu**: vedi esempi nel riquadro.

b Quante persone sono andate a sciare?
Quante hanno fatto un viaggio?

Il passato prossimo
Talking or asking about the past (tu form):

Hai passato Capodanno con gli amici?
No, **ho passato** Capodanno con i miei.

Sei andata a ballare?
Si, **sono andata** a una bella festa.

Passato prossimo e ausiliari: v. pag. 145.

---

2 a 🖉 **Cosa dice Mario?**
Indovini e completi.

Armando	Cosa hai fatto di bello a Capodanno?
Mario	Sono . . . .
Armando	Ah, ti piacciono le feste! Pensa, io non so ballare!
Mario	E allora, cosa hai . . . . ?
Armando	Be', io ho invitato amici a cena.
Mario	Quante . . . . hai . . . . ?
Armando	Una diecina di persone.
Mario	Hai . . . . tu?
Armando	No, non ho cucinato tutto io. Mi ha aiutato un amico che è bravissimo.
Mario	E a che ora . . . . ?
Armando	Sono andato a dormire alle cinque di mattina!

b 📖 🎧 Ora ascolti, controlli e rilegga.

che?
che cosa? } *what?*
cosa?

c 👥💬 Chiuda il libro e faccia il dialogo con un compagno.

Avete notato?

(io)	**ho** invitato	**sono** andato/a
(tu)	**hai** invitato	**sei** andato/a
(lui/lei)	**ha** invitato	**è** andato/a

Il passato prossimo si forma con **essere** o **avere**, v. pag. 145.

B Un viaggio a Londra

3   **Bibi racconta**
Ascolti e riordini le vignette di sabato, domenica e lunedì.

sabato	domenica	lunedì	martedì

(A sabato) (A domenica) (A lunedì) (A martedì) HARROD'S

(B sabato) (B domenica) (B lunedì) WIMBLEDON (B martedì) PO OBELLO OAD

(C sabato) (C domenica) (C lunedì) (C martedì)

(D sabato) FELLINI (D domenica) (D lunedì) DISTRICT L (D martedì)

la cognata	*sister-in-law*	l'aragosta	*lobster*
insieme	*together*	le barche a vela	*sailing boats*
chiacchierare	*to chat*	la porcellana	*china*
le notizie	*news*	il Salone della Nautica	*the Boat Show*

4

In che città sono andati Bibi e Franco?
Quanti giorni sono rimasti?
Quale grande mostra hanno visitato?
In quale grande negozio sono andati?
Quale famoso mercato hanno visto?

Avete notato?

(noi)	abbiamo visitato	siamo andati/e
(voi)	avete visitato	siete andati/e
(loro)	hanno visitato	sono andati/e

With **essere**, *the past participle always agrees with the subject.*

5

Franco non ricorda
bene. Bibi corregge.

Esempio: **Franco:** Siamo arrivati sabato
mattina.

Bibi: Ma no: siamo arrivati
sabato pomeriggio.

- A Heathrow abbiamo preso l'autobus.
- La sera di sabato siamo rimasti a casa.
- Domenica mattina ci siamo alzati a mezzogiorno.
- Domenica sera abbiamo mangiato in un ristorante.
- Lunedì mattina siamo andati al Salone della Nautica.
- Lunedì sera abbiamo cenato a Wimbledon da amici.

6 📖 ✏️ 📼 Completi i primi tre
giorni (**a**, **b**, e **c**). Poi
ascolti e controlli.

a Sabato. Usi **siamo** o **abbiamo**.

. . . . arrivati sabato alle tre del
pomeriggio, ... preso la
metropolitana, e . . . . venuti a
casa di mia cognata: . . . . stati
il pomeriggio insieme a chiacchierare, a
parlare, a scambiarci tutte le notizie. La sera .
. . . . andati in un ristorante
italiano che si chiama Fellini, perché è un
nostro amico che ha questo ristorante e ci ha
invitato, e . . . . mangiato gli
spaghetti all'aragosta, i crostini col tartufo e
poi . . . . bevuto champagne.
. . . . passato una bella serata e
poi . . . . .venuti a casa.

b Domenica

andati	ritornati	alzati
andati	*stati	*fatto
*visto	(*verbi irregolari)	

Domenica mattina ci siamo . . . .
abbastanza presto, e siamo . . . . a
vedere il Salone della Nautica e abbiamo . . . .
. . . . bellissime barche a vela, e siamo . .
. . . . lì tutto il giorno. Poi siamo . . . .
. . . . a casa e abbiamo . . . .
una bella cena italo-inglese. E poi siamo . . . .
. . . . a dormire tardi, dopo aver molto
chiacchierato.

c Lunedì

Poi lunedì mattina . . . .
la metropolitana e . . . .
a Piccadilly Circus, e da lì . . . .
. . . . un po' di strade eleganti, negozi
di guanti, vestiti, porcellane, cose inglesi.
E poi . . . . a
Wimbledon da certi nostri amici e poi
. . . . a casa, ... ,
. . . . , e . . . .
. . . . a letto tardi.

7 E martedì?

 Guardi i disegni a pagina 135 e
scriva quello che hanno fatto
martedì. Ora ascolti e controlli.

8 È domenica e Bibi scrive a casa.
Completi la cartolina.

9

a Prima . . . poi

Esempio: Prima sono andati a casa della
cognata, poi sono andati a un
ristorante.

Continui:

1 salone nautica/casa
2 Piccadilly Circus/Wimbledon
3 Harrods/Portobello
4 chiacchierato/a letto

b Prima di . . .

Esempio: Prima di andare a Wimbledon sono
andati a Piccadilly.

Continui:

1 a letto/chiacchierato
2 Portobello/Harrods
3 Heathrow/. . .

10 Ora a lei: la sua giornata a
rovescio.

Prima di venire a scuola, ho fatto una
telefonata.
Prima di fare una telefonata, ...
spesa.
Prima di fare la spesa . . . .

Continui con un compagno.

Londra, a gennaio
Cari tutti,

Famiglia Arena
Via Cassia, 60
ROMA
(Italia)

THE TOWER OF LONDON
LONDON

C La settimana bianca

11 a  Legga l'opuscolo sulla Val di Fassa.

Ascolti la pubblicità e segni (✓) solo le attrezzature che sente.

b Per ogni simbolo (1–8), trovi il nome del l'attrezzatura.

12 Sai sciare? Ascolti e legga.

Paolo	Sai sciare?
Fabio	Sì, abbastanza bene.
Paolo	Quando hai imparato?
Fabio	Cinque anni fa.
Paolo	Dove hai imparato?
Fabio	A Cervinia.
Paolo	Come hai fatto?
Fabio	Ha preso lezioni da un bravo maestro di sci.

sai sciare?	*can you ski?*
cinque anni fa	*five years ago*
come hai fatto?	*how did you do it?*

LA VAL DI FASSA

La val di Fassa dispone di:

- impianti di risalita:
  51 sciovie,
  29 seggiovie,
  2 funivie,
  9 cabinovie
- rifugi alpini
- 150 km di piste da sci
- pattinaggio sul ghiaccio
- 50 km di piste da fondo
- assistenza medica
- campi da tennis
- scuole di sci
- noleggio sci
- palestre
- piscine coperte
- discoteche
- supermercati
- bar

Avete notato?

(io)	**so** sciare
(tu)	**sai** suonare il piano?
(lui/ lei)	**sa** nuotare?

sapere + infinito: *to know how to*
conoscere: *to know, be familiar with*

13 Non so nuotare

a Unisca l'attività con la figura.

| nuotare   pattinare   cucinare |
| giocare a carte   guidare |
| parlare tedesco   usare il computer |
| suonare il piano |

b 🖉 👥 Scriva tre cose che lei sa fare e tre cose che non sa fare.

Con un alto studente, fate i dialoghi sul modello di Attività 12.

14 All'Agenzia Tuttaneve

Tre gruppi di persone telefonano per organizzare la loro settimana bianca:

(a) Sandra e Luigi con i loro bambini;
(b) Piera e le sue amiche;
(c) Giacomo

a 📼 🖉 Ascolti e riempia un modulo per ogni gruppo (copi il modulo).

Noi sciamo bene

Siamo tre amiche

Sono appassionato di sci – alpinismo

VALSUSA

Agenzia Tuttaneve	
Numero di persone	
Adulti / bambini	
Pensione completa / mezza pensione	
Livello: principianti / medio / esperto	
Lezioni di sci / guida alpina	
Attività preferite del doposci	
Località	

→

b Legga l'opuscolo e trovi la località adatta per ogni gruppo. La scriva sul modulo.

Un'esperienza da non dimenticare all' ALPE DI SIUSI

Una settimana densa di attività sportive, ma nel silenzio e nella pace dei 2000 metri!

All'Albergo del Touring sull'**Alpe di Siusi**, due **Settimane bianche** con offerta speciale:

19 febbraio – 19 marzo
19 marzo – 27 marzo
Formula normale €330

Formula A: €410

Le quote comprendono: mezza pensione con vino ai pasti, film e conferenze, parcheggio e ski-pass. Le quote di formula A comprendono corsi di sci-alpinismo o sci fuoripista con guide specializzate.

Appuntamento con la giovinezza all' HOTEL TREMOGGIA

Dal 2 al 9 aprile offerta speciale all'**Hotel Tremoggia**: un albergo a tre stelle con tutti i comfort, palestra, sauna e idromassaggio per le ore del doposci. Cucina tradizionale della valle. Il prezzo include lo ski pass e le lezioni di sci.

La giornata tipo:

7,30	sveglia
8	colazione
8,30	partenza in funivia
9–11	lezioni in pista e fuori pista
12,30	pranzo al rifugio Alpe
14	esercizi sulla neve
16	riposo e relax
17,30	attività sportive
20	cena
21,15	film, serate musicali, gita notturna in slitta

Prezzo: €515

Offerta speciale a MADONNA DI CAMPIGLIO

Grande offerta promozionale dall' 11 al 18 dicembre: una settimana a pensione completa per il prezzo di un weekend!

Suggestivo *chalet alpino* a solo tre km da tutte le amenità di Madonna di Campiglio: 90 km di piste, piscina pubblica coperta, campi di pattinaggio e stadio del ghiaccio, pizzerie, negozi, campi da tennis e tanto altro.

Prezzo: solo €304

Bambini sotto i 12 anni: sconto del 20%.

15

Studente A: Lei vuole andare a sciare in Italia. Faccia una lista dei suoi requisiti.

Contatti l'Agenzia Tuttaneve come in Attività 14**a**.

16 📖 ✏️ Sul modello dell'Hotel Tremoggia, scriva la giornata tipo per Madonna di Campiglio.

17 a 👥 Raccontatevi le esperienze del primo giorno sulla neve.
Usate questi verbi riflessivi:

mi sono   alzato/a
                vestito/a
                preparato/a
                divertito/a
                stancato/a
                riposato/a

b ✏️

Completi la cartolina con le forme adatte di **sapere** o **conoscere** (v. pag. 145)

Studente B: Lei lavora all'Agenzia. Consulti l'opuscolo a pagina 140 e dica a Studente A dove può andare.

Verbi riflessivi al passato:

mi alzo → mi sono alzato/a   *I got up*
mi vesto → mi sono vestito/a *I got dressed*

Al passato prossimo i verbi riflessivi prendono sempre **essere**. Vedi pag. 194.

Ricordate?

sapere   *to know a fact*
                to know how to do something
conoscere   *to know, be accquainted with*

Ciao Massimo,

.... l'Alpe di Siusi? È un posto straordinario. Ho .... molte persone interessanti e adesso .... sciare anche fuoripista.

.... chi mi fa lezioni di sci? Il maestro Luigi di Cortina, che tu .... bene!

Non .... quando torno ma ti farò sapere.

           Armando

Luigi Marello

Via Castagno 14

21025 Torino

18  **L'attrezzatura da sci**

Lei ha 450 euro da spendere e non ha attrezzatura da sci.
Faccia una lista di quello che le serve con i prezzi e con le espressioni qui sotto.

es: un berretto di lana caldo e leggero €15,50

Quante cose potrà comprare con i suoi soldi?

di lana	leggero/a	solare
a vento	pesante	caldo/a
termico/a	di cotone	elegante
sportivo/a	da sole	

D Personaggi

19 a  **Enzo Ferrari**

Legga e completi la scheda personale di Ferrari.

la guerra	*war*
la gara	*race*
il pilota	*driver*
il Reparto Corse	*races department*
la fabbrica	*factory*
l'automobilismo	*car racing*
è morto	*he died*

ENZO
FERRARI

È nato a Modena nel 1898. Ha partecipato alla prima guerra mondiale. Nel 1928 è entrato all'Alfa Romeo e ci è rimasto fino al 1939. In seguito ha partecipato a diverse gare automobilistiche come pilota e nel 1938 è diventato direttore del Reparto Corse. Nel 1940 la prima Ferrari rossa ha partecipato a una gara. Ferrari ha aperto la sua famosa fabbrica a Maranello, vicino Modena nel 1946, dopo la guerra. Da allora la Ferrari ha vinto moltissime gare internazionali. Enzo Ferrari ha scritto diversi libri sulla sua vita e sull'automobilismo. Nel suo lavoro era molto appassionato e deciso. È morto nel 1988 a ben 90 anni.

SCHEDA PERSONALE

Nome e cognome . . . .
Data e luogo di nascita . . . .
Morto nel . . . .
Carriera all'Alfa Romeo: dal . . . . al . . . .
Prima gara della Ferrari: nel . . . .
Fabbrica di Maranello: aperta nel. . . . .
Altre attività . . . .
Personalità . . . .

b

Studente A: Faccia quattro domande a Ferrari.

Studente B: Lei è Ferrari. Risponda.

Avete notato?

nel 1898	*in 1898*
fino al 1939	*until 1939*
dal . . . al . . .	*from . . . to . . .*

Con le date ci vuole sempre l'articolo.

20 **Un premio Nobel**

Studente A: Chi è e che cosa ha fatto questa persona? Chieda a Studente B.

Studente B: pagina 231.

21 👥 📖 **Quiz**

1 Chi ha scoperto l'America?
2 Chi ha inventato il telescopio?
3 Chi ha scritto La Divina Commedia?
4 Chi ha dipinto la Gioconda?
5 Chi ha scoperto il voltaggio?
6 Chi ha composto l'Aida?
7 Chi ha affrescato la Cappella Sistina?
8 Chi ha diretto La Dolce Vita?

A Federico Fellini
B Alessandro Volta
C Dante Alighieri
D Giuseppe Verdi
E Cristoforo Colombo
F Galileo Galilei
G Michelangelo
H Leonardo

22 **Quanto tempo fa?**

a 🖊 Completi le frasi con queste
espressioni.

> circa trent'anni fa
> più di trent'anni fa
> cinque secoli fa
> quasi cinquant'anni fa
> pochi anni fa
> circa duecento anni fa
> quasi cinque secoli fa
> più di un secolo fa

fa	*ago*
circa	*about*

Esempio:

1 Colombo ha scoperto l'America **cinque secoli fa.**
2 . . . . ha diretto La Dolce Vita . . . . .
3 . . . . ha affrescato la Cappella Sistina . . . .
4 Volta ha scoperto l'elettricità . . . .
5 L'Italia è stata unificata . . . .
6 La seconda guerra mondiale è finita . . . .
7 Il Mercato Comune è stato fondato . . .
8 L'Italia ha vinto la Coppa del Mondo . . . .

b 👥

Studente A: Ora legga le frasi.
Studente B: pagina 231.

c 💬 E lei, che cosa ha fatto cinque anni fa?
Dieci anni fa? . . .

Grammatica

1 Il passato prossimo

In Italian you need two words to say what you have done in the past. One is the auxiliary verb, e.g. sono/ho, *the other is the past participle of the main verb, e.g.* andato/ballato.

● Ausiliari

sono andato a una bella festa   *(**I went** to a lovely party)*
ho ballato tutta la notte   *(**I danced** all night)*

ho		sono	andato/a
hai		sei	venuto/a
ha	mangiato	è	
abbiamo	bevuto	siamo	usciti/e
avete	dormito	siete	tornati/e
hanno		sono	

Most verbs of motion and change (e.g. andare/venire/diventare*) and all reflexive verbs use* **essere**.

Sono partito il 2 gennaio.   *(I left on January 2nd.)*
Mi sono divertito molto.   *(I enjoyed myself a lot.)*

Remember: with essere, *past participle endings and subject must agree.*

Mirella: Sono partita il 2 gennaio.
          Mi sono divertita molto.

● Participio passato

Most verbs have regular past participles ending in -ato, -uto *or* -ito.

-ARE	**-ERE**	**-IRE**
mangi**are** → mangi**ato**	vol**ere** → vol**uto**	dorm**ire** → dorm**ito**
ball**are** → ball**ato**	pot**ere** → pot**uto**	sent**ire** → sent**ito**
sci**are** → sci**ato**	vend**ere** → vend**uto**	fin**ire** → fin**ito**

Some irregular past participles:
     fatto *from* fare *(to do/make)*
     detto *from* dire *(to say)*
     preso *from* prendere *(to take)*
     speso *from* spendere *(to spend)*
     scoperto *from* scoprire *(to discover)*
     composto *from* comporre *(to compose)*

     bevuto *from* bere *(to drink)*
     stato *from* essere *(to be)*
     rimasto *from* rimanere *(to stay)*
     scritto *from* scrivere *(to write)*
     vinto *from* vincere *(to win)*
     dipinto *from* dipingere *(to paint)*

2 Conoscere e sapere

Sai. . .? *(can you . . ., etc)*

so . . .	nuotare
sai . . .	guidare?
sa	
sappiamo	
sapete	
sanno	

Conosci . . .? *(do you know . . . ?*
    are you familiar with . . . ?)

conosco . . .	Firenze
conosci . . .	mio marito?
conosce	
conosciamo	
conoscete	
conoscono	

Vocabolario

Verbi	*Verbs*
aprire (aperto)	*to open*
baciare	*to kiss*
ballare	*to dance*
chiacchierare	*to chat*
cucinare	*to cook*
diventare	*to become*
imparare	*to learn*
nascere (nato)	*to be born*
nuotare	*to swim*
rimanere (rimasto)	*to stay (on)*
sciare	*to ski*
scopere (scoperto)	*to discover*
scrivere (scritto)	*to write*
spendere (speso)	*to spend*

A Londra	*In London*
la barca a vela	*sailing boat*
la cognata	*sister-in-law*
la mostra	*exhibition*
le notizie	*news*
la porcellana	*china*
l'aragosta	*lobster*
i crostini col tartufo	*canapés with truffle*
a rovescio	*backwards*
insieme	*together*

La settimana bianca	*A week's skiing holiday*
l'agenzia	*agency*
l'aria	*air*
le attrezzature	*facilities*
la cabinovia	*gondola lift*
il doposci	*après-ski*
le esigenze	*requirements*
la funivia	*cable car*
la giornata	*day*
la gita	*excursion*
gli idromassaggi	*hydromassage*
gli impianti di risalita	*ski lifts*
di lusso *(adj)*	*luxury (adj)*
il noleggio	*hire*
il pattinaggio	*skating*

la piscina	*swimming pool*
la pista (da sci)	*ski run*
la pista da fondo	*cross-country ski-run*
il principiante	*beginner*
la quota	*fee*
le racchette	*ski sticks*
la salita	*ascent*
lo sci	*skiing/ski*
la sciovia	*drag lift*
la seggiovia	*chair lift*
la slitta	*sledge*
i soldi	*money*
la sveglia	*wake-up-call*
il berretto	*hat/beret*
i calzini	*socks*
la crema solare	*sun cream*
i guantoni	*ski gloves*
gli occhiali	*glasses/goggles*
gli scarponi	*ski boots*
la tuta	*ski suit*

Aggettivi	*Adjectives*
appassionato/a	*keen*
bravo/a	*good, clever*
elegante	*smart*
esperto/a	*experienced*
intermedio/a	*intermediate*
leggero/a	*light*
notturno/a	*nocturnal, night*
pesante	*heavy*
termico/a	*thermal*

Espressioni utili	*Useful expressions*
all'estero	*abroad*
Come hai fatto?	*How did you do it?*
Cosa hai fatto di bello?	*Did you do anything nice?*
il posto che fa per loro	*the right place for them*
la giornata tipo	*the typical day*
non scio da molti anni.	*I haven't skied for years*
sono appassionato di	*I'm keen on . . . / I love . . .*
fa	*ago*
un secolo fa	*a century ago*
un'ora fa	*an hour ago*
prima di fare la spesa	*before doing the shopping*

10 DIECI

che facciamo di bello?

Talking about films and TV programmes
Buying tickets for the theatre
Choosing a restaurant
Ordering food in a restaurant
Making suggestions
Accepting and refusing invitations

  • Ascolti e scriva le ore che mancano.

 • Fate la conversazione:
Ci sono programmi per bambini
la sera?
Quanto dura il telegiornale?
Su che argomento (*topic*) è il
programma di attualità?
Continuate.

MARTEDÌ 29 AGOSTO

16,15	Quiz. **Forza ragazzi!**
	Film giallo. **Marnie** di Hitchcock
18,15	**Trent'anni della nostra storia**
	Telefilm. **Santa Barbara.** Episodio 102
19,30	**Notizie sportive**
	Che tempo fa? Le previsioni del tempo
	Telegiornale
20,30	**Quark Speciale.** Documentario sulla natura
	Cartoni animati. **Il Signore degli Anelli**
22,30	**Telegiornale** Varietà. "**Canzoni Canzoni**"
	Attualità. **Droga: Che fare?**
	Telegiornale Notte
	Il tempo domani. Previsioni

COSTUME

18, 15

TRENT'ANNI DELLA NOSTRA STORIA

Paolo Frajese continua a ripercorrere gli anni più importanti del dopo-guerra. Siamo nel 1965.

NATURA

20,30

QUARK SPECIALE

Il documentario ci mostra da vicino le due specie di elefanti, quello africano e quello indiano, analiz-zando i gravi pericoli che, specie in Africa, minacciano la sopravvi-venza dell'animale.

DROGA: CHE FARE

ATTUALITÀ   23,30
Stasera "La droga e il lavoro".

FILM

21,20

IL SIGNORE DEGLI ANELLI
Dalla trilogia fantastica dello scrittore inglese **John Ronald Tolkien,** un film di cartoni animati.

A Guardiamo la televisione

1  Unisca il programma e la descrizione.

1 In diretta (*live*) da Valencia le fasi più emozionanti della gara di motociclismo delle 500. Max Biaggi (nella foto), deve dimostrare di essere ancora più forte.

A

B

C

D

E

F

2 Il commissario Rex. Bisogna fermare un folle che uccide nelle notti di plenilunio. (Nella foto, una scena).

3 Claudio Lippi (nella foto) conduce l'incontro tra le squadre di: Fleurus (Belgio), Nizza (Francia), Monte Argentario (Italia), per Giochi senza Frontiere

4 Una trasmissione, quella di Michele Santoro (nella foto), sui temi di attualità con ospiti in studio, collegamenti esterni e sondaggi.

5 Dal lunedì al sabato, vanno in onda i momenti più significativi e intriganti della giornata del 'Grande fratello'. Daria Bignardi (nella foto) conduce il talk show trasmesso ogni giovedì in prima serata.

6 Appuntamento con il quiz presentato da Mike Bongiorno, affiancato dalla valletta Paola Barale.

2 **Un sondaggio**. Le abitudini dei telespettatori

a   Legga e trovi le domande.

il telespettatore	*viewer*
il telegiornale	*TV news*
occupato/a	*busy*
rilasciarsi	*to relax*

Intervistatrice . . . .
. . . . ?

Luciano Ma direi di sì. Guardo sempre il telegiornale delle otto, poi le previsioni del tempo e un film, se c'è.

Marisa In questo momento sono molto occupata e non ho il tempo di guardare la televisione. Però qualche volta guardo una commedia o un telefilm, soprattutto per rilasciarmi.

Intervistatrice . . . . ?

Giuseppe Ieri sera ho visto il telegiornale e un documentario. Poi ho visto la partita Juve-Fiorentina.

Barbara Ho visto i cartoni animati e un film di cowboy.

Intervistatrice . . . . ?

Giuseppe Preferisco i programmi di sport.

Intervistatrice . . . . ?

Luciano Ma, credo due o tre ore al giorno. Al weekend di più. Dipende dai programmi.

b Ascolti e controlli.

c Corregga.

- Luciano guarda sempre i cartoni animati.
- Tutti guardano le previsioni del tempo.
- Marisa guarda i film di cowboy o un telefilm.
- Giuseppe ha visto un documentario e un film.
- Barbara ha visto un film di cowboy e il telegiornale.

d Faccia un piccolo sondaggio in classe usando le stesse domande.

Per casa

Scriva i programmi di sabato sul suo canale preferito, come a pag. 147.

B Che danno al cinema?

3 **Studente A:** questa pagina.
Studente B: pagina 232.

Giudizio	Film	Regista	Genere
	La Dolce Vita		
	La Sposa di Frankenstein	Whale	
	L'ultimo Imperatore		
	Le Avventure di Sherlock Holmes	Werker	
	Camera con Vista		
	007 Dalla Russia con Amore	Young	
	Per un Pugno di Dollari		
	Il Padrino		
	Un Pesce chiamato Wanda	Crichton	
	Indiana Jones e l'Ultima Crociata	Spielberg	

a 📖 👥 **Studente A:** Per alcuni film
    manca il nome del regista
(director). Chieda: 'Chi è il regista di . . . ?

b ✏️ **Studente A:** Chieda a Studente B
    che genere di film è e lo metta
nella scheda.

d'avventura   comico
di spionaggio   romantico
di cowboy   poliziesco/giallo
thriller   dell'orrore
storico   drammatico

c 👥 ✏️ Secondo lei, com'è il film?
Metta il simbolo a sinistra del titolo, sotto
'Giudizio.'

bellissimo
brutto
bello
passabile
bruttissimo

Il suo compagno è d'accordo?

4 a  Da Attività 3 scelga il film che corrisponde a ogni frase.

- Le piacciono i film drammatici e le storie d'amore.
- Lei ama i film di spionaggio.
- Odia i film dell'orrore e i film gialli.
- Le piacciono solo i film italiani.
- Le interessano solo i film di avventura.
- Le piacciono solo i film comici.

b Che film piacciono ai suoi compagni?

5 **Il mio film preferito**

a  Ascolti e legga.

Il mio film preferito è 'Il Terzo Uomo'. È un vecchio film inglese diretto da Carol Reed. È un film in bianco e nero. L'attore principale è Orson Welles e l'attrice principale è Alida Valli. È un film giallo ambientato a Vienna, durante l'ultima guerra mondiale. È preso da un libro di Graham Greene.

b Completi le domande.

- . . . è il titolo?
- . . . è il regista?
- . . . è l'attore principale?
- . . . è l'attrice principale?
- . . . è ambientato?
- . . . genere di film è?
- È . . . bianco e nero o . . . colori?

ambientato/a	set
durante	during
la guerra mondiale	world war
l'attore *(m)*	actor
l'attrice *(f)*	actress

c

Studente A: Faccia le domande su 'Il Terzo Uomo'.
Studente B: Risponda.

Copi la scheda e completi.

SCHEDA
Titolo: . . . .
Regista: . . . .
Attore: . . . .
Attrice: . . . .
Ambientato: . . . .
Genere: . . . .
Colore: . . . .

6 a Camera con vista

Studente A: questa pagina.
Studente B: pagina 232.

Studente A: Studente B è stato al cinema e
ha visto 'Camera con Vista'.
Faccia le domande sul film e
completi la scheda, come in 5b.

Scambiatevi i ruoli per il film 'Cinema
Paradiso'.

Cinema Paradiso (1989)
di Giuseppe Tornatore
con Salvatore Cascio, Philippe Noiret
romantico, a colori

b Parli con un compagno del suo film
preferito o dell'ultimo film che ha
visto.

Per casa
Descriva il film come in Attività 5.

7 a Che fai stasera?

> Che fai stasera?
> Ti va di andare al cinema?

> Sì, volentieri. Ottima idea!

ti va di . . .?	*do you feel like . . .?*
che fai . . .?	*what are you doing . . .?*
volentieri	*with pleasure*

Studente A: Inviti un compagno.
Studente B: Accetti l'invito.

Usate le espressioni sotto:

andare **in**	piscina discoteca pizzeria
andare **a**	mangiare pattinare giocare a tennis

b

> Ti va di andare a mangiare una pizza?

> Mi dispiace, non posso perché devo uscire.

devo		*(I must)*
devi	+ infinito	*(you must)*
deve		*(he/she must)*

Studente A: Inviti un compagno.
Studente B: Rifiuti, perché . . .

8 A teatro

a   Al botteghino. Ascolti.

A Vorrei due biglietti per favore.
B Platea o galleria?
A Platea.
B Ci sono due posti in seconda fila.
A Va bene. Quanto costa un biglietto?
B 20 euro.
A Allora due biglietti. Ecco 40 euro.

il botteghino	*box office*
la platea	*stalls*
la galleria	*circle*
il posto	*seat*
la fila	*row*

b

Studente A: Lei va a teatro con un gruppo di amici. Chieda questi biglietti. Chieda il prezzo.
Studente B: Lei lavora al botteghino (pagina 233).

Scambiatevi i ruoli.

1

3 biglietti
galleria
solo 1ª fila

2

3 biglietti
platea
tutti insieme

3

2 biglietti
platea insieme
solo 1ª e 2ª fila

4

4 biglietti
galleria
anche separati

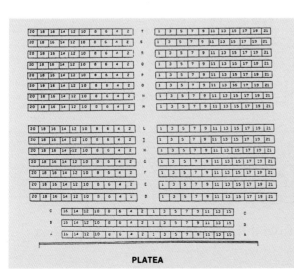

PLATEA

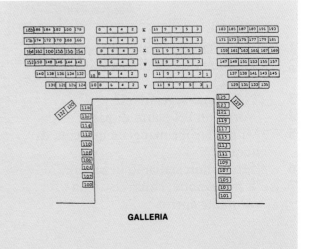

GALLERIA

C Andiamo al ristorante

  9 **Dove andiamo a cena?**

A

OSTERIA DELLA SANTA PAZIENZA

*Specialità francesi - A mezzogiorno menù fisso € 7,75
aperto dalle 20,00 alle 3,00*
via Borgonuovo, 6–Bo T. 224363 – rip. la Domenica

B

RISTORANTE
. . . cucina tradizionale . . .
pasta e dolci
fatti in casa

Piazza VIII Agosto, 30/A – Tel. 051/24.56.15
CHIUSO IL LUNEDÌ

C

TRATTORIA NILO BLU
Via Padova, 36 – MILANO
Telefono (02) 284.60.67
ex LE TRE PIRAMIDI
Ambiente caratteristico egiziano
Specialità arabe – Menù libero

D

VECCHIA INDIA

Tutti i Sabato Sera i sapori dell'India
Cucina Vegetariana Indiana
Via degli Albari, 6 – Bologna – Tel. 235643

E

RISTORANTE

 ## POSTA

CUCINA TIPICA TOSCANA   *chiuso il lunedì*
salsicce, bistecche alla griglia
Via Della Grada, 21/A – Tel. 051–410820 – Bologna

F

Ristorante cinese
LA MURAGLIA
Locale caratteristico, tipica cucina
cinese con giardino e parcheggio.
20129 Milano-Piazza
Oberdan, 2/A
Tel. (02) 20.49.528-29.40.58.61

AGOSTO APERTO

G

 Birreria delle Belli Arti

Aperto anche a mezzogiorno
Aperto dalle 08 alle 02
Chiuso domenica
Via Belle Arti, 6 – BO – Tel. 26.76.48

1 'Vorrei tanto provare un piatto cinese.'
2 'Ho molta voglia di una bistecca alla griglia.'
3 'Noi siamo vegetariani.'
4 'Vorrei un bel piatto di pasta.'
5 'Mi piacerebbe mangiare qualcosa di nuovo.'
6 'Perché non andiamo in birreria?'
7 'È mezzanotte, chissà se c'è un ristorante aperto.'

| chissà . . . | *I wonder . . .* |
| alla griglia | *grilled* |

Trovi il ristorante giusto per ogni persona.

10 a  Copi il menù e metta i piatti al posto giusto.

b Aggiunga tre cose da bere *(drinks)*.

c Confronti con i compagni.

Ristorante "Da Mario"

Piazza della Madonna ai Monti, Roma

Tel. 06.8457092

Antipasti

. . . .

. . . .

. . . .

Primi

. . . .

. . . .

. . . .

. . . .

. . . .

. . . .

Secondi

. . . .

. . . .

. . . .

Contorni

. . . .

. . . .

. . . .

. . . .

. . . .

Dolci e frutta

. . . .

. . . .

. . . .

. . . .

. . . .

Da bere

. . . .

. . . .

. . . .

lasagne   bistecca alla griglia   pollo al pomodoro   fragole
albicocche   patate fritte   tortellini   risotto ai funghi   ravioli
minestrone   tiramisù   trota al forno   antipasto misto
fegato alla veneziana   spinaci al limone   zabaglione   uva
prosciutto   insalata di pomodori   spaghetti alla bolognese
gelato   zucchine   fettuccine al ragù   agnello arrosto   fagiolini

11 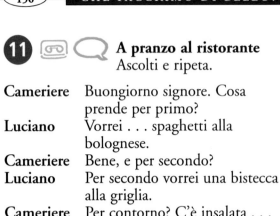 **A pranzo al ristorante**
Ascolti e ripeta.

Cameriere	Buongiorno signore. Cosa prende per primo?
Luciano	Vorrei . . . spaghetti alla bolognese.
Cameriere	Bene, e per secondo?
Luciano	Per secondo vorrei una bistecca alla griglia.
Cameriere	Per contorno? C'è insalata . . . spinaci, fagiolini, pomodori . . . patate fritte . . .
Luciano	Un'insalata, per favore.
Cameriere	Dolce o frutta?
Luciano	Frutta. Un'arancia. E un caffè, per favore.
Cameriere	Da bere?
Luciano	Acqua minerale e mezza bottiglia di vino rosso.

12 Emilia racconta un pranzo al ristorante.

a Ascolti e completi il dialogo.

Cameriere	Buongiorno signori. Cosa prendono per primo?
Emilia	. . . .
Cameriere	Sì, bene. E per secondo?
Emilia	. . . .
Cameriere	E per il signore?
Roberto	. . . .
Cameriere	E per contorno? Un'insalata?
Emilia	. . . .
Cameriere	Formaggio? Dolce?
Emilia	. . . .
Roberto	. . . .
Cameriere	Bene. E da bere?
Roberto	. . . .
Cameriere	Caffè?
Emilia	. . . .

b Legga il dialogo con due compagni.

13 **Il conto**

Il cameriere ha portato il conto a Luisa e Piero che hanno finito di mangiare.

Bagni - Ristorante - Pizzeria
Stella Maris
di Esposito Alfredo s.a.s.
Sede e dom. fisc., ub. eser. cons. doc.:
Viale della Regione - 84011 AMALFI
C.F. e P.IVA: 0250596 065 4

quantità	descrizione	importo €
2	COPERTI	4,15
1	VINO – BIRRA	3,10
1	ACQUA MINERALE	0,77
	PIZZA	
	PASTI A PREZZO FISSO	
2	ANTIPASTI	9,30
1	PRIMI PIATTI	4,15
2	SECONDI PIATTI	17,55
	CONTORNI	
	FORMAGGI	
	FRUTTA	
	DOLCI – DESSERT	
2	CAFFÈ – LIQUORI	2,10
conteggio IVA —— % imponibile	TOTALE (IVA compresa)	41,12

data		n.	corrispettivo non pagato	

Vero o falso?

- Luisa e Piero hanno bevuto solo vino.
- Hanno preso due primi.
- Hanno preso due secondi.
- Piero ha mangiato del formaggio.
- Luisa ha ordinato un dolce.
- Hanno bevuto una bottiglia di acqua minerale.
- Piero non ha preso il secondo.
- Hanno preso due antipasti.
- Il conto è giusto.

Per casa

Scriva il dialogo per Luisa e Piero.

14 🕴🕴🕴 **Ordinazioni.** Con il menù di Attività 10, fate i dialoghi. Uno studente è il cameriere.

1	2

1 persona:
 	
 ha fame
 vuole: primo
         secondo
         contorno
         dolce
	2 persone:
	
	 hanno fame
	 1 è vegetariana
	 1 ama il pesce

3	4
3 persone: 1 è vegetariana 1 ama la carne 1 fa la dieta	**4 persone:** 1 bambino: solo primo 2 vogliono pasta/ carne 1 fa la dieta tutti: gelato

avere fame	*to be hungry*
fare la dieta	*to be on a diet*

15  🍴

Cameriere, una bottiglia d'acqua minerale, per favore.

Gliela porto subito!

Avete notato?

es: Gliela porto subito   *I'll bring it (to you) straight away*

| glie**la** *(f)* | glie**lo** *(m)* | *it to you* |
| glie**le** *(f)* | glie**li** *(m)* | *them to you* |

For combined personal pronouns see page 159, Grammatica1.

Continuate con:
la lasagna	le fettuccine
la bistecca	il pollo
gli spinaci	gli spaghetti
i ravioli	il conto
due caffè	le fragole

D Ascoltiamo la radio

16 📖 Parole e musica

a 🖉 Ricostruisca il testo di questa famosa canzone con le parole sotto.

La Radio (di E. Finardi)

Quando sono . . . . in casa
e solo devo restare
per . . . . un lavoro
o perché ho il . . . . ,
c'è qualcosa di molto . . . .
che io . . . . fare:
. . . . la radio
e mettermi a . . . .

Amo la . . . .
perché . . . . tra la gente,
entra . . . . case,
ci parla direttamente:
e se una . . . . è libera
ma libera . . . .
mi . . . . anche di più
. . . . .libera la . . . .

b Nel testo della canzone trovi il contrario di:

    per strada
    cominciare
    difficile
    spegnere
    (io) detesto
    parte
    esce

ascoltare   piace   solo
gente   veramente
accendere   mente   raffreddore
posso   radio   arriva   perché
nelle   finire   facile

il raffreddore	*a cold*
qualcosa di...	*something . . .*
accendere	*to switch on*
mettersi a	*to start to*
la mente	*mind*
liberare	*to free*
spegnere	*to switch off*
detesto	*I hate*

Avete notato?

direttamente   *directly*
veramente   *truly, really*

diret**to** → diret**ta** + **mente** = **direttamente**

L'avverbio si forma in genere dal femminile dell'aggettivo (v. pag. 243).

17 a  Faccia gli avverbi di:

vero	*(true)*	raro
certo	*(certain)*	magnifico
freddo	*(cold)*	splendido
solo	*(only)*	cortese

b Completi con un avverbio da **a**:

- Ieri sera ho visto un programma . . . . interessante.
- Sono andato in Italia . . . . una volta.
- Pavarotti ha cantato . . . .
- È . . . . caro.
- Mi ha guardato . . . .
- La vedo . . . .
- Ha risposto molto . . . .

18 ✎ ⚇ **Un sondaggio**

Adatti per la radio le domande di Attività 2, p. 149, e intervisti due studenti.
Per casa. Tema: Io e la radio.

Grammatica

1 Pronomi doppi *(combined personal pronouns)*

The indirect object pronouns le *(to her/you) and* gli *(to him) both change to* glie *in front of a direct object pronoun.*

le/gli porto il pane *(m s)* → glie**lo** porto
(I'll bring it to you/her/him)

le/gli mando la lettera *(f s)* → glie**la** mando
(I'm sending it to you/her/him)

le/gli porto i ravioli *(m pl)* → glie**li** porto
(I'll bring them to you/her/him)

le/gli porto le patate *(f pl)* → glie**le** porto
(I'll bring them to you/her/him)

2 **andare + a/in/al**

vado **a** mangiare
pattinare
giocare a tennis

vado **in** piscina   *but*   vado **al** cinema
discoteca   ristorante
pizzeria   **a/al** teatro

3 Avverbi

Made by adding **-mente** *to the feminine form of the adjective.*
certo → certa → certamente
freddo → freddamente
magnifico → magnificamente

Adjectives in -e *do not need to change before* -mente:
forte → fortemente
veloce → velocemente

Adjectives in -le *lose the final* -e:
possibile → possibilmente
normale → normalmente

Vocabolario

TV e radio	TV and radio
ascoltare	to listen
l'attualità	current affairs
la canzone	song
i cartoni animati	cartoons
il documentario	documentary
le notizie sportive	sports news
la partita	match
le previsioni del tempo	weather forecast
il programma	programme
il radio-ascoltatore	listener
lo sceneggiato	television drama
il telefilm	television film
il telegiornale	television news
il telespettatore	viewer
il varietà	variety show

Aggettivi	Adjectives
certo/a	sure, certain
freddo/a	cold
raro/a	rare
solo/a	alone
vero/a	true, real

Verbi	Verbs
accendere	to switch on
avere voglia di	to feel like
bere	to drink
liberare	to free
mettersi a	to start to
sentire	to listen to
spegnere	to switch off

Al teatro e al cinema	At the theatre and the cinema
il genere	type
il giallo	detective story
il giudizio	opinion, judgement
la guerra mondiale	world war
ambientato/a	set
durante	during

il botteghino	box office
la fila	row
la galleria	circle
la platea	stalls
il posto	seat

Al ristorante	At the restaurant
l'antipasto	hors d'oeuvre
il primo	first course
il secondo	second course
il contorno	vegetables
il dolce	dessert
al forno	done in the oven
alla griglia	grilled
la birreria	beer-house
l'agnello	lamb
la bistecca	steak
il fegato	liver
il forno	oven
il pollo	chicken
il prosciutto	ham
la trota	trout
i fagiolini	French beans
l'insalata	salad
le patate fritte	chips
gli spinaci	spinach
le zucchine	courgettes
il tiramisù	a dessert made with coffee, rum and cream
lo zabaglione	a dessert made with eggs, sugar and marsala

"La Radio" di E. Finardi	"The Radio"
la mente	mind
il raffreddore	cold

Espressioni utili	Useful expressions
chissà	I wonder
qualcosa di facile	something easy
ti va di . . . ?	do you feel like . . . ?

s a n i   e   b e l l i

Understanding and giving instructions
Talking about sport
Giving reasons
Explaining health problems
Asking for and giving advice
Making comparisons

SOMMARIO

la salute	*health*
smettere (di)	*to stop (doing)*
fa bene	*it's good for you*
fa male	*it's bad for you*
dimenticare	*to forget*
dimagrire	*to lose weight*
l'ambiente *(m)*	*environment*

a ● A che pagina apre se le interessa . . . ?

    dimagrire . . .
    l'alcolismo . . .
    l'uomo e l'ambiente . . .
    lo sport . . .
    la medicina tradizionale . . .
    smettere di fumare . . .
    la medicina alternativa . . .
    i rischi dell'attività fisica . . .

b ● Fa bene o fa male? Rilegga **a** e metta in colonna.

Fa bene	Fa male

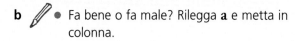

A Tenersi in forma

1 Facciamo ginnastica

a 📖 ✏️ Unisca istruzioni e figure.

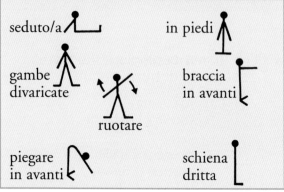

A Ruotate le braccia avanti e indietro, piegando leggermente le gambe.

B Seduti a terra, gambe tese, schiena dritta, braccia in avanti, cercate di toccare i piedi. Fate l'esercizio dieci volte lentamente.

C In piedi, prendete il piede e spingete indietro.

D In piedi, gambe divaricate, braccia sopra la testa, stringete i gomiti.

E Saltate a corda per tre minuti. Riposatevi per un minuto. Ripetete.

la ginnastica	*exercises*
cercare di	*to try to*
il gomito	*elbow*
stringere	*to clasp*
spingere	*to push*
saltare a corda	*to skip*
riposarsi	*to rest*

seduto/a   in piedi

gambe divaricate   braccia in avanti

ruotare

piegare in avanti   schiena dritta

b 📼 Giusto? Ascolti e controlli.

c 📼 Senza guardare il libro, riascolti e faccia gli esercizi di ginnastica.

L'imperativo: verbi regolari		
-ARE	**-ERE**	**-IRE**
cerca	prendi	dormi **(tu)**
(non) cercate	prendete	dormite **(voi)**
(cercare)	(prendere)	(dormire)

v. pag. 251.

Imperativo: verbi irregolari		
fai	bevi	esci
fate	bevete	uscite
(fare)	(bere)	(uscire)

2

Rilegga pagina 162 e sottolinei gli imperativi. Sono con il **tu** o il **voi**?

Ora a lei. Usando il **tu**, dia a un compagno le istruzioni per Attività 1.

Esempio (n.5): Seduto/seduta a terra, gambe tese, **cerca** di toccare i piedi.

3 **Avviso ai passeggeri**

Lei lavora all'aeroporto. Legga le informazioni dell'Alitalia e scriva un avviso con cinque raccomandazioni per i passeggeri, usando il **voi**.

Come affrontare l'immobilità prolungata

Per evitare possibili danni alla salute in viaggio, la nostra compagnia consiglia ai signori passeggeri di bere acqua frequentemente durante il volo, di limitare gli alcolici durante e prima del volo, di indossare scarpe comode, di evitare il più possibile di accavallare le gambe mentre si sta seduti a bordo. Si consiglia soprattutto di fare il più spesso possibile gli esercizi consigliati nella pagina seguente.

accavallare	*to cross (legs)*

4 a 📖 ✏️ **Esercizi in volo**

abbassare	*to lower*
alzare	*to lift*
in senso orario	*clockwise*
in senso anti-orario	*anticlockwise*
il ginocchio	*knee*
(*pl* le ginocchia)	
il petto	*chest*
la pancia	*stomach/belly*
abbracciare	*to hug*
lo sguardo	*look*

Lo spazio in aereo è ristretto, si sa, e specialmente quando il viaggio è lungo è importante fare qualcosa per attivare la circolazione.

Esercizio n. 1 Ogni tanto è bene alzare e ruotare i piedi prima in senso orario e poi in senso anti-orario.

Esercizio n. 2 Per le gambe, ogni ora bisogna:

a) bisogna alzare prima un ginocchio e poi l'altro verso il petto.
b) bisogna alzare le gambe verso il petto e poi abbassarle.

Esercizio n. 3 Ogni tanto è bene unire i piedi, tirare in dentro la pancia, abbracciare le ginocchia e cercare di toccarle con la testa.

IMPORTANTE: è meglio ignorare gli sguardi degli altri passeggeri!

b 🚶🚶 Dica a suo figlio che cosa deve fare in volo. Usi il **tu**. Cambi le espressioni sottolineate nel testo, come nell'esempio.

es: È importante fare qualcosa
→ **Fai** qualcosa!

Avete notato?

Strutture impersonali:

è importante fare qualcosa		*it is important to do something*
è bene . . .	+ infinito	*it is a good idea to . . .*
è meglio . . .	+ infinito	*it is better to . . .*
bisogna . . .	+ infinito	*it's necessary/you must*

B Lei fa sport?

5 **a** Scriva lo sport giusto accanto al simbolo (1–10).

> palestra/ginnastica   pattinaggio
> corsa/footing   tennis
> nuoto   bicicletta   sci
> calcio   pallacanestro
> giardinaggio   equitazione
> pallavolo   squash

| 1 | 2 | 3 | 4 | 5 | 6 | 7 | 8 | 9 | 10 |

b

Ascolti e scriva che sport fa ogni ragazzo.

> Per parlare di sport:
>
> so . . . (sciare, nuotare)
> pratico . . .
> gioco a . . .
> mi diverto . . .
> mi piace molto . . . mi piacciono . . .

Elisa   Sara   Barbara   Max

Ilaria   Daniela   Riccardo   Filippo   Elena

c Riascolti bene e risponda alle domande:

1. Qual è lo sport preferito dalla maggioranza?
2. Il calcio è uno sport popolare?
3. Quanti fanno palestra per tenersi in forma?
4. Quanti giocano a pallavolo?
5. Ci sono differenze tra maschi e femmine?
6. Chi non ama lo sport?

6 a  **E lei cosa fa per tenersi in forma?**

Nome	Attività	Ogni quanto	Dove	Con chi

Preparate le domande per un sondaggio e intervistati quattro persone.

Per casa

Con l'aiuto delle domande di Attività **5c**, scriva un paragrafo sulle attività sportive nel suo gruppo.

7 a  Ecco alcuni aggettivi per descrivere gli sport. Unisca i contrari:

divertente	impegnativo
complicato	pericoloso
sicuro	leggero
agonistico	facile
relassante	tranquillo
faticoso	non competitivo
violento	noioso

Cognosce altri aggettivi da aggiungere alla lista?

b Scelga da **a** due aggettivi per descrivere uno sport che le piace e uno che non le piace. Ne parli con un compagno.

es: Il calcio mi piace perché è . . .

8 **Paragoni** *(Comparisons)*

Fate dei paragoni come nell'esempio.

> Secondo me, il golf è più difficile del tennis.

> Sono d'accordo.

> Non sono affatto d'accordo.

Comparativi			
più	facile	**del**	tennis/nuoto
meno	bello	**dello**	sci
		dell'	equitazione
		della	ginnastica

Per casa

- Descriva il suo sport preferito e dica perché le piace.
- Scriva un paragrafo sullo sport più faticoso che ha mai praticato.

9   **Queste persone non fanno sport.** Perché?

A Non gli piace
B Ha troppo da fare
C Non ci sono attrezzature
D Non ha voglia
E Non ha tempo
F Si stanca troppo
G Non ha i soldi

Ascolti e scriva la lettera (A–H) accanto al numero (1–4).

2

1

3

4

10  **Consigli**

A: "Vorrei un consiglio . . . Cosa posso fare per tenermi in forma in città?"
B: "Invece di andare in macchina, perché non vai a piedi?"
Continuate con:

Per chiedere e dare consigli:
(Asking and giving advice)
Vorrei un consiglio. Cosa posso fare?
Invece di . . . Perché non . . . ?

11  **Un salto nel buio**

Prima di leggere:
Lei ha mai fatto sport pericolosi?
Le piacerebbe farlo?
Trovi sul dizionario il nome italiano di tre
sport 'estremi'.

Che magnifica emozione quel salto nel buio. Il tenore cieco si è lanciato da più di 3000 metri. 'Volevo sfidare me stesso,' racconta.

'Un salto nel vuoto da 3.600 metri, al buio, a
200 chilometri l'ora. E poi il paracadute che di
colpo si apre e finalmente la terra sotto le scarpe.
Un' esperienza meravigliosa.' Dopo essere andato
a cavallo e dopo aver sciato sotto la guida di
Alberto Tomba, Andrea Bocelli si è anche
lanciato con il paracadute. È accaduto
all'aeroclub di Marina di Massa, di cui il tenore
è socio. 'Di solito vado all'aeroclub per fare
qualche giro sugli aeroplani leggeri,' dice. 'Mi
piace volare, mi piace sfidare il vuoto. Così,
quando mi hanno chiesto se volevo provare col
paracadute, non ci ho pensato due volte. Ed è
stato bellissimo.' Bocelli si è lanciato insieme al
suo istruttore, Michele Calabrese. Sua moglie
Enrica quando l'ha saputo si è molto arrabbiata.
'Molti si meravigliano del mio lancio perché
sono cieco,' aggiunge. 'Ma tutti devono superare
ostacoli nella vita.'

---

cieco/a	blind
sfidare	to challenge
salto	jump
al buio	in the dark
andare a cavallo	to ride
volare	to fly
lanciarsi col paracadute	to parachute
essere socio (di)	to be a member (of)
fare un giro	to go for a ride
chiesto	asked

- Legga l'articolo e scriva **Sì** o **No**:
  1. Bocelli si è lanciato di notte al buio?
  2. Questo è l'unico sport practicato dal cantante?
  3. Lo fa solo una volta all'anno?
  4. La moglie era molto contenta?

- Che altre informazioni abbiamo su questo personaggio? Per quali motivi practica questo sport?

- Immagini che, invece di un tenore, la protagonista di questa storia sia una donna, la cantante Teresa Bocchi. Riscriva la storia al femminile.

C Non mi sento bene

12  **Che cos'hai?**

Che cos'hai? (tu)	*What's the matter? (informal)*
Che cos'ha (lei)	*What's the matter? (formal)*
Mi sento male	*I feel unwell*
Non mi sento bene	*I don't feel well*

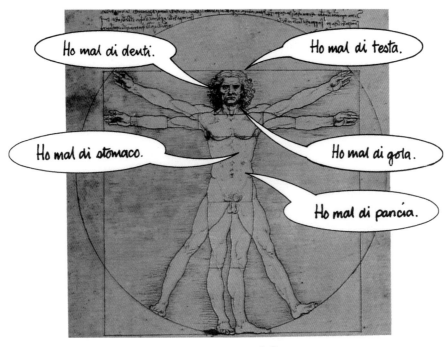

a Ascolti e trovi nella figura i disturbi *(ailments)* che sente.

Completi il vocabolario qui sotto con le espressioni equivalenti come nell'esempio.

Ho mal di stomaco: Mi fa male lo stomaco

pancia: . . . .

denti: . . . .

testa: . . . .

gola: . . . .

	la tosse	*I've got a cough*
Ho	la febbre	*a fever*
	il raffreddore	*a cold*
mi fa/fanno male		*it hurts/they hurt*

b

Studente A: Chieda a Studente B come sta. Usi il **tu**.

Studente B: Lei sta male. Dica come si sente.

Studente A: Simpatizzi:
es: Poverino! . . . Ma davvero?
Mi dispiace!
e chieda che cos'ha.

Studente B: Risponda enfaticamente:
es: Ho un terribile . . .
Mi fa molto molto male . . .

Studente A: Suggerisca di andare in farmacia/dal dottore.

13 🖉 **In farmacia**

a Ascolti. Guardi la figura e trovi il rimedio per ogni persona. Lo scriva sul modulo nella pagina accanto.

b Riascolti e controlli.

le compresse	*tablets*
le pastiglie	*lozenges*
la pomata	*cream*
le gocce	*drops*
la bruciatura	*burn*

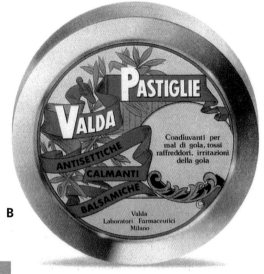

B

PASTIGLIE VALDA

PER LA TUA GOLA

Pastiglie Valda: composte di estratti vegetali con proprietà balsamiche. Dalle Pastiglie Valda una prima difesa per la tua gola.

A

Mal di denti? Calma.

10 compresse
Calmante Murri®
antidolorifico

D

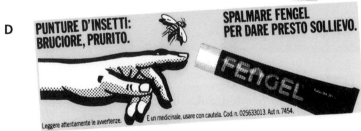

PUNTURE D'INSETTI: BRUCIORE, PRURITO.

SPALMARE FENGEL PER DARE PRESTO SOLLIEVO.

FENGEL

Leggere attentamente le avvertenze. È un medicinale, usare con cautela. Cod. n. 025633013. Aut n. 7454.

neo Cibalgina®

C

COLLIRIO
iridina
blu

DISINFETTANTE IGIENICO

iridina
blu

Cod. n. A021332046
Aut. n. 7837

collirio disinfettante igienico alla camomilla e hamamelis

iridina
blu
MONTEFARMACO

PER L'ARROSSAMENTO
DEI TUOI OCCHI

E

Mal di testa, mal di denti, nevralgie, possono rallentare il tuo ritmo: in casa, sul lavoro, nello svago. Una o due compresse di NeoCibalgina e puoi rispondere: bene, grazie!
È un medicinale: usare con cautela. Non somministrare ai bambini sotto i 12 anni. Leggere attentamente le avvertenze.

CIBA-GEIGY S.p.A.

	Uomo/ Donna/ Bambino	Disturbo	Rimedio	Quante volte (How many times)	Quando
1 2 3 4					

c Scriva il primo dialogo.

Quante volte?   *(How often? How many times?)*

due **volte** | **al** giorno
             | **alla** settimana

ogni tre | ore
            | giorni

14 **Pronto Soccorso** (*First Aid*)

a   A che serve? *(What is it for?)*
Serve/Servono . . .

Metta l'articolo e formi le frasi.

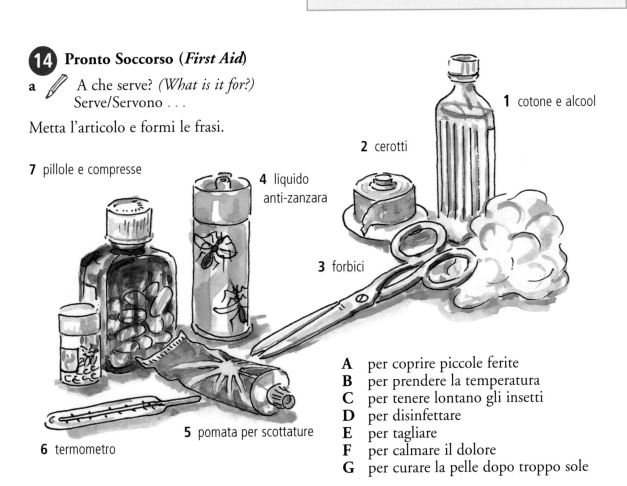

7 pillole e compresse

4 liquido anti-zanzara

1 cotone e alcool

2 cerotti

3 forbici

5 pomata per scottature

6 termometro

A   per coprire piccole ferite
B   per prendere la temperatura
C   per tenere lontano gli insetti
D   per disinfettare
E   per tagliare
F   per calmare il dolore
G   per curare la pelle dopo troppo sole

b   Cosa mi consiglia?

Siete in vacanza in un campeggio.
A ognuno è successo qualcosa.
Andate al Pronto Soccorso (Studente B).
Lavorate a coppie.

Studente A:
- Lei si è bruciato/a al sole.
- Si è tagliato/a un dito/il piede.
- Ha la febbre altissima.
- È coperto/a di morsi di zanzare.

Studente B:
Lei lavora al Pronto Soccorso.
Offra aiuto *(help)* ai campeggiatori.

Espressioni utili

Faccia vedere	È importante . . .
(Show me)	È meglio . . .
Le posso dare . . .	Due volte al giorno
Ecco un . . .	Ogni tre ore
Prenda questo/a . . .	

D   Benessere e salute

15   Storia d'Italia in cifre: siamo alti, longevi e colti

"Ma non nascono più bambini"

Ci sono salute e benessere, aumenta il numero degli studenti, ma cala l'occupazione e, soprattutto, cala la popolazione.

Ogni anno, per rispondere alle domande "Chi siamo, da dove veniamo, dove andiamo?", l'Istituto Centrale di Statistica fornisce un check-up completo, in cifre, di che cosa cambia, migliora o peggiora nel nostro paese. Oggi non siamo soltanto più longevi, siamo anche più alti e meglio nutriti. E la dieta mediterranea continua ad avere un ruolo cruciale nella nostra longevità.

Paese	età media uomini	età media donne
Giappone	75,6	81,4
Svezia	74,2	80,2
Svizzera	73,8	80,5
Italia	73,2	79,7
Paesi Bassi	73,0	79,6
Norvegia	72,8	79,6
Australia	72,8	79,1
Francia	72,0	80,3
Germania	71,8	78,4
Regno Unito	71,8	77,7
Usa	71,3	78,3

le cifre	*figures*
longevo/a	*long-lived*
colto/a	*educated*
la salute	*health*
il benessere	*prosperity*
l'occupazione *(f)*	*employment*
il nostro paese	*our country*
nascere	*to be born*
aumentare	*to increase*
calare	*to go down*
migliorare	*to get better*
peggiorare	*to get worse*
fornire	*to provide*

a  Legga l'articolo e il titolo e trovi:

- due cose che calano e due cose che aumentano in Italia.
- la frase nel titolo che indica il calo *(fall)* della popolazione.
- tre qualità degli italiani di oggi.
- che cosa fa l'ISTAT (Istituto Centrale di Statistica).

b Guardate la tabella dell'età media *(average age)* e fatevi le domande:

- I francesi sono più o meno longevi degli inglesi?
- Gli italiani vivono più a lungo o meno a lungo degli americani?
- In quale paese vivono più a lungo le donne?
- Gli svedesi sono meno longevi dei norvegesi?
- I tedeschi vivono più o meno delle tedesche?
- Qual è il paese con l'età media più alta?

c Ricostruisca:

- bambini/nascere/più/non
- durata/Italia/vita/media/aumentare/recentemente
- più/italiani/colti/longevi/essere/ma/calare/occupazione

16 a Legga usando il vocabolario a pagina 175.

Camminare è bello

Ogni mattina, con qualsiasi tempo, esco a fare una passeggiata, a volte breve, a volte lunga, in compagnia della mia cagna. Cammino nel bosco dietro casa, poi lungo un sentiero e ritorno per un prato: seguo così i cambiamenti delle stagioni, i movimenti degli animali, il variare della vegetazione. Qualche volta, o perché piove, o perché fa freddo o nevica, o per altre cose che avrei da fare, non vorrei uscire, a causa di quel diavoletto che suggerisce: "Ma dove vuoi andare? Non senti come piove? Sali invece nella tua stanza, non perdere tempo." Ma dopo aver camminato per un'oretta, il lavoro viene più facile.

Credo proprio che quello del camminare sia l'esercizio fisico più salutare per l'uomo. Ma camminare, non correre: camminare lontano dai motori, dai rumori innaturali, perché quello dell'acqua o quello del temporale o quello del vento sono complementari al camminare; e il canto degli uccelli o il ronzio degli insetti fanno accordo con i tuoi pensieri. Se poi insieme a te hai un amico o un'amica potranno essere poche le parole, ma tante le comunicazioni.

Personalmente ho camminato tanto, non solo da ragazzo, non solo in guerra dove è stato la salvezza; e penso che sarebbe bello andarmene da questo mondo camminando per colline boscose in una sera d'autunno.

Mario Rigoni Stern

b ⬭ 🖉 Non è vero. Perché?

- Lo scrittore esce solo quando c'è il sole.
- Fa una passeggiata una volta la settimana.
- Va sempre da solo.
- Trova il canto degli uccelli irritante.
- Ama camminare dove c'è traffico.

c 👤👤

Studente B: Lei è un giornalista. Vuole intervistare lo scrittore Rigoni Stern (pagina 234). Prepari cinque domande.

Studente A: Lei è lo scrittore. Risponda alle domande.

d 🖉 **Per casa**

Descriva una passeggiata fatta recentemente, dove l'ha fatta, quando e con chi.

Grammatica

1 Imperativo *(Commands)*

L'imperativo regolare

	-ARE	-ERE	-IRE	
	cerc**a**	prend**i**	unisc**i**	**(tu)**
(non)	cerc**ate**	prend**ete**	un**ite**	**(voi)**
	(cercare)	(prendere)	(unire)	

Imperativi irregolari: fare dare, stare

fai	dai	stai	**(tu)**
fate	date	state	**(voi)**

2 Comparativi

per fare paragoni *(comparisons)*:

più + aggettivo + **di** . . .

Antonio è **più** alto **di** Mario
Il tennis è **più** faticoso **del** calcio
La tua casa è **più** antica **della** mia

di, del, della . . .: *than*

3 Non mi sento bene

Che (cosa) hai?
ha?

Ho mal di	testa.	Ho	la tosse.
	pancia.		la febbre.
	gola.		il raffreddore.
	stomaco.		l'influenza.
	denti.		
	orecchio.		

**4 Per dare un consiglio.
Espressioni impersonali**

è bene
è meglio
} + infinito
è importante
è una buona idea

es: Per tenersi in forma **è bene** camminare ogni giorno.

Vocabolario

Tenersi in forma	*Keeping fit*
abbassare	*to lower*
abbracciare	*to hug*
alzare	*to lift*
cercare di	*to try to*
fare ginnastica	*to exercise*
fare una passeggiata	*to go for a walk*
la palestra	*gymnasium*
spingere	*to push*
stringere	*to clasp*
la corsa a piedi	*running*
l'equitazione *(f)*	*riding*
il footing	*jogging*
il giardinaggio	*gardening*
la ginnastica	*gymnastics, exercise*
il nuoto	*swimming*
la pallacanestro	*basketball*
lo squash	*squash*

Aggettivi	*Adjectives*
divertente	*enjoyable*
impegnativo/a	*demanding*
pigro/a	*lazy*
sano/a	*healthy*
pericoloso/a	*dangerous*
sicuro/a	*safe*

Verbi	*Verbs*
annoiarsi	*to get bored*
appoggiarsi	*to lean*
aver tempo	*to have time*
camminare di buon passo	*to walk briskly*
correre	*to run*
essere occupato/a	*to be busy*
prendere l'ascensore	*to take the lift*
fare le scale	*to go up the stairs*
scendere	*to go down*
sentirsi bene/male	*to feel well/ill*
stare bene/male	*to be well/ill*

Il corpo	*The body*
il dito *(f pl* le dita)	*finger*
il ginocchio *(f pl* le ginocchia)	*knee*
la gola	*throat*
il gomito	*elbow*
la mano *(f pl* le mani)	*hand*

la pancia	*stomach/belly*
il petto	*chest*
lo stomaco	*stomach*

Non mi sento bene	*I don't feel well*
la bruciatura	*burn*
la compressa	*tablet*
la febbre	*temperature*
le gocce	*drops*
l'influenza	*influenza*
la pastiglia	*lozenge*
la pomata	*cream*
il raffreddore	*a cold*
lo sciroppo	*cough mixture*
la scottatura	*sunburn*
la tosse	*cough*

L'Italia in cifre	*Italy in figures*
il benessere	*prosperity, well-being*
la salute	*health*
le cifre	*figures*
il nostro paese	*our country*
longevo/a	*long lived*
medio/a	*average*
colto/a	*educated*
non . . . più	*no longer*

Camminare	*Walking*
il bosco	*wood*
la cagna	*bitch*
le colline	*hills*
il diavoletto	*little devil*
insieme	*together*
perdere tempo	*to waste time*
il prato	*field*
il ronzio	*buzz*
il rumore	*noise*
salutare *(adj)*	*healthy*
il sentiero	*path*
gli uccelli	*birds*

Espressioni utili	*Useful expressions*
Cosa mi consiglia?	*What do you advise?*
Come ti senti/si sente?	*How do you feel?*
Che (cosa) hai/ha?	*What's wrong with you?*
Cosa posso fare per . . . ?	*What can I do to . . . ?*
Ho troppo da fare	*I have too much to do*
Serve/Servono per . . .	*It is/They are for . . .*

Understanding announcements
Enquiring about timetables
Buying tickets
Buying petrol, getting directions
Understanding weather bulletins
Predicting the weather

A
B
C
D
E

F
G
H
I
J

K
L
M
N

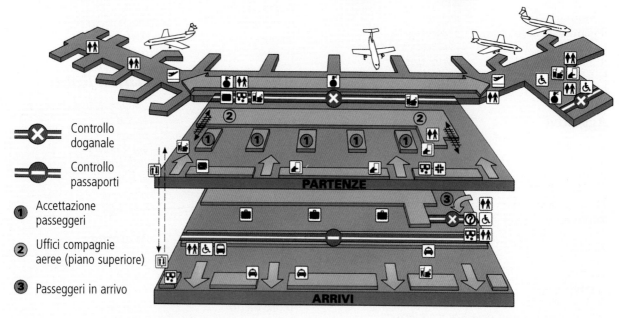

Controllo
doganale

Controllo
passaporti

1 Accettazione
passeggeri

2 Uffici compagnie
aeree (piano superiore)

3 Passeggeri in arrivo

PARTENZE

ARRIVI

● Unisca le indicazioni e i simboli:

1 Duty free
2 Biglietti e prenotazioni
3 Uscite
4 Posta
5 Cambio
6 Ritiro bagagli
7 Informazioni turistiche
8 Autonoleggio
9 Ascensori
10 Biglietteria autobus per Roma

11 Tolette
12 Farmacia
13 Bar
14 Tolette disabili

● Guardi la piantina e trovi quattro posti per
dare un appuntamento a un amico.

Esempio:

A   Allora ci vediamo davanti alla farmacia.
B   Dov'è esattamente?
A   Al primo piano, vicino al cambio.
Continuate.

A In aereo

1 ♟♟ **All'aeroporto.**
Ufficio Informazioni

> Vorrei un'informazione per favore.

Studente A: Lei è appena arrivato a Fiumicino da New York. Ha solo dollari e sterline. Vuole un tassì o una macchina a noleggio per andare a Roma subito, e una cartina della città.

Prepari quattro domande e vada all'Ufficio Informazioni.

Studente B: Usi la piantina dell'aeroporto (pagina 176) per rispondere.

2 **a** ✏️ Cosa si fa quando si parte? Metta in ordine con un compagno.

Si controllano i passaporti.
Si va all'uscita per l'imbarco.
Si passa il controllo di sicurezza.
Si consegna il bagaglio.
Si sale a bordo.

b Cosa si fa quando si arriva? Metta in ordine.

Si passa la dogana.
Si fa il controllo del passaporto.
Si scende dall'aereo.
Si ritirano le valige.

c Parole utili. Trovi in **a** e **b** come si dice in italiano

boarding
on board
customs
luggage
gate

Verbi	
controllare	*to check*
consegnare	*to check in (luggage)*
salire	*to get on*
passare	*to go through*
ritirare	*to pick up*
scendere	*to get off*

Per il **si impersonale** vedi p. 94 e p. 252.

d 💬 ✏️ Ieri il signor Boselli è partito per Parigi alle 17,25. Ecco che cosa ha fatto prima di partire. È arrivato all'aeroporto alle 16. Prima di tutto ha consegnato il bagaglio . . .

Continui lei. Usi:

prima di tutto	dopo un po'
poi	e infine
subito dopo	

3 ✏️ **Cruciverba aereo**

che	*that, which, who, whom*

> ritiro volo atterra bagaglio
> decolla passaporto pilota posto
> passeggeri a mano carrello imbarco

Attenzione: si devono usare solo nove parole.

1	Documento di identità
2	La persona che guida l'aereo
3	Dove sta seduto il passeggero
4	Le valige dei passeggeri
5	Serve per portare le valige
6	Quello per Londra è il BY 582
7	Una borsa da viaggio si può portare . . .
8	Il . . . dei bagagli richiede poco tempo.
9	Le persone che viaggiano

4 **Partenze**

a  Leggete velocemente la tabella delle partenze in senso orizzontale e verticale. A turno, fatevi le domande:

- In quali paesi vanno questi voli?
- Dove va il volo della BA?
- A che ora parte l'aereo per Genova?
- Di che compagnia è il volo delle 14,50?
- Quanti voli dell'Alitalia ci sono?
- Sono le 15,40: qual è il prossimo volo?
- Qual è l'uscita del volo per Mosca?

il volo **per** Mosca	*the flight for Moscow*
il volo **delle** 14,50	*the 14,50 flight*
il **prossimo** volo	*the next flight*

PARTENZE				
COMPAGNIA/VOLO	DESTINAZIONE	ORARIO	USCITA	AVVISO
BA	Birmingham	14,26	imbarco	
LUFTHANSA	Bonn	14,50	23	
KLM	Amsterdam			
AEROFLOT	Mosca		20	
ALITALIA	Parigi	16,03	7	
EASYJET	Genova	16,40		

b  A che ora parte?

Studente A: Chieda al compagno gli orari che mancano e il numero dell'uscita.
es: Qual è l'uscita del volo della BA per Birmingham delle 14 e 26?

Studente B: pagina 234.

5 **Arrivi.** È in orario?

Lei lavora per un'agenzia di viaggi e deve controllare alcuni orari d'arrivo. Ci sono molti ritardi. Ascolti gli annunci e corregga la sua lista se necessario.

è in orario	*it's on time*
è in ritardo	*it's late*
è in ritardo di cinque minuti	
ha un ritardo di cinque minuti	
ha cinque minuti di ritardo	
	it's five minutes late
il maltempo	*bad weather*
lo sciopero	*strike*

Volo	Arrivo previsto
AZ 567	14,02
LH 5488	14,20
BA 284	15,05
KL OP54	15,23
TW 050	16,00
AF 479	16,08

6  **Viaggi** *on-line*

Ecco una breve guida ai siti più cliccati in Italia per prenotare un viaggio on line. Se non trovate l'offerta che fa per voi, continuate a navigare. La Rete è uno spazio inesauribile!

---

www.unoviaggi.com
Su questo sito si possono prenotare viaggi organizzati per qualsiasi destinazione anche all'ultimo momento. Facilissima da consultare.

---

www.telephone-travel.it
Sei il tipo che decide la partenza solo il giorno prima? Allora iscriviti a Telephone Travel che ti informa prontamente sulle ultime offerte con messaggi SMS sul tuo telefonino.

---

www.cleopatra.it
Qui si trovano le 'offerte del mese'. La banca dati è fornitissima. Particolarmente intriganti sono le offerte per i viaggi culturali. Grazie a un efficiente motore di ricerca, potete programmare e prenotare in pochi minuti.

---

www.epocatour.com
Se cercate un biglietto all'ultimo minuto per una località normalmente proibitiva, e non volete o non potete spendere molto, con Epoca Tour è facile: basta cliccare il continente di destinazione e le offerte più convenienti appaiono sul vostro schermo in meno di un minuto

---

a 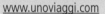 **Quale scegli se . . . ?**

- Hai fretta e non hai soldi, e devi essere in Brasile tra tre giorni.
- Sei un insegnante con una settimana di vacanza e non sai niente delle offerte in Internet.
- Hai il computer solo da poche settimane. Non lo sai usare bene ma non vuoi perdere tempo con le agenzie.
- Non ti piace viaggiare da solo.
- Sei un patito del telefonino e usi raramente il computer.

b **Vocabolario Internet**

Trovi nel testo le parole di Internet e le scriva con la traduzione. Ora confronti con il vocabolario a pagina 239.

c **Si può o si possono?**

es: Si può partire subito
Si possono comprare i biglietti

. . . fare tutto da casa
. . . ottenere le informazioni
. . . selezionare le destinazioni
. . . prenotare i posti
. . . pagare con la carta di credito

B In treno

7 All'Ufficio Informazioni

1 Napoli-Roma-Firenze-Milano

		EC ✗	Dir	Expr a d ✗	EC ✗	IC ✗ Ⓡ	Dir	IC a✗ Ⓡ	Dir Ⓡ	IC ✗	IC ✗	IC ✗	IC ✗	IC ✗	Expr ✗
Napoli C.	p			5 04				7 00							
Roma Ter.	p	7 10		7 17	7 45	8 00	8 25	9 02		10 00	11 00	11 50			12 07
Orte	p	│		│	│	│	9 06	│		│	│	│			│
Orvieto	p	│		│	│	│	9 37	│		│	│	│			│
Chiusi	p	│		8 25	│	│	10 06	│		│	│	│			13 19
Terrontola	p	│		│	│	│	10 24	│		│	│	│			│
Arezzo	p	│		│	│	│	10 51	│		11 26	│	│			│
Firenze S.M.N.	p	9 29		9 50	10 08	10 19	11 50	11 19		12 20	13 19	14 09	14 35		14 43
Prato	p	│		│	│	│		│		│	│	│	│		15 01
Bologna C.	p	10 32	10 38	11 02	11 10	11 26		12 26	12 38	13 26	14 26	15 12	15 42		15 56
Medena	p		11 01	│		│		│	12 59	13 47	│	│	│		│
Reggio E.	p		11 16	│		│		│	13 14	14 02	│	│	│		│
Parma	p		11 33	│		│		│	13 31	14 18	│	│	│		16 41
Fidenza	p		11 46	│		│		│	13 43	14 32	│	│	│		│
Piacenza	p		12 16	│		│		│	14 06	14 50	│	│	│		│
Milano C.	p		13 05	12 55	13 10			1410	14 50	16 16	15 30	16 10		17 26	17 45

a **Alla Stazione Termini, Roma**

Impiegato	Buongiorno. Dica.
Signora	Buongiorno. Vorrei sapere a che ora c'è un treno per Bologna domani mattina. Non troppo presto, per favore.
Impiegato	Dunque, la mattina ce n'è uno alle 7,45 poi . . . c'è un rapido alle 8,00 e alle 9,02. Poi c'è un treno alle 10,00 e alle 11,00 . . .
Signora	Quello dello 10,00 va benissimo. A che ora arriva a Bologna?
Impiegato	Dunque, il treno delle 10,00 . . . arriva a Bologna alle 13,26.
Signora	E da che binario parte?
Impiegato	Mi dispiace signora, non lo so. Deve guardare sulla tabella o chiedere.

il rapido	*high-speed train*
il binario	*platform*
la tabella	*board*

b Trovi le frasi nel dialogo e completi:

Vorrei sapere . . .
Ce n'è uno . . .
A che ora arriva . . .
Mi dispiace . . .
Da che . . .

c Siete a Roma. Usando l'orario, fate altri dialoghi per Chiusi, Orvieto, Firenze o Milano.

8

> Scusi, a che ora è il prossimo treno per Milano?

Studente A: Chieda l'orario e il binario dei seguenti treni da Roma.

- Sono le 13,45. Vuole partire immediatamente per Firenze.
- Deve essere a Bologna per le 18,30.
- Deve arrivare a Milano prima di mezzanotte, questa sera.
- Ha una riunione di affari a Milano domani mattina alle 9,30. Vuole un treno con carrozze letto.
- La sua amica arriva da Napoli alle 13,00 e deve andare a Bologna.

Studente B: pagina 235.

la riunione d'affari	*business meeting*
la carrozza letto	*sleeper*

9 **In biglietteria**

un biglietto di andata	*a single ticket*
un biglietto di andata e ritorno	*a return ticket*

a

Signore	Tre biglietti per Chiusi per favore. Due adulti e un bambino.
Bigliettaio	Solo andata o andata e ritorno?
Signore	Andata e ritorno.
Bigliettaio	Prima o seconda classe?
Signore	Seconda. Ci sono riduzioni per i bambini?
Bigliettaio	Quanti anni ha il bambino?
Signore	Dieci anni.
Bigliettaio	Eh . . . Sì . . . Dunque . . . €11,62 per un adulto, metà prezzo per il bambino. Sono €29,05 in tutto.
Signore	Ecco €30,00.
Bigliettaio	Ecco a lei il resto.
Signore	Scusi, si deve cambiare?
Bigliettaio	No, signore.
Signore	Grazie. Buongiorno.

b

Studente A: Passeggero.
Studente B: Bigliettaio.
Fate un dialogo per ogni biglietto.

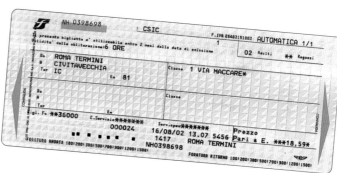

10 🔊 ✏️ **Alla stazione di Grosseto**

Ascolti gli annunci e scriva le informazioni.

Tipo di treno	Provenienza	Destinazione	Binario	Ritardo

in arrivo	*arriving*	il direttissimo	*through train*
in partenza	*leaving*	il rapido	*high-speed train*
il diretto	*stopping train*	il locale	*local train*
l'espresso	*fast train*	l'inter-city	*inter-city train*

11 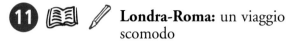 **Londra-Roma:** un viaggio scomodo

a Aggiunga i verbi che mancano. Attenzione: sono tutti al passato. (Vedi Grammatica, pagina 194.)

> essere (stato*)   andare   fermarsi
> rimanere (rimasto*)   lasciare
> arrivare   prendere (preso*)
> partire   durare   viaggiare
> russare   riuscire   trovare
>
> * participio passato irregolare

Il nostro viaggio in Italia quest'anno . . .
. . . . . un disastro. Come sempre . . .
. . . . . . in treno. . . . . in macchina
alla Stazione Vittoria, ma a metà strada
. . . . bloccati nel traffico. Allora
. . . . la macchina e . . . . la
metropolitana. Ma il treno . . . .
fermo in una galleria per più di 15
minuti. . . . . alla Stazione Vittoria,
correndo disperatamente, alle 10,29. Il
treno . . . . alle 10,30! Dopo due ore
. . . . a Dover e . . . . il battello; la
traversata . . . . circa un'ora. A
Boulogne . . . . il treno e dopo circa tre
ore e mezzo, ... a Parigi. Ma il treno
era affollato e . . . . in piedi per tutto il
tempo. A Parigi . . . . due ore e mezzo,
poi . . . . il Palatino, e siamo arrivati a
Roma la mattina dopo alle 9,30. Il
viaggio però non . . . . troppo
comodo. Avevamo le cuccette, ma una
persona . . . . tutta la notte e
nessuno . . . . a dormire. Perciò . . .
. . . . . . a Roma stanchissimi. . . . subito
. . . . un albergo e . . . . a dormire!

fermarsi	to stop, stay
russare	to snore
a metà strada	half way
la galleria	tunnel
la traversata	crossing
affollato/a	crowded
in piedi	standing
ma, però	but
perciò	therefore

b Copi e completi l'itinerario, segnando le ore.

Stazione Vittoria
Dover
Boulogne
Parigi arr.
Parigi part.
Roma

c Quanti mezzi hanno usato in tutto il viaggio?
Quanto tempo si sono fermati a Parigi?
Perché è stato scomodo il viaggio da Parigi a Roma?
Quanto è durata la traversata?
Cosa hanno fatto appena arrivati a Roma?

d Racconti un viaggio che ha fatto di recente.
Per casa. Lo scriva.

A In macchina

12 a  Legga con un compagno.

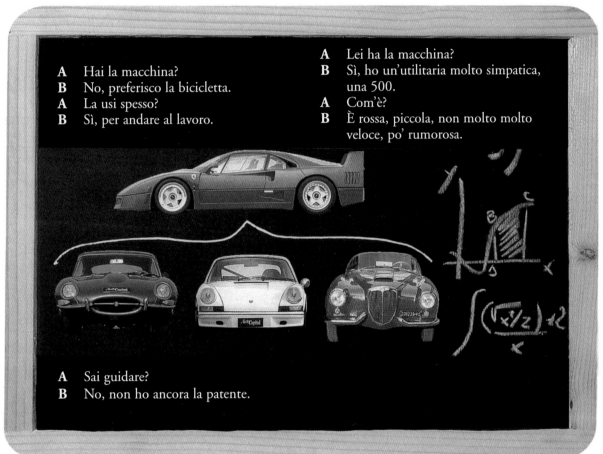

A Hai la macchina?
B No, preferisco la bicicletta.
A La usi spesso?
B Sì, per andare al lavoro.

A Lei ha la macchina?
B Sì, ho un'utilitaria molto simpatica, una 500.
A Com'è?
B È rossa, piccola, non molto molto veloce, po' rumorosa.

A Sai guidare?
B No, non ho ancora la patente.

guidare: portare la macchina
la patente: licenza per guidare
l'utilitaria: macchina piccola molto
            economica

b 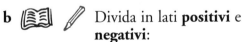 Divida in lati **positivi** e **negativi**:

è comoda   è veloce
in città è più lenta del bus
inquina l'aria   rovina le città
permette di fare tante cose
ti rende indipendente
è asociale   è costosa   è economica
ti fa diventare pigro   è utile

Segni (✓) le frasi con cui è d'accordo.

c Prepari le domande su questi punti per un sondaggio in classe:

- macchina
- tipo e colore
- descrizione

- da quanto tempo
- uso
- opinione

Espressioni utili	
Che ne pensi?	*What do you think (of it)?*
Secondo me . . .	*In my opinion . . .*

13 **Alla stazione di servizio**

a Guardi le figure e completi il dialogo.
Poi ascolti e controlli.

la benzina	*petrol*
le gomme	*tyres*
il pieno	*full tank*
senza piombo	*unleaded*
super	*4-star*
ce l'ha?	*have you got one?*

Automobilista	Buongiorno. €20 di benzina per favore.
Garagista	Senza piombo o super?
Automobilista	. . . .
Garagista	Subito. Altro? . . .
Automobilista	Sì, mi potrebbe controllare . . . . ?
Garagista	Sì, certo. Un attimo.
Automobilista	E anche . . . . per cortesia.
Garagista	Va bene!
Automobilista	E una cartina della zona, ce l'ha?

€10 **di** super
€20 **di** senza piombo
il **pieno** per favore

Senza Piombo

Qui Informazioni

BAR TOLETTE

VIAGGIO LUNGO? FATE IL PIENO!

Controllate l'olio e le gomme!

b Sul modello di 13**a**, fate i dialoghi.

Studente A: Automobilista

Studente B: Garagista

Vuole il pieno (super). Deve controllare l'olio. Ha voglia di un caffè.

Vuole benzina super, €20. Vuole controllare le gomme.

Ha solo €10,00 Vuole benzina senza piombo. Vuole una cartina della zona.

Usa benzina senza piombo. Vuole il pieno. Ha voglia di un cappuccino.

14 In autostrada. Indicazioni stradali

PARCO DI PINOCCHIO E PAESE DEI BALOCCHI
ITALIA – 51014 COLLODI (PT) – TEL. 0572–42.93.42
APERTO TUTTI I GIORNI DELL'ANNO
ORARIO CONTINUATO DALLE ORE 8,30 AL TRAMONTO

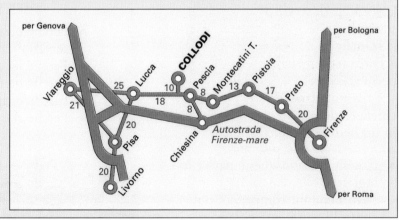

a Tre automobilisti chiedono la strada per Collodi. Guardi la cartina e indovini da quali città vengono.

b Con la stessa cartina, dia le indicazioni per Collodi a altri tre automobilisti che vengono da altre città.

una ventina di . . .	*about 20 . . .*
il bivio	*fork, turn-off*
l'autostrada	*motorway*
il tramonto	*sunset*

Per chiedere la strada: Scusi, per andare a . . .? Scusi, mi sa dire la strada per . . .?

15

Torinese dimentica la moglie in un'area di servizio

Roma – Lunghe code in autostrada, lunghe code alle stazioni di servizio per fare benzina e prendere un caffè. Sono molti gli automobilisti stanchi. E forse è proprio per stanchezza che un automobilista torinese ha semplicemente 'dimenticato' la moglie a una stazione di servizio. Infatti, dopo una breve pausa per fare benzina, l'automobilista è risalito in macchina ed è ripartito con i figli per andare in vacanza – non si è accorto di aver perso un passeggero. Solo dopo una sessantina di chilometri ha notato l'assenza e si è rivolto alla polizia stradale per chiedere aiuto. La polizia in un batter d'occhio ha restituito la signora alla sua famiglia.

a Sottolinei nel testo le espressioni qui sotto:

la coda
dimenticare
la stazione di servizio
stanco/a
la stanchezza
accorto (accorgersi)
perso (perdere)
si è rivolto a (rivolgersi)
chiedere aiuto
in un batter d'occhio

- Che significano queste parole in inglese?
  Lavori con un compagno, poi controlli con il vocabolario a pagina 195.

| **per** + infinito | *(in order) to . . .* |

b Perché? Lo chieda all'automobilista torinese.

- Perché ci sono le code alla stazione di servizio?
- Perché ha dimenticato sua moglie?
- Perché ha fatto una pausa?
- Perché è ripartito?
- Perché si è rivolto alla polizia stradale?

D Che tempo fa?

16 **Fa caldo o fa freddo?**

a Ascolti e scriva la temperatura solo delle città che vede sulla cartina.

b Fatevi le domande:

● Qual è la città più fredda oggi?
Si trova nel nord o nel sud?

● Qual è la città più calda?
Si trova nell'Italia settentrionale (nord), meridionale (sud) o centrale?

● Quanti gradi ci sono a Venezia?

● Fa più caldo a Roma o a Cagliari?

● Fa più freddo a Milano o a Bari?

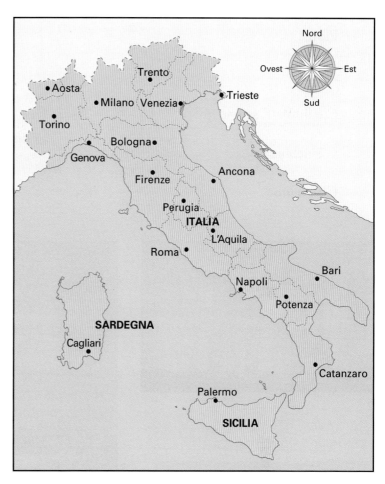

| la città più calda | *the warmest town* | settentrionale | *northern* |
| il paese più freddo | *the coldest country* | meridionale | *southern* |

A Palermo ci sono 25 gradi:
fa caldo.

All'Aquila ci sono 8 gradi:
fa freddo.

Che caldo! Che freddo!

17   **Fa bel tempo, fa brutto tempo**

Per ogni foto, scriva che tempo fa.

Piove

Nevica

C'è il sole/È sereno

C'è nebbia

C'è vento

1

2

3

4

5

18 **Sulle coste del Mediterraneo**

Studi la cartina del Mediterraneo e i simboli del tempo.

a 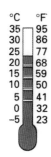 **Studente A:** Lei deve completare il quadro delle località con i simboli del tempo e le temperature. Faccia le domande.   **Studente B:** vada a pagina 235.

es: Com'è il tempo oggi sulla Costa del Sol?
Quanti gradi ci sono?

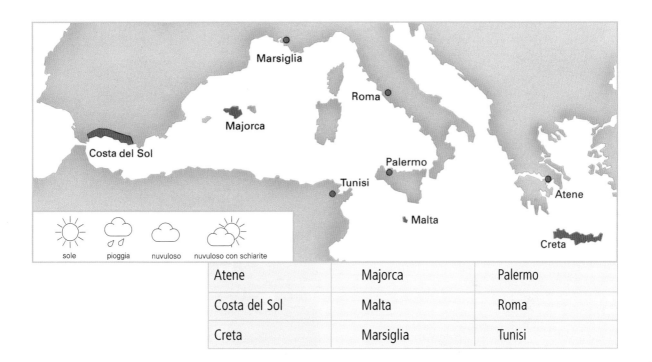

Atene	Majorca	Palermo
Costa del Sol	Malta	Roma
Creta	Marsiglia	Tunisi

b La situazione per i prossimi tre giorni è stabile. Scriva che tempo fa in queste città:

Tunisi
Marsiglia
Roma
Palermo
Palma di Majorca

es: Atene. C'è il sole e fa abbastanza caldo, ci sono 22 gradi.

19 a Da quali località sul Mediterraneo vengono queste due cartoline?

Per casa

Scriva due cartoline ad amici da due diverse località sul Mediterraneo.

Pioggia, pioggia e ancora pioggia. Piove da 3 giorni, fa piuttosto freddo e abbiamo tutti il mal di gola.

Che vacanza! Non vedo l'ora di tornare in Italia.

Ciao
Giulio

Quest'isola è un paradiso! Mare pulito, colori brillanti; caldo (ma non troppo) e soprattutto sole, sole, sole. Oggi abbiamo fatto il bagno qui e vi abbiamo pensato.
Domani si parte.

Pina e Mimmo.

20 **Che tempo farà**

a Ascolti le previsioni per il weekend e decida: la cartina del tempo è per sabato o per domenica?

Avete notato?

Il futuro:

ci **sarà** sole   *(singolare)*
ci **saranno** schiarite   *(plurale)*

farà caldo
il tempo **cambierà**

sarà	farà	cambierà
saranno	faranno	cambieranno
(essere)	(fare)	(cambiare)

Per il futuro vedi pag. 251.

WEEKEND   CHE TEMPO FARÀ

MARI   calmo   mosso   agitato

 cielo molto nuvoloso   cielo nuvoloso con schiarite

 nebbia   sole   pioggia   neve

b Riascolti e completi: **sì** o **no**?

	Nuvoloso	Pioggia	Sereno/Sole	Schiarite	Nebbia	Neve
Sabato						
Domenica						

21 **Per casa**

Che tempo farà al weekend?

Scriva le sue previsioni sul modello del giornale romano.

Alla prossima lezione, confronti con i compagni.

Bello ancora per molti giorni sull'Italia, ma ci saranno temporali nel pomeriggio e nella notte sulle Alpi. Venerdì e sabato piogge e temporali scenderanno anche in pianura, su Piemonte, Lombardia e Veneto. Tuttavia, farà ancora caldo: tra oggi e domenica vedremo temperature massime di oltre 34 gradi su quasi il 50% delle città.

Giorni da grande caldo

ROMA URBE
Massima 33
Minima 17

ROMA FIUMICINO
29
19

Grammatica

1 Pronome relativo **che** *(that, which, who, whom)*

la persona **che** viaggia	*the person who is travelling*
i passeggeri **che** aspettiamo	*the passengers whom we are waiting for*
il carrello **che** porta le valige	*the trolley that carries the suitcases*
il bagaglio **che** porto	*the luggage (that) I'm carrying*

2 **per** . . . *(in order to . . .)*

per + infinito
per chiedere aiuto   *to ask for help*

3 Il futuro

sar**à**	far**à**	cambier**à**	*(3rd sing.)*
sar**anno**	far**anno**	cambier**anno**	*(3rd plu.)*

ci sarà   *there will be (singular)*
ci saranno   *there will be (plural)*

4 Il passato prossimo con **essere** o **avere**

(Veda pagina 145 no. 1)

Verbi con **avere:**	Verbi con **essere:**
	andare
lasciare	arrivare
prendere (*preso)	durare
russare	essere (*stato/a)
trovare	fermarsi
viaggiare	partire
	rimanere (*rimasto/a)
	riuscire

*participio passato irregolare

Esempi: Abbiamo preso l'aereo.
         Il viaggio è durato due ore.

Vocabolario

All'aeroporto	At the airport
l'autonoleggio	car rental
la borsa da viaggio	travel bag
il carrello	trolley
il controllo di sicurezza	security check
la dogana	customs
l'imbarco	boarding
il ritiro bagagli	baggage claim
l'uscita	gate
la valigia	suitcase
il volo	flight
a bordo	on board
consegnare	to check in (luggage)
ritirare	to collect, pick up

Alla stazione	At the station
un biglietto di andata/ di andata e ritorno	single/return ticket
il binario	platform
l'orario	timetable
la riduzione	reduction
cambiare	to change
durare	to last
fermarsi	to stop
partire	to leave
riuscire a	to manage to
russare	to snore
viaggiare	to travel

La macchina	The car
l'automobilista (m or f)	motorist
la benzina	petrol
la gomma	tyre
la patente	driving licence
l'utilitaria	economy car
comodo/a	comfortable, convenient
economico/a	cheap
normale	2-star
rumoroso/a	noisy
senza piombo	unleaded
super	4-star
utile	useful
chiedere la strada	to ask the way
diventare/pigro a	to become lazy
fare benzina	to get petrol
fare il pieno	to fill the tank

guidare	to drive
inquinare	to pollute
rovinare	to ruin

Articolo: Torinese dimentica	Article: Man from Turin forgets
accorgersi (accorto)	to realise
l'area/la stazione di servizio	service area
dimenticare	to forget
(fare) la coda	(to) queue
in un batter d'occhio	in a split second
perdere (perso)	to lose
rivolgersi (rivolto) a	to turn to
la stanchezza	tiredness
stanco/a	tired

Il tempo	The weather
fa bel tempo	the weather is fine
fa brutto tempo	the weather is bad
fa caldo	it's hot
fa freddo	it's cold
nevica	it's snowing
minimo/a	lowest
nuvoloso/a	cloudy
previsto/a	expected, forecast
meridionale	southern
occidentale	western
orientale	eastern
settentrionale	northern
la nebbia	fog, mist
la pioggia	rain
le previsioni	forecast
la temperatura	temperature
il temporale	storm
la schiarita	sunny spell
il vento	wind

Espressioni utili

Useful expressions

cambierà	*it will change*
che ne pensi?	*what do you think (about it)?*
che caldo (fa)!	*it's so hot!*
che tempo fa?	*what's the weather like?*
che tempo farà?	*what will the weather be like?*
è in orario	*it's on time*
è in ritardo di dieci minuti	*it's ten minutes late*
a causa di	*because of*
invece di/che	*instead of*

è sereno	*it's clear/it's sunny*
il sole splende	*the sun is shining*
mare mosso	*choppy sea*
muoversi	*getting around*
secondo me	*in my opinion*
ma	*but*
perciò	*therefore, and so*
però	*however*
non . . . ancora	*not . . . yet*

in vacanza

Talking about holidays (present, past and future)
Contradicting and denying
Choosing a holiday
Describing situations in the past
Making plans for the future

- Dove le piacerebbe andare in vacanza? Al mare, ai laghi, in montagna o in campagna?

- Dica perché.
  Esempio: Perché c'è sempre il sole, è un posto tranquillo.

scenario stupendo	pace	allegria
gente simpatica	posto tranquillo	
molto sport	posto pieno di vita	
molto verde	sempre il sole	
natura ancora intatta		
molti club e discoteche	cibo buono	

le piacerebbe . . . ?
would you like . . . ?

- Chieda agli altri.

A Che cosa c'è da fare?

1 In vacanza si fanno molte
cose.
es: Si pesca . . . Si nuota.
(Scriva una frase per ogni foto. Attenzione: ci
sono tre attività in più)

1 pescare
2 nuotare/fare il bagno
3 fare windsurf o vela
4 andare a ballare
5 andare a cavallo
6 leggere
7 andare in bicicletta
8 prendere il sole/abbronzarsi
9 mangiare cose nuove
10 fare passeggiate
11 visitare musei

A

B

C

D

E

F

G

H

2 📼 Armando racconta che cosa fa **di solito** in vacanza. Ascolti.

un po di . . .	*a bit of*
la spiaggia	*the beach*
la lettura	*reading*
uno spuntino	*a snack*
molto da fare	*a lot to do*

• ✏️ A che ora si alza Armando?
Cosa beve la mattina? Cosa fa la sera?
Quali sono le sue attività preferite?

• 👥 E lei che cosa fa di solito in vacanza?
Chieda agli altri.

3 a 📼 ✏️ Flavia racconta che cosa ha fatto **questa estate** in vacanza. Ascolti e completi la scheda.

Dove . . . .
Quando . . . .
Per quanto tempo . . . .
Con chi . . . .
Attività . . . .
Aspetti positivi . . . .

Avete notato?

delle traduzioni **da** fare
(translations to do)
dei libri **da** leggere
(books to read)
delle cose **da** ricercare
(things to research)
delle cose **da** fare
(things to do)

da + infinito: vedi pag. 209.

Riascolti e scriva tre differenze fra la vacanza di Armando e quella di Flavia. Usi **mentre** e **invece**.

es: Armando è andato al mare mentre Flavia è andata a Londra.

b 👥 ✏️ E lei che vacanza ha fatto quest'anno? Copi la scheda e scriva le domande da fare a un altro studente.

Per raccontare al passato:

l'anno		
il mese		
l'estate	} scorso/a	*last*
la settimana		

Per indicare differenze:

mentre	*while*
invece	*instead, on the other hand*

B Scegliere una vacanza

4 All'Agenzia Mediterraneo

Pensate a un viaggio che vi piacerebbe fare in Italia. Decidete

dove
quando
con chi
per quanto tempo
l'alloggio (albergo, pensione, casa in affitto).

Studente A: Vada all'agenzia con i suoi appunti.
Studente B: pagina 236. Lei lavora all'Agenzia. Cominci lei.

Scambiatevi i ruoli.

5 In crociera

a Guardi il depliant nella pagina accanto. Ascolti la pubblicità e decida se si riferisce a Crociera 1 o a Crociera 2.

Riascolti e scriva 3 vantaggi delle Crociere Primavera.
es: cabine confortevoli

b

Studente A: Crociera 1.
Studente B: Crociera 2.

Studiate le rotte *(routes)* e le escursioni offerte dalle due crociere e fatevi le domande:

- Da dove si parte?
- Quanti giorni dura la crociera?
- Quando si arriva a . . . . ?
- Quanto tempo si passa a . . . . ?
- Che giorno della settimana si arriva a . . . .?
- Cosa si fa a . . . . ?

c Leggete *Tutto Compreso* (Studente A p. 201, Studente B p. 237) e spiegate che cos' altro offre di bello la vostra crociera. Insieme decidete qual'è la crociera migliore.

Per spiegare

Prima di tutto . . .
E poi . . .

Non solo. . . . . . ma anche. . .
Per di più . . .

Inoltre . . .

1

SPAGNA MAJORCA TUNISIA SICILIA CAPRI

7 giorni

Giorno	Visita	Arr.	Par.
Sabato	GENOVA	9,00	16,30
Domenica	BARCELLONA	15,30	22,00
Lunedì	PALMA DI MAJORCA	07,00	13,00
Martedì	TUNISI (Cartagine)	14,30	19,00
Mercoledì	MALTA	10,30	24,00
Giovedì	CATANIA (Taormina)	8,00	17,00
Venerdì	CAPRI o NAPOLI	7,00	12,30
Sabato	GENOVA	9,00	–

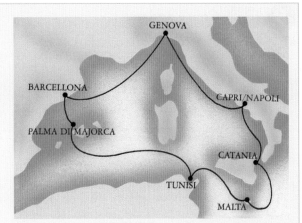

Crociera 1 – Escursioni
Barcellona: visita della città
Palma di Majorca: città e Grotte del Drago
Tunisi: Rovine di Cartagine e Casbah
Malta: Itinerario preistorico
Napoli: Visita a Pompei (mezza giornata)

2

CORSICA CAPRI NAPOLI
3 giorni

Giorno	Visita	Arr.	Par.
Lunedì	GENOVA	11,00	16,30
Martedì	AJACCIO (Corsica)	7,00	12,00
Mercoledì	CAPRI/NAPOLI	7,00	12,30
Giovedì	GENOVA	9,00	–

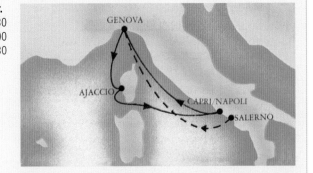

Crociera 2 – Escursioni
Ajaccio: visita della città e Golfo
Capri: giro dell'isola e Grotta Azzurra
Napoli: visita della città (mattinata)
visita guidata a Pompei

TUTTO COMPRESO!
Crociera 1

- Prima colazione
- Pranzo con menù alla carta •
- Tè pomeridiano con pasticcini
- Vino in caraffa durante i pasti
- Cocktail di benvenuto del comandante
- Due pranzi di gala durante la crociera
- Spettacolo tutte le sere

6 Com'è andata?

a Nella lettera, trovi i contrari.

Carissima Anna Maria,
siamo partiti sabato da Genova e la crociera
va benissimo. Il tempo è una meraviglia e
ci sono sempre mille cose da fare. Io infatti
mi sto divertendo un mondo. Mio marito
invece non si diverte per niente! Io voglio
fare tutto, lui non vuole fare niente. Io parlo
con tutti, lui non parla con nessuno. Io vado
dappertutto - lui non va da nessuna parte.
Io esco sempre la sera, lui non esce mai,
resta in cabina. Pensa, a Cartagine tutti sono
scesi a vedere le rovine e lui è rimasto a
bordo! Insomma, che noia! La prossima
volta vengo da sola. Anzi, vieni tu con me.
Intanto scrivimi e raccontami com'è andata la
vostra crociera. Noi domani siamo di nuovo a
Genova.
            Ciao a presto!
            Claudia

es: tutto . . . niente

tutti   . . .
dappertutto   . . .
sempre   . . .
un mondo   . . .

b Povera Claudia, suo marito è così noioso! Completi le frasi.

Per tutta la crociera non ha voluto . . .
Non ha parlato . . .
Non è . . .
Non è . . .
Insomma, non si è . . .
mentre Claudia si è . . .

Avete notato?

In una frase negativa ci sono in genere due negazioni:

non vuole fare **niente**   (*nothing*)
non parla con **nessuno**   (*no one*)
non va **da nessuna parte**   (*nowhere*)

Vedi pag. 209.

---

7 La gelosia

Risponda negando tutto. *(Deny everything.)*

A Ieri sei andata al cinema, vero?
B *Non è vero! Non sono andata da nessuna parte.*
A Ma non mi hai detto un minuto fa che hai visto 'Il Gattopardo'?
B . . . .
A Ti ho visto con Mario al bar alle 5.
B . . . .
A E gli hai dato anche un bacio.
B . . . .
A Sei una bugiarda! Non dici mai la verità.
B . . . .

8 Lei è Anna Maria. La sua crociera è finita. Risponda alla lettera di Claudia raccontando com'è andata. Dia tre esempi di quello che lei e suo marito avete fatto: lei è molto pigra e suo marito molto dinamico.

C Al campeggio

9

CAMPEGGIO
COSTA D'ARGENTO
Nel cuore della maremma toscana.
A 1km dal mare. Aperto tutto l'anno.

Nel campeggio
- tende
- roulotte
- camper
- bungalows

I servizi igienici
- docce con acqua calda
- lavabi per stoviglie e biancheria

Per bambini
- piscina
- giochi elettronici
- equitazione
- ping pong
- lezioni di tennis

La sera
- discoteca
- proiezione film
- sala tv
- servizio babysitter fino alle 24,30

Per mangiare
- Bar/Caffè (dalle 6,00 alle 24,00)
- Pizzeria (dalle 11,00 alle 24,00)
- Supermercato (dalle 9,30 alle 13,00)
  (dalle 16,00 alle 20,00)

Prezzi
- tenda   €7,23
- roulotte   €10,33
- a persona   €7,49
- bambini: fino a 6 anni gratis

Lo sport
- tennis
- bocce
- escursioni a cavallo
- piscina
- ping pong

10 📖 **Una vacanza sotto la tenda**

Signora Marini Barbara 5 anni	Luciano e Anna Maria Rossi	Marisa e Guido Giusti Pina 4 anni/Marco 10 anni
1 settimana 1–7 lugilo	3 settimane dal I° agosto	1 mese agosto
tenda per due	roulotte	tenda per 4
ristorante	negozio ristorante (la sera)	negozio ristorante (a pranzo)
piscina (bambini) lezioni tennis (bambini)	piscina tennis escursioni a cavallo	piscina (bambini) tennis (bambini) ping pong (bambini)
discoteca babysitter	discoteca	discoteca film babysitter

📖 ✏️ Usando le informazioni sul campeggio a pagina 203 e sulla signora Marini, completi il dialogo.

Direttore   Buongiorno. Dica signora.
Signora Marini   Buongiorno. Vorrei una tenda . . . . , per favore.
Direttore   Per quanti giorni?
Signora   . . . . . . C'è un ristorante nel campeggio?
Direttore   No, signora, mi dispiace. C'è un bar sempre aperto e c'è una pizzeria aperta . . . .
Signora   C'è un negozio, un mercato?
Direttore   C'è un piccolo . . . . aperto . . . .

Signora   E per i bambini cosa c'è?
Direttore   . . . .
Signora   Ah bene. Per gli adulti la sera c'è qualche attività?
Direttore   Sì, ...
Signora   C'è un servizio di babysitter?
Direttore   Sì, ...
Signora   Quanto viene la tenda? E a persona?
Direttore   . . . .
Signora   I bambini hanno riduzioni?
Direttore   . . . .

Per casa

Scriva i dialoghi per Luciano e Anna Maria e per la famiglia Giusti.

11   **La vacanza di Laura**
Ascolti e legga.

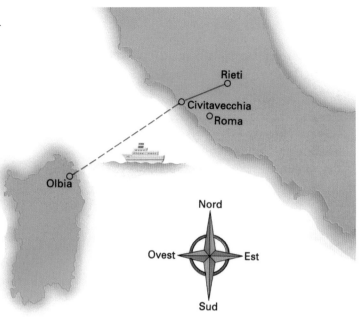

Giuliana	Mi puoi descrivere questa lunga vacanza . . . , dove sei andata, con chi, come . . . ?
Laura	Siamo andate in Sardegna, eravamo sei ragazze, io e altre cinque amiche, e sette ragazzi, tutti amici. Siamo partiti insieme da Rieti; abbiamo preso il treno fino a Civitavecchia e poi il traghetto. Siamo arrivati a Olbia e siamo andati in campeggio. Abbiamo piantato le tende e siamo rimasti una quindicina di giorni.
Giuliana	Il posto com'era?
Laura	Il posto era bello, come mare era molto bello . . .
Giuliana	E il campeggio?
Laura	Il campeggio era abbastanza carino . . . era proprio sul mare, quindi era comodo.
Giuliana	C'erano tutti i servizi, cioè i negozi di alimentari . . . ?

Laura	No, quello no, anche perché il campeggio stava a 1km dal paese, quindi . . . e potevamo andare direttamente a comprare.
Giuliana	Ma che c'era in questo campeggio di utile?
Laura	C'era il ristorante . . .
Giuliana	Una piscina?
Laura	Be' no, perché appunto c'era il mare proprio . . . e poi ovviamente le docce, i bagni per lavare . . . le stovigile.
Giuliana	Ma il tempo com'era? Era caldo?
Laura	Sì, era caldo, però tirava abbastanza vento, quindi si stava bene anche in spiaggia, perché era ventilato.

una quindicina	*about 15*
il paese	*village*
ventilato	*breezy*

Avete notato?

Per descrivere al passato si usa
l'imperfetto.

era bello	*it was beautiful*
c'erano	*there were*
stava a 1km da	*it was 1km from*
potevamo andare	*we could go*
tirava vento	*it was windy*

a  Completi.

Cosa hanno fatto?

. . . . in Sardegna.
. . . . da Rieti.
. . . . prima il treno, poi il traghetto.
. . . . a Olbia.
. . . . in campeggio.
. . . . circa 15 giorni.

Com'era?

Il posto . . . . . bello.
Il mare . . . . . bello.
Il campeggio . . . . . carino.
           . . . . . sul mare.
           . . . . . comodo.
           . . . . . a 1km dal paese.
Il tempo com' . . . . . ?
      . . . . . caldo.
      . . . . . ventilato.

b Scriva le domande sulla vacanza
di Laura e le faccia a un
compagno.

Esempi: Dove sono andati?
         Sono andati in Sardegna.
         Com'era il posto?
         Il posto era bello.

12 Per casa

Descriva questa vacanza in una lettera.

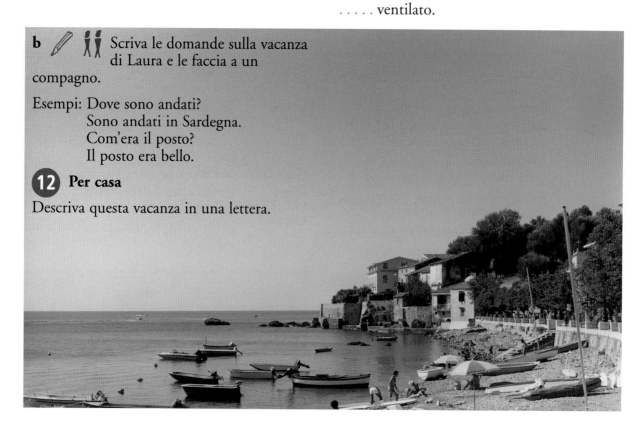

D Che farà l'estate prossima?

13

Avete notato?

andrò	*I shall go*
andremo	*we shall go*
tornerò	*I shall go back*
mi spingerò (fino) a	*I shall go as far as*
sarà	*it will be*

- Con chi farà il viaggio Emilia?
- Quanti giorni starà in Inghilterra?
- Perché andrà a Edimburgo?
- Dove andrà al mare?

Giuliana L'anno prossimo che programma ha per le vacanze?

Emilia Penso che prima andrò, anzi tornerò in Inghilterra con mia figlia e starò una diecina di giorni. Da Londra mi spingerò penso a Edimburgo, se sarà possibile, in Scozia, perché la parte meridionale dell'Inghilterra la conosco bene, quindi andremo penso verso il nord, verso la Scozia.

Giuliana E poi il mare . . .

Emilia Poi al mare penso che andremo in Spagna, facendo una visita prima ad alcune città, Granada, Toledo . . . e poi fermandoci sulla costa meridionale.
Penso che sarà una vacanza piuttosto divertente, piacevole e un po' diversa.

14 'L'anno scorso sono andata al sud, l'anno prossimo andrò al nord.'

Continui con:

campeggio	– albergo
Grecia	– Spagna
treno	– aereo
da sola	– amici

15 Finisca le frasi con l'espressione giusta.

> quindi = perciò = *therefore*

Quest'anno vogliamo vedere un paese nuovo,   quindi andremo in montagna.
Quest'anno vogliamo riposarci,   quindi andremo al mare.
Quest'anno vogliamo prendere tanto sole,   quindi andremo in campagna.
Quest'anno vogliamo fare lunghe passeggiate,   quindi andremo in Spagna.

Per dire cosa si farà nel futuro:

	arriv**are**	prend**ere**	part**ire**
(io)	arriv**erò**	prend**erò**	part**irò**
(noi)	arriv**eremo**	prend**eremo**	part**iremo**

ma   andare: andrò, andremo (irregolare). Per il futuro vedi grammatica p. 209.

Continui a fare programmi per il futuro in prima persona.

16 **Per casa.** Cosa farà lei questa estate?

| Questa estate farò | una vacanza
un giro   di
un viaggio | qualche giorno
due settimane
dieci giorni
un mese | in Italia.
al mare.
in montagna.
in campagna. |

| Partirò | il 15 luglio
fra un mese   e andrò
fra due settimane
i primi di agosto | in treno.
in aereo.
in macchina. |

| Mi fermerò | due giorni
qualche giorno   a
un giorno | Parigi
Roma   e starò
ecc. | in una pensione.
in un albergo.
a casa di amici.
in un campeggio. |

| Poi andrò | nel sud
in Toscana   dove
sulla costa
al mare
in campagna | prenderò il sole.
mi riposerò.   Tornerò
studierò.
incontrerò amici. | a metà settembre.
alla fine di luglio.
ai primi di . . . |

Grammatica

1 da + infinito:

qualcosa da leggere	*something to read*
lettere da scrivere	*letters to write/to be written*
molto da dire	*a lot to say*

2 Frasi negative

Attenzione: ci sono due negazioni.

non capisco **niente**	*(nothing)*
non ho visto **nessuno**	*(nobody, no one)*
non sta da **nessuna** parte	*(nowhere)*

Nessuno è anche aggettivo.

3 Il futuro

arriv**are**	prend**ere**	part**ire**
arriv**erò**	prend**erò**	part**irò**
arriv**erai**	prend**erai**	part**irai**
arriv**erà**	prend**erà**	part**irà**
arriv**eremo**	prend**eremo**	part**iremo**
arriv**erete**	prend**erete**	part**irete**
arriv**eranno**	prend**eranno**	part**iranno**

essere (irregolare)	**andare** (irregolare)
sarò	andrò
sarai	andrai
sarà	andrà
saremo	andremo
sarete	andrete
saranno	andranno

4 L'imperfetto

Si usa per descrivere al passato.

visit**are**	pot**ere**	fin**ire**
visit**avo**	pot**evo**	fin**ivo**
visit**avi**	pot**evi**	fin**ivi**
visit**ava**	pot**eva**	fin**iva**
visit**avamo**	pot**evamo**	fin**ivamo**
visit**avate**	pot**evate**	fin**ivate**
visit**avano**	pot**evano**	fin**ivano**

essere (irregolare)

er**o**		
er**i**		
er**a**	c'era	*(there was)*
er**avamo**	c'erano	*(there were)*
er**avate**		
er**ano**		

Vocabolario

Le vacanze — *Holidays*

la crociera	*cruise*
il pacchetto-vacanze	*package holiday*
la spiaggia	*beach*
soleggiato/a	*sunny*
ventilato/a	*breezy*
andare/essere in vacanza	*to go/be on holiday*
prenotare	*to book*
spingersi fino a	*to go as far as*
ai laghi	*to/at the lakes*
al mare	*to/at the seaside*
in campagna	*to/in the countryside*
in montagna	*to/in the mountains*
abbronzarsi	*to get tanned*
andare a ballare	*to go dancing*
andare a cavallo	*to go riding*
fare il bagno (al mare)	*to go for a swim (in the sea)*
pescare	*to fish*
prendere il sole	*to sunbathe*
le bocce	*bowls*
l'equitazione	*horse-riding*
i giochi	*games*

Avverbi — *Adverbs*

dappertutto	*everywhere*
di solito	*usually*
invece	*instead*

Al campeggio — *At the campsite*

la biancheria	*linen*
il lavabo	*washbasin*
la roulotte	*caravan*
i servizi	*facilities*
le stoviglie	*dishes*
la tenda	*tent*
il traghetto	*ferry, boat*

Espressioni utili — *Useful expressions*

com'è andata?	*how did it go?*
mentre	*while*
quindi	*therefore*
sei un/una bugiardo/a	*you're a liar*
tutto compreso	*everything included*
una quindicina (di)	*about fifteen*
l'anno scorso	*last year*
l'estate prossima	*next summer*

r i p a s s o 2

Attenzione. Le istruzioni in questo
capitolo sono date con il **tu**.

● Ecco lo cose che abbiamo
imparato nelle lezioni 8–13.
Per ogni azione a sinistra,
trova un esempio a destra.

A	Comprare vestiti	1	Prendo la taglia 46.
B	Fare le ordinazioni al ristorante	2	31 euro al giorno inclusa la benzina.
C	Proporre un'attività	3	Sabato siamo andati in campagna.
D	Parlare di quello che si è fatto in passato	4	Domani il cielo sarà coperto.
E	Parlare del tempo e fare le previsioni	5	Secondo me è un bel film.
F	Fare programmi per il futuro	6	A giugno andrò in Sicilia.
G	Dare istruzioni (tu e lei)	7	Per me cotolette e patatine.
H	Spiegare che cosa fa male	8	Alza le braccia sopra la testa.
I	Dare consigli	9	Prenda queste aspirine.
J	Fare paragoni	10	Ho un brutto mal di testa.
K	Comprare biglietti di andata e ritorno	11	Il tennis è più faticoso dello sci.
L	Capire informazioni di viaggio	12	Vorrei due biglietti di andata e ritorno.
M	Fissare un appuntamento	13	L'aereo delle 9,05 è in orario.
N	Spiegare cosa si sta facendo	14	Allora ci vediamo all'Uscita 8.
O	Scegliere e prenotare una vacanza	15	Sta telefonando.
P	Esprimere un giudizio	16	Andiamo al cinema.

● A turno, trovate una domanda
per ogni esempio (1–16):
es: Che taglia prende?
Prendo la taglia 46.

A Giochi di parole

1  **Con che fa rima?**
(What does it rhyme with?)

- Sta sopra il collo e le spalle e fa rima con festa.
- È bianca, viene d'inverno e fa rima con beve.
- Ci arrivano i treni e fa rima con nazione.
- Chiude la stanza e fa rima con torta.
- È l'amico dell'uomo e fa rima con pane.

Ora controlla con la cassetta.

2 ✏ **Fai le coppie**

Esempio: forchetta e coltello

partire		vendere
gonna		tornare
estate	e	inverno
forchetta		camicetta
comprare		coltello

Buon Natale e Buon Anno

Buon Natale		buon riposo
buon viaggio		buon appetito
buona notte	e	buon divertimento
buon pranzo		Buon Anno
buona serata		buone vacanze

3  **Di che sono fatti?**

Metti gli oggetti al plurale nella categoria giusta.

> matita *(pencil)*   coltello   armadio
> finestra   bicchiere   sedia
> pentola *(pan)*   specchio *(mirror)*
> fiammiferi *(matches)*   macchina
> vasetto   bicicletta   orecchini
> occhiali   albero

Sono fatti di legno: *i fiammiferi*

Sono fatti di metallo:

Sono fatti di vetro:

B Leggere

4 a **Di che parlano gli articoli?**
Prima di leggere, guarda i titoli (*headlines*).

b Leggi velocemente e decidi quale articolo non ha a che fare con gli altri *(which is the odd one out)*.

c Hai tre minuti per trovare il titolo di ogni articolo.

A

SALVATA UNA TARTARUGA MARINA FINITA IN LAGUNA

Il Gazzettino, 5 agosto

C

GOLOSI SACCHEGGIANO UNA PASTICCERIA

Il Messaggero, 17 agosto

B

HANNO RAPITO IL PITONE GIOVANNI!

Oggi, 12 settembre

D

TRENO BLOCCATO DA UN FAGIANO

La Repubblica, 6 settembre

la tartaruga marina	*turtle*
il pitone	*python*
il/la goloso/a	*glutton*
il fagiano	*pheasant*

1 **San Giovanni Valdarno.** Un fagiano ha fatto fermare il diretto numero 3311 Firenze–Roma rompendo il parabrezza e ferendo il macchinista. È successo ieri mattina vicino a San Giovanni. Il macchinista, Nicola Verde, di 29 anni, residente a Prato, è rimasto ferito alla testa e ha dovuto fermare il treno alla prima stazione, dove è stato cambiato il locomotore. L'uomo è stato medicato all'ospedale dove è stato dichiarato guaribile in pochi giorni.

fermare	*to stop*
il parabrezza	*windscreen*
rompere	*to break*
ferire	*to wound*
il macchinista	*driver*
ferito	*wounded*
il locomotore	*locomotive*
guaribile	*curable*

2

VENEZIA. Insolita scoperta in un canale. Mentre navigava nella laguna domenica mattina, un pescatore ha notato che una tartaruga di grandi dimensioni era impigliata tra le alghe e stava morendo. Senza perdere un attimo di tempo, l'uomo ha liberato l'animale, l'ha caricato a bordo e l'ha consegnato alla Capitaneria di porto. La tartaruga è stata curata e in serata stava già meglio.

il pescatore	*fisherman*
impigliato/a	*trapped, entangled*
liberare	*to free*
meglio	*better*

3

RIETI. Per fare una scorpacciata di dolci e gelati cinque ragazzi hanno saccheggiato ieri notte una pasticceria a Poggio Mirteto, in provincia di Rieti, a un centinaio di metri dalla caserma dei carabinieri: i carabinieri di guardia, vedendo il negozio aperto di notte, sono andati a dare un'occhiata e hanno sorpreso la banda dei golosi mentre portava via due scatole di paste e di torte gelate.

avere paura	*to be afraid*
fare paura a qualcuno	*to scare someone*
fare male a qualcuno	*to hurt someone*

4

Chissà dov'è Giovanni? È sparito all'improvviso da casa sua la settimana scorsa. L'hanno chiamato, l'hanno cercato dappertutto, hanno anche chiamato la polizia, ma senza risultato. Forse l'hanno rapito. Giovanni è un pitone di due metri e più, può fare paura ma è buonissimo. «Da quando l'ho portato a casa tre anni fa – dice Basilio Gaspari, padre di due bambine di sei e dodici anni – ha sempre girato libero per casa e non è mai uscito dal giardino. Passava il tempo sul balcone a prendere il sole e a giocare con le bambine. Non ha mai fatto male a nessuno.»

fare una scorpacciata di	*to stuff oneself with*
saccheggiare	*to rob/to loot*
i carabinieri	*police*
dare un'occhiata	*to have a look*

d Com'è andata a finire?
Scegli la conclusione di ogni storiella.

C

I circa 150 passeggeri sono stati fatti salire su un altro treno diretto a Roma.

A

Dopo 24 ore di riposo, sarà rimessa in libertà in alto mare.

B

È stato trovato addormentato sul sedile posteriore della macchina del padrone.

D

Li hanno arrestati ma li hanno rimessi in libertà subito dopo: uno di loro era il figlio del padrone.

Per casa

Scrivi una storiella di animali che conosci e preparati a raccontarla in classe.

5 La strana vacanza di D. H. Lawrence a Picinisco

a Legga.

D. H. Lawrence è nato l'11 settembre 1885 a Eastwood, Nottingham. Ha viaggiato a lungo in Italia, Messico e America. È morto nel 1930. È diventato famoso per lo scandalo seguito alla pubblicazione del romanzo *L'amante di Lady Chatterley* (1928).

Gli ultimi tre capitoli di un romanzo del grande scrittore inglese *(The Lost Girl, La Ragazza Perduta)* sono ambientati in questo paese che si chiama in realtà Picinisco e dove Lawrence ha soggiornato nel 1919.

Picinisco si trova ai margini del Parco Nazionale d'Abruzzo, immerso in una natura ancora incontaminata proprio come ai tempi di Lawrence. Ancora oggi qui si possono fare interessanti passeggiate e escursioni sulle montagne.

Il villino di Orazio Cervi dove Lawrence è rimasto per circa due settimane è in piena campagna, a un paio di chilometri dal paese. Lawrence aveva conosciuto Orazio Cervi in Inghilterra, in casa di uno scultore dove Orazio faceva il modello: infatti a quei tempi quasi tutti i modelli che lavoravano a Londra venivano da quella zona, la Ciociaria.

b Chi era Orazio Cervi?

- Come mai Lawrence lo conosceva?
- Dove si trova Picinisco?
- In che anno ci è andato?
- In quali altri paesi è stato?

c **Lawrence scrive così a un'amica:**

16 dicembre 1919

Cara Rosalind,
il clima di Roma è così brutto che siamo venuti quassù. Sono posti straordinariamente primitivi. Per arrivare si deve attraversare il letto di un grande fiume . . .

La casa è composta al pianterreno da una cucina . . . al piano di sopra ci sono tre stanze da letto e un pavimento nudo. C'è solo un cucchiaino, un piattino, due tazze, un piatto, due bicchieri e tutte le pentole di terracotta. Ogni cosa dev'essere cucinata sul fuoco di legna nel camino. I polli girano per casa . . . il paese dista due miglia e non c'è strada. Il mercato si trova a Atina, che dista cinque miglia: è davvero meraviglioso, pieno di costumi e di colori, e si può fare una buona spesa. Ci siamo andati ieri. In casa c'è sempre il latte, la carne e il vino si trovano facilmente e il pane lo devi fare . . .

Il sole splende caldo e piacevole ma le notti sono fredde e le montagne intorno sono coperte di neve, bellissime. Ma se il tempo diventerà brutto, dovremo andarcene. In questo momento un'emozione incredibile: ci sono le zampogne sotto la finestra e si sente un canto selvaggio, una specie di ballata, del tutto incomprensibile: una serenata di Natale. Ci sarà ogni giorno adesso, fino a Natale.

. . . Frieda ti saluta con affetto.

quassù	up here
il fuoco di legna	open fire
le zampogne	bagpipes

d **Cosa direbbe Lawrence?**
(What would Lawrence say?)
Scegli.

Che bel posto!
Che bella giornata!
Che cucina comoda!
Che freddo!
Che traffico caotico!
Che bei pomodori!
Che mare incantevole!
Che gente elegante!
Che musica straordinaria!

e Forma le frasi giuste.

Per arrivare a Picinisco
Per andare al mercato
Per mangiare pane
Per andare al paese
Per dormire
    si va al piano di sopra.
    si fanno cinque miglia.
    si cammina per due miglia.
    si deve farlo in casa.
    si attraversa il fiume.

f **Una telefonata immaginaria**
Rileggete la lettera di Lawrence.

Studente A: Sei un amico italiano dei Lawrence. Vuoi andare a trovarli sabato o domenica. Telefona e informati su: salute, tempo, attività a Picinisco, programmi per il weekend.

Studente B: Immagina di essere Frieda o D.H. Lawrence. Rispondi al telefono e fissa con l'amico il giorno della visita.

g Sei ospite *(guest)* dei Lawrence a Picinisco per qualche giorno prima di Natale. Scrivi una lettera a casa, parlando

1 del paesaggio
2 di una visita al mercato
3 della musica di Natale.

C Discutere

6 **Chi si salverà?**
(Gruppi di quattro)

1 Una bottiglia di whisky

2 Trenta pacchetti di caramel…

LA SITUAZIONE

Il vostro aereo è caduto nella foresta Amazzonica. Volete raggiungere un centro abitato. La vostra salvezza dipende da quali di questi oggetti sceglierete di portare con voi.

3 Tre pezzi di specchio

4 Quattro scatole di

5 Due scatole di fiammiferi

8 Due paracaduti

6 Trenta razioni di cibo per bambini

7 Trenta metri di corda di nylon

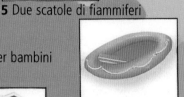

13 Un salvagente automat…

9 Un sedile

11 Un pugnale tipo Rambo

12 Una mappa stellare

15 Venti litri d'acqua

10 Dieci buste di latte a lunga conservazione

17 Cassetta per il pronto soccorso

INFORMAZIONI

Clima: tropicale, molto caldo, molto umido

18 Radio ricetrasmittente a energia so…

Località: foresta tropicale, vegetazione fittissima *(extremly dense)*: il cielo non si vede.
La città più vicina si trova a almeno cento chilometri di distanza, ma non sapete in che direzione.

19 Tre fucili

20 Un pezzo d'elica

LE REGOLE DEL GIOCO

- Dovete decidere che cosa portare con voi. Potete portare dieci oggetti al massimo.

- Sulla base delle informazioni, discutete l'utilità degli oggetti. Sceglietene dieci. Scriveteli in ordine di importanza.

- Chiedete a uno studente (Studente B, p. 238) il punteggio degli oggetti scelti. Fate la somma dei punti.
  es: Quanto **vale** la bussola?
      Quanto **valgono** gli specchi?

- Per sapere se il gruppo si salverà, andate a pag. 238.

14 Una bussola

16 Razzi da segnalazione

AZIONI (VERBI)

tagliare	*to cut*
disinfettare	*to disinfect*
legare	*to tie*
dare energia	*to give energy*
preparare un letto	*to make a bed*
combattere la disidratazione	*to stop dehydration*
difendersi	*to defend oneself*
orientarsi	*to find one's position*
mettersi in contatto con	*to get in touch with*
segnalare la posizione	*to signal one's position*

PRIMA DELLA DISCUSSIONE

a Trova i contrari:

utile	leggero/a	inutile
senza valore nutritivo		scomodo/a
comodo/a	pesante	nutriente

b Guardate bene gli oggetti e fate sei paragoni usando gli aggettivi sopra.

Esempio: Il latte è **più** nutriente **del** whisky.
          Il sedile è **meno** utile **della** radio.

c A che serve?

Prepara dieci frasi sugli oggetti nella giungla:

. . . è utile per + infinito
. . . serve per + infinito

LA DISCUSSIONE

b Con l'aiuto dei verbi a sinistra discutete l'utilità degli oggetti. Seguite le regole del gioco.

Espressioni utili

Guarda/Guardate	*Look*

Opinione:

Secondo me . . .	*In my opinion . . .*
Direi che . . .	*I would say that . . .*
È meglio (+ infinito)	*It is better to . . .*

Priorità:

prima di tutto	*First of all*
e poi	*then*

7 **Trasporti. Fatti e opinioni**

a  Studia il quadro dei mezzi di trasporto.

economico/a	*cheap*
lavori in corso	*road works*
l'incidente *(m)*	*accident*
il carrello	*trolley*
la paura	*anxiety, worry*

	treno	**aereo**	**macchina**	**bicicletta**
COSTO	molto caro	meno caro del treno	economica per più di due persone	
COMODITÀ	viaggio comodo	sedili scomodi e spazio ristretto	il mezzo più comodo, porta a porta	
RAPIDITÀ	oggi treni veloci quasi come gli aerei	il mezzo più rapido in assoluto	velocità pericolosa	
PUNTUALITÀ	ritardi: lavori in corso	ritardi: scioperi, maltempo	ritardi: traffico, incidenti	
RISTORO	carrozza-ristorante carrello-bar	si mangia poco e male	bisogna fermarsi per mangiare	
STRESS	rilassante	paura di volare	guidare è stressante	
SICUREZZA (morti o feriti gravi per ogni miliardo di km)	3,5	0,4	71	

b 📖 ✏️ Aggiungi qualche informazione sulla bicicletta nella colonna vuota.

VIVA LA BICICLETTA!

Forse davvero la bicicletta deve essere usata molto di più! Pensateci un po'. Non inquina. Non crea problemi di traffico o ingorghi. Non presenta problemi di parcheggio. Permette di muoversi con facilità e offre un buon esercizio fisico adatto a tutti, vecchi e giovani. Usate dunque la bicicletta ogni volta che potete, soprattutto in campagna, ma anche in città. Attenzione, però: anche il ciclista ha dei doveri stradali!

inquinare	*to pollute*
l'ingorgo	*traffic jam*
il dovere	*duty*
doveri stradali	*duties of road users*

c ✏️ Fai sei paragoni.

. . .	è	più	sicuro/a	del/	. . .
		meno	costoso/a	della	
			stressante	. . .	
			comodo/a		
			veloce		

d 📖 ✏️ 👥 Segna **F** (fatto) o **O** (opinione) in ogni riquadro. C'è qualche affermazione con cui non sei d'accordo?
Scrivi 'Sono d'accordo' *(I agree)* o 'Non sono d'accordo' *(I disagree)* accanto alle opinioni.

Confronta con un compagno.

e 📼 ✏️ Ascolta e decidi quale mezzo di trasporto preferiscono queste due persone, e perché.

f ✏️ 👥👥 **Il trasporto del futuro**

Siete quattro tipi: un tipo dinamico, uno sedentario, uno sportivo e un 'verde'.

Ognuno sceglie il suo mezzo di trasporto ideale senza dirlo agli altri, e scrive tre vantaggi.

Uno studente apre la discussione: 'Secondo voi, qual è il mezzo di trasporto del futuro?'

Espressioni utili

> Sono d'accordo con te..
> Hai ragione.

> Secondo me non è vero.
> Non sono d'accordo.

> Non so.
> Non sono sicuro.

8  **Quanto ci vorrà nel Duemila?**

(*How long will it take in the 21st century?*)
A turno, fatevi le domande.

il Duemila	*the 21st century*
sempre più	*more and more*
sempre meno	*less and less*

OLTRE IL 2000

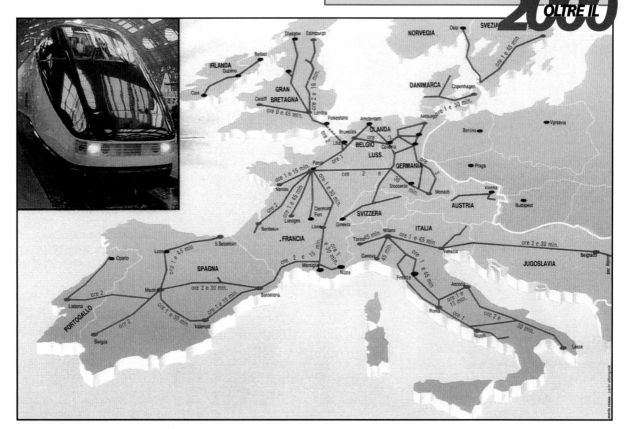

UN'EUROPA SEMPRE PIÙ PICCOLA E SEMPRE PIÙ UNITA Con la diffusione dei treni a grande velocità l'Europa diventerà sempre più piccola, dato che a percorrerla in lungo e in largo con il treno occorrerà sempre meno tempo. La cartina di Mario Russo dà alcuni esempi di quella che tra qualche anno dovrebbe essere la nuova realtà dei trasporti su rotaia. Per ogni tratta è indicato il tempo previsto di percorrenza. Per arrivare a questo risultato occorrerà che tutti gli Stati si adeguino a uno standard comune, a incominciare dallo scartamento delle rotaie. (Foto Grazia Neri).

Oggi ci vuole un'ora.
Domani **ci vorrà** mezz'ora.
Oggi ci vogliono due giorni.
Domani **ci vorranno** due ore.

- Per andare da Roma a Milano in treno oggi ci vogliono cinque ore. E nel duemila?
- Per andare da Londra a Edimburgo oggi ci vogliono quattro ore e mezzo. E nel duemila?
- Quanto tempo ci vorrà in treno da Madrid a Parigi?
- Partendo da Valencia, quanto tempo ci vorrà per arrivare a Bruxelles?
- Quanto ci vorrà per attraversare tutta l'Italia da Torino a Lecce in treno?

D Ascoltare e raccontare

9 🔊 **Suoni italiani**
Ascolta e scegli la frase che descrive il suono.

A   Campane
B   Campanella della Messa
C   L'ora esatta alla radio
D   Nel bar
E   Sul pullman
F   Gente in piazza
G   Cicale e uccelli a Villa Adriana
H   Una pizzeria
I   Traffico a Roma
J   Telefono libero e occupato

la campana	*bell*
la cicala	*cicada*
l'uccello	*bird*

10 La città più bella

a Ascolta e leggi.

Be', ti posso raccontare una storia: quando Calvino è andato in Giappone – Italo Calvino – gli hanno dato una guida che era molto brava e che parlava l'italiano perfettamente, che parlava l'italiano in modo perfetto.
Lui si è stupito di questa efficienza linguistica e gli dice: 'Ma lei, com'è che conosce l'italiano così bene?' E dice – la guida giapponese dice – l'interprete dice:
'Sono stato in Italia a lungo.'
'Ah sì? E secondo lei qual è la città più bella d'Italia – forse Roma?'
'No, dice, Roma no.'
'Allora, dice, sarà, Firenze.'
'No, Firenze, Firenze non è un gran che.'
'Allora, dice, non so, Venezia.'
'No, per carità, a Venezia c'è l'acqua!'
'Dice, ma allora qual è la città più bella?'
'È Cuneo,' dice il giapponese.
E Calvino non riusciva a capire come avesse fatto a scegliere questa cittadina, che io ho detto che è bella, ma che non è certo più bella di nessun'altra di queste piccole città italiane.

Italo Calvino: famoso scrittore, autore di *il Barone Rampante*	
si è stupito	*was surprised*
sarà Firenze	*it must be Florence*
dice	*he says*
com'è che . . . ?	*how is it that . . . ?*
non è un gran che	*it's nothing much*
per carità	*for goodness' sake*

b La guida giapponese amava Cuneo perché

- perché ci aveva vissuto a lungo
- perché si era innamorato di una ragazza di Cuneo
- perché aveva imparato l'italiano leggendo scrittori di Cuneo

Indovina (risposta a pagina 238).

c Scegli quattro città del tuo paese, le più note e una meno nota, e fai la stessa conversazione con un altro studente. Sostituisci a Calvino un personaggio che conosci.

Italo Calvino

Unità 2

8 b Studente B: Scelga una personalità e risponda a Studente A. (*Choose one of these personalities and answer Student A's questions.*)

Scambiatevi i ruoli. (*Swap roles.*)

Federica Martelli
infermiera
7 mesi
Ospedale Santa Croce
piace: molto

Silvia Grandi
interprete
3 anni
Consolato
piace: moltissimo

Giorgio Ricci
impiegato
15 anni
Posta
piace: no

---

11 Studente B: Lei è uno di questi famosi personaggi italiani. Legga le informazioni e risponda alle domande di Studente A. Poi scambiatevi i ruoli.

Miuccia Prada
- Milanese, nata nel 1950
- Stilista, capo della Casa di Mode Prada
- 1978: comincia a lavorare nella ditta di famiglia
- successi internazionali
- 1994: apre negozio a Londra

Fiona May
- Sportiva, specialista del salto in lungo
- Nata a Slough, Gran Bretagna, nel 1969; ora ha la nazionalità italiana
- Sposata con Gianni Iapichino dal 1993
- 2001: Medaglia d'Oro ai Campionati del Mondo in Australia

Riccardo Muti
- Nato a Napoli nel 1941
- Professione: Direttore d'Orchestra
- Inizio carriera: Premio Cantelli, 1967
- Dal 1986: Direttore Musicale del teatro La Scala, Milano

Valentino Rossi
- Pilota motociclista
- Nato a Urbino, 1979
- 1990: debutto in minibike
- 1997 e 2000: vince il Campionato Mondiale

Renzo Piano
- Architetto
- Nato nel 1937 vicino Genova
- Sposato, ha tre figli
- Costruisce in tutto il mondo (Parigi, Houston, Berlino)
- Lavora nello Studio di Punta Nave (Genova)

20 **Studente B:** Studi gli orari di apertura e chiusura in Italia e risponda a Studente A.
(Study Italian opening and closing times and answer Student A.)

Ora faccia le stesse domande per l'Inghilterra e completi la tabella.
(Now ask similar questions about England and complete the table.)

	ITALIA		INGHILTERRA	
	Apertura	Chiusura	Apertura	Chiusura
le banche	8,30 15,30	13,30 16,30		
i supermercati	8,30 16,30	13,30 20		
i negozi	9 16	13 20		
le scuole	8,30	13,30		
i bar/i pub	7,30	24		
gli uffici	8,30	14		
i musei	9	14		
i cinema	16	24		

Unità 4

a Stefano a lui / gli	**piace** la musica, il tennis
a Susanna a lei / le	**piacciono** i libri gialli, le patatine

Studente B: Guardi bene gli oggetti nella stanza di Susanna a pagina 225. Risponda a Studente A e dica che cose piacciono a Susanna.

Esempio:
A: A Stefano piace il calcio. E a Susanna?
B: No, a lei non piace il calcio, le piace il tennis.

Scambiatevi i ruoli.

il sassofono, la chitarra   i libri gialli *(detective stories)*, le riviste
il tennis, il calcio *(football),* lo sci   la tv, il computer   i cioccolatini, le patatine
il verde, il blu   i poster, i CD   la Coca-Cola, il caffè
il videoregistratore, il lettore di CD

12 b Studente B: Guardi la figura e risponda a Studente A.

Esempio:
A: Il cuscino va sul divano, vero?
B: Sì, va sul divano.

18 **Studente B:** Guardi l'opuscolo dell'albergo e risponda alle domande di Studente A.

Esempio: **A:** Scusi, c'è la tv in camera?
          B: Sì, ce n'è una in ogni camera.

Scambiatevi i ruoli.

dà sul mare	*it overlooks the sea*
danno sul giardino	*they overlook the garden*

Camere
50 camere, 80 posti letto. In ogni camera c'è telefono, televisione a colori, minibar, aria condizionata.
Tutte le camere al primo piano danno sul giardino. Quattro camere al terzo piano danno sul mare e sono particolarmente tranquille.

Bagni e docce
In tutte le camere.

Tolette
Su ogni piano.

Ristorante e bar
Ristorante al pianterreno e bar al secondo piano con terrazza sul mare. Minibar in ogni camera.

Parcheggio privato
Davanti all'albergo.

20 **Studente B:** Lei lavora all'Ente Turismo. (*Tourist office*). Studi le informazioni sugli alberghi e aiuti Studente A a trovare l'albergo giusto.

Espressioni utili
Vediamo . . .   *Let's see . . .*
Abbiamo . . .   *We have . . .*
Le va bene . . . ?   *Is . . . all right for you?*
No, mi dispiace, non abbiamo . . . *No, I'm sorry, we haven't . . .*

★
★ **Rocce Azzurre** (3/10)   ☐ 33 ⇔ 66 ⊟ 3 📺 30
★ Via Maddalena, 69 ☎ 0909813248 pbx ✆ 0909813247
http://www.netnet.it/hotel/rocceazzurre/index   E-mail: rocceazzurre @netnet.it

—	—	190.000 € 98,13	—	170.000 € 87,80	220.000 € 113,62
—	—	250.000 € 129,11	20.000 € 10,33	190.000 € 98,13	240.000 € 123,95

★ **La Filadelfia dip.**   ☐ 25 ⇔ 48 📺 22+ 2 comuni
★ Via Madre Florenzia Profilio
☎ 0909812485   ✆ 0909812486
http://www.netnet.it/hotel/filadelfia/index   E-mail: htlfiladelfia @netnet.it

—	80.000 € 41,32	80.000 € 41,32	120.000 € 61,97	—	—
—	160.000 € 82,63	160.000 € 82,63	250.000 € 129,11	INCL.	—

★ **Mocambo** (6/10)   ☐ 14 ⇔ 24 📺 14
★ Via C. Battisti, 192 (Loc. Canneto)
☎ 0909811442   ✆ 0909811062
http://www.hotel-mocambo.it   http://www.hotel-mocambo.com
E-mail: hotel-mocambo @hotel-mocambo.it E-mail: info @hotel-mocambo.it

—	45.000 € 23,24	70.000 € 36,15	—	65.000 € 33,57	85.000 € 43,90
—	200.000 € 103,29	270.000 € 139,44	20.000 € 10,33	165.000 € 85,22	185.000 € 95,54

Unità 5

6

Studente B:

a Ascolti e segni i nomi. *(Listen and write in the names of the places.)* Controlli con Studente A.

b Risponda a Studente A e dica dove sono il Bar Paradiso, la stazione, la farmacia e l'agenzia di viaggi *(in relation to the places already on the map).*

c Chieda a Studente A dove sono l'edicola, la posta, il museo, il supermercato e la chiesa.

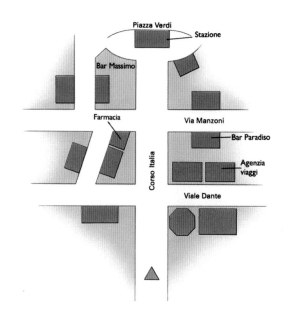

17 b Studente B:

Dia le indicazioni a Studente A.
Poi chieda se c'è un autobus per

1 Piazza Navona
2 la Stazione Termini.

Pantheon:
fermata autobus 81
di fronte al cinema
200 metri

Fontana di Trevi:
fermata autobus 36
davanti alla chiesa
due passi

Unità 6

3 **Studente B:** Completi le domande con le parole a destra. Poi chieda a Studente A:

1 . . . . . paesi ci sono oggi nella Comunità Europea?
2 In . . . . . paesi d'Europa si usa la stessa moneta?
3 . . . . . è in circolazione l'euro?
4 Vado in Italia: . . . . . comprare qualcosa con le mie vecchie lire?
5 . . . . . tagli di banconote euro ci sono? Le banconote sono diverse o uguali nei vari paesi dell'Unione?

quante   posso (×3)   devo   quanti (×3)
da quanto tempo   quali   come

6 . . . . . . diverse monete ci sono?
7 . . . . . . centesimi ci sono in un euro?
8 . . . . . . usare l'euro 'italiano' in altri paesi d'Europa?
9 . . . . . cambiare l'euro quando vado negli Stati Uniti?
10 . . . . . comprare Travellers Cheques in euro a Londra?

Unità 7

14 **Studente B:** Lei è Michele. Inviti
Serena alla sua festa. Cominci così:
'Ciao Serena. Domenica dò una festa.
Puoi venire?'

Le chieda dove abita. Le dia le indicazioni per
arrivare a casa sua.

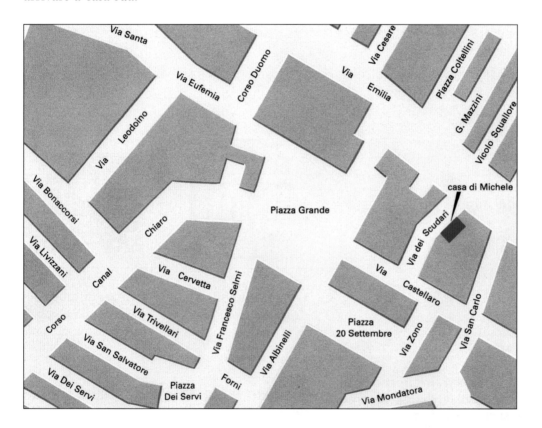

Espressioni utili

Dò una festa	*I am giving a party*
Allora ci vediamo alle . . .	*I'll see you at . . . then*

21 **Studente B:** Legga la ricetta della pizza
(pagina 229) e risponda a Studente A
con:

- la quantità degli ingredienti per fare la pasta.
- il tempo che ci vuole.
- gli ingredienti che vanno sulla pizza.

Comincia Studente A.

La ricetta per la pizza

Ingredienti:

Farina	750gr.
Lievito (in polvere)	1 bustina
Acqua	$\frac{1}{2}$ litro (circa 2 tazze)
Olio	1 cucchiaio 2 cucchiaini
Pomodori (a pezzi)	1 scatola
Mozzarella (a dadini)	150gr.
Funghi coltivati (a fettine)	150gr.

Sale, pepe, olio, origano, olive nere, capperi, acciughe a piacere

In una terrina si mettono 750 gr. di farina, con un cucchiaio d'olio e due cucchiaini di sale. Si aggiunge una bustina di lievito in polvere e circa mezzo litro di acqua tiepida (due tazze). Si impasta bene per 5–10 minuti e poi si lascia lievitare la pasta per circa un'ora. Poi si spiana e si mette in una teglia. Deve essere molto sottile.

Infine si mettono sulla pasta i pomodori a pezzi, la mozzarella a dadini, e poi i funghi a fettine, le olive nere o altre cose a piacere. Si aggiunge sale, pepe, un pizzico di origano e un po' d'olio e si cuoce la pizza nel forno caldissimo per circa 20 minuti.

Unità 8

Focus: **Risultato**

Nelle risposte hai scelto in maggioranza

1 PACCHETTO ROSSO: Ami le tradizioni e la tranquillità.
2 PACCHETTO BLU: Per te tutto è gioco e divertimento.
3 PACCHETTO VERDE: Sei un tipo organizzato e razionale.

3 **Studente B:** Dì a Studente A il prezzo in lire di ogni regalo.

Esempio:
A: Quanto costa/costano…?
B: Costa…euro. Giusto?

orologi	€23,24
valigia	€135
spumante	€20,60
tappeto	€105
guanti	€5,70
profumi	€30,99
giacchetto	€206
orecchini	€49
poltrona	€273,70
libro	€10,30
occhiali	€82
scarpe	€150
cellulare	€144
monopattino	€63
vespa	€2.835

10 a Studente B: Rispondi a Studente A con la corrispondente taglia italiana.

Poi chiedi a Studente A le taglie inglesi che mancano.

DONNE	GB	8	10		14		18
vestiti	ITALIA/ EUROPA	36	38	40	42	44	46
UOMO	GB	36	38	40	42		
camicie golf	ITALIA/ EUROPA	46	48	50	52	54	56
DONNE	GB		4	5		7	8
scarpe	ITALIA/ EUROPA	36	37	38	39	40	41
UOMO	GB	7	8		10		12
scarpe	ITALIA/ EUROPA	40	41	42	43	44	

Studente B: Sei a una festa e conosci solo tre persone: Diana, Enrico e Nina. Ascolta la descrizione di Studente A e digli il nome della persona.

Ora informati sugli altri. Comincia così: 'Scusa, come si chiama…?'

Unità 9

20 **Studente B:** Legga la vita di Rita Levi Montalcini e risponda alle domande di Studente A.

Rita Levi Montalcini, scienziata, è nata a Torino il 22 Aprile 1909, da padre ingegnere e madre pittrice. Nel 1936 si è laureata in medicina all'università di Torino, dove ha studiato con il famoso istologo Giuseppe Levi. Dopo la laurea ha continuato le sue ricerche per due anni e nel 1938 è andata in Belgio. Per 26 anni, dal 1947 al 1973, Levi Montalcini ha vissuto e lavorato negli Stati Uniti, dedicandosi alla ricerca sulle cellule nervose. Nel 1973 è rientrata definitivamente in Italia. Nel 1986 ha ricevuto il Premio Nobel per la medicina. Nel 2001, a 92 anni, è stata nominata senatrice a vita. Malgrado l'età, Levi Montalcini continua attivamente la sua ricerca sulle cellule staminali.

22 **b** **Studente B:** Controlli le risposte di Studente A: giusto o sbagliato (*right or wrong*)?

1 La scoperta dell'America (Colombo): 1492
2 La Dolce Vita (Fellini): 1960
3 La Cappella Sistina (Michelangelo): finita nel 1541
4 L'elettricità (Alessandro Volta): 1800
5 L'unità d'Italia: 1860
6 La seconda guerra mondiale: 1939–1945
7 Il Mercato Comune: fondato nel 1957
8 La Coppa del Mondo: Italia 1982

Michael Angelo.

Unità 10

3 **a** **Studente B:** Risponda alle domande di Studente A con il nome del regista.

Giudizio	Film	Regista	Genere
	La Dolce Vita	Fellini	Drammatico
	La Sposa di Frankenstein	Whale	Dell'orroe
	L'ultimo Imperatore	Bertolucci	Storico
	Le Avventure di Sherlock Holmes	Werker	Poliziesco
	Camera con Vista	Ivory	Romantico
	007 Dalla Russia con Amore	Young	Di spionaggio
	Per un Pugno di Dollari	Leone	Di cowboy
	Il Padrino	Coppola	Drammatico
	Un Pesce chiamato Wanda	Crichton	Comico
	Indiana Jones e l'Ultima Crociata	Spielberg	D'avventura

6 **a** **Studente B:** Risponda alle domande di Studente A sul film 'Camera con Vista'.

Camera con Vista (1986) di James Ivory.
Con Helena Bonham-Carter e Julian Sands.

Scambiatevi i ruoli. Studente A è stato al cinema e ha visto 'Cinema Paradiso'. Faccia le domande sul film e completi la scheda, come in Attività 5**b**.

b Descriva 'Camera con Vista' come in Attività 5.

8 **b Studente B:** Faccia la conversazione come in 8**a** e dica a Studente A se ci sono posti liberi, dove sono e quanto costano.

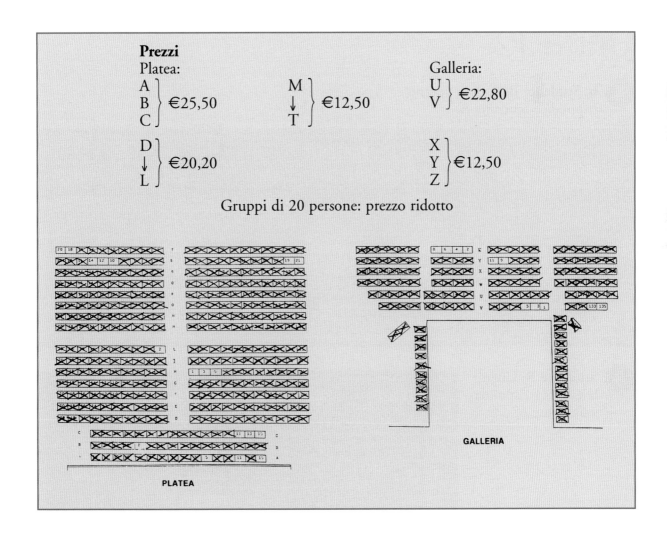

Prezzi

Platea:

$\left.\begin{array}{l} \text{A} \\ \text{B} \\ \text{C} \end{array}\right\}$ €25,50

$\left.\begin{array}{l} \text{D} \\ \downarrow \\ \text{L} \end{array}\right\}$ €20,20

$\left.\begin{array}{l} \text{M} \\ \downarrow \\ \text{T} \end{array}\right\}$ €12,50

Galleria:

$\left.\begin{array}{l} \text{U} \\ \text{V} \end{array}\right\}$ €22,80

$\left.\begin{array}{l} \text{X} \\ \text{Y} \\ \text{Z} \end{array}\right\}$ €12,50

Gruppi di 20 persone: prezzo ridotto

GALLERIA

PLATEA

Unità 11

16 **c** **Studente B:** Studente A è lo scrittore. Faccia un'intervista usando queste domande. Prenda appunti: scriva solo le parole più importanti.

- Signor Rigoni Stern, cosa fa lei per tenersi in forma?
- E dove?
- Da solo o in compagnia?
- Ogni quanto?

- Anche quando piove?
- Quali sono gli aspetti piacevoli di questa attività?
- Lo trova faticoso?
- Da quanto tempo lo fa?

Unità 12

4 **b** **Studente B:** Guardi l'orario e risponda a Studente A.

PARTENZE				
COMPAGNIA/VOLO	DESTINAZIONE	ORARIO	USCITA	AVVISO
BA	Birmingham	14,26	6	imbarco
LUFTHANSA	Bonn	14,50	23	
KLM	Amsterdam	15,05	18	
AEROFLOT	Mosca	15,40	20	
ALITALIA	Parigi	16,03	7	
EASYJET	Genova	16,40	12	

8 **Studente B:** Guardi la tabella e risponda a Studente A.

PARTENZE	BINARIO	DESTINAZIONE	ARRIVO
14.00	13	FIRENZE	16.19
14.10	11	BOLOGNA	17.32
17.25	7	MILANO	22.58
19.05	15	FIRENZE	21.42
23.15	19	MILANO	06.03

18 a **Studente B:** Guardi la cartina e risponda a Studente A con le informazioni meteorologiche.

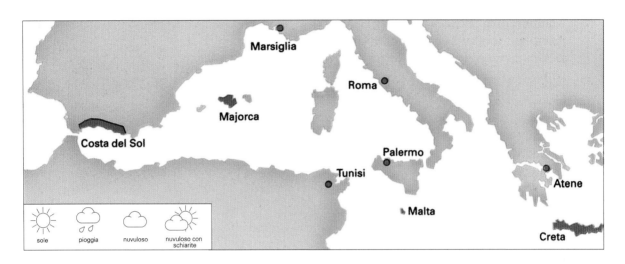

Atene 22	☀	Majorca 17	🌦	Palermo 22	⛅
Costa del Sol 18	⛅	Malta 22	⛅	Roma 18	☁
Creta 26	☀	Marsiglia 16	🌧	Tunisi 20	⛅

Unità 13

4 **b Studente B:** Lei lavora all'Agenzia Mediterraneo. Parli con Studente A e riempia il modulo per la prenotazione. Le domande sono quasi pronte: le completi.

Poi scambiatevi i ruoli.
- Buongiorno. . . . . ?
- Il suo nome per . . . . ?
- Dove vorrebbe . . . . ? al mare, ai laghi . . . . ?
- Ha già scelto la . . . . ?
- Quando vuole . . . . ?
- Quante persone . . . . ?
- Ci sono . . . . ?
- Che tipo di alloggio . . . . ?
- Ha delle . . . . ?
- Benissimo. Allora firmi . . . .

Prenotazione "Mediterraneo"
Nome _____
Dal _____ al _____
Numero persone:
adulti _____
bambini _____ (Età: _____)
☐ ALBERGO ☐ singola
☐ doppia
☐ 3°/4° letto
☐ mezza pensione
☐ pensione completa
☐ APPARTAMENTO/CASA
per _____ persone
Sconto del 10% dall' 1/3 al 30/10
Richieste particolari _____
_____
Data _____ Firma _____

Prenotazione "Mediterraneo"
Nome _____
Dal _____ al _____
Numero persone:
adulti _____
bambini _____ (Età: _____)
☐ ALBERGO ☐ singola
☐ doppia
☐ 3°/4° letto
☐ mezza pensione
☐ pensione completa
☐ APPARTAMENTO/CASA
per _____ persone
Sconto del 10% dall' 1/3 al 30/10
Richieste particolari _____
_____
Data _____ Firma _____

5 **c Studente B:** Legga '*Tutto compreso!* e spieghi al compagno che cos'altro di bello offre la sua crociera. Insieme decidete qual'è la crociera migliore.

Per spiegare

Prima di tutto . . .
E poi . . .
Non solo . . . ma anche
Per di più . . .
Inoltre . . .

TUTTO COMPRESO!

Crociera 2

- Prima colazione
- Caffè delle 11 in piscina
- Piscina, ping-pong
- Discoteca tutte le sere
- Piano-bar
- Due serate di gala durante la crociera

Unità 14

6 REGOLE

Dica qual è il punteggio di ogni oggetto e perché.

Esempio: La bussola **vale** 6 punti.
Gli specchi **valgono** 3 punti.

PUNTEGGIO

1 Una bottiglia di whisky: 8 punti
Utile come disinfettante. Inutile come bibita in un clima caldo.

2 Trenta pacchetti di caramelle: 10 punti
Utili per dare energia.

3 Trre pezzi di specchio: 3 punti
Utili per segnalare la propria posizione, ma il sole non penetra nella foresta!

4 Quattro scatole di sale: 15 punti
Utilissimi per combattere la disidratazione.

5 Due scatole di fiammiferi: 7 punti
Poco utili in un clima molto umida.

6 Trenta razioni di cibo per bambini: 20 punti
Utilissimi: nutrienti e non deperibili.

7 Trenta metri di corda di nylon: 13 punti
Utili per legare.

8 Due paracaduti: 11 punti
Utili per fare un letto o una tenda. Utili anche le corde.

9 Un sedile: 3 punti
Quasi inutile.

10 Dieci buste di latte a lunga conservazione: 10 punti
Utilissime per nutrire e dare energia, ma pesanti.

11 Un pugnale tipo Rambo: 16 punti
Utilissimo per tagliare la vegetazione e per difendersi.

12 Una mappa stellare: 5 punti
Quasi inutile perché dalla foresta il cielo non si vede.

13 Un salvagente automatico: 9 punti
Utile per attraversare fiumi.

14 Una bussola: 6 punti
Inutile perché non sapete dove siete e dove volete andare.

15 Venti litri d'acqua: 12 punti
Pesante ma utilissma.

16 Razzi da segnalazione: 18 punti
Utilissimi per segnalare la propria posizione.

17 Cassetta per il pronto soccorso: 19 punti
Utilissima e forse vitale.

18 Radio ricetrasmittente a energia solare: 4 punti
Inutile perché questo tipo di radio non funziona nella foresta.

19 Tre fucili: 17 punti
Utilissimi in caso di emergenza.

20 Un pezzo d'elica: 0 punti
Assolutamente inutile.

RISULTATO

Da 126 a 151 punti: Avete uno spiccatissimo (*very acute*) istinto di sopravvivenza e vi salverete certamente.

Da 101 a 125 punti: Sapete valutare i pro e i contro e troverete la via giusta anche se con qualche difficoltà.

Da 76 a 100 punti: Avete bisogno di lezioni tattiche: rischiate di commettere grossi errori.

Da 55 a 75 punti: Siete quasi privi (*devoid*) di spirito di sopravvivenza e rischiate seriamente di rimanere nella giungla.

10 b **Risposta:**
Perché aveva imparato il suo ottimo italiano leggendo scrittori piemontesi come Pavese, Fenoglio e Arpino che erano nati e vissuti vicino a Cuneo.

Vocabolario Internet

from Unità 7, p.109:

un sito internet	*internet site*
un sito web	*internet site*
animazioni virtuali	*virtual animations*
video giochi	*video games*
un' email	*an email*

from Unità 12, p.180:

il Web/la Rete	*the Web/ the Net*
on-line	*on line*
sito	*site*
cliccare	*to click*
navigare	*to surf*
motore di ricerca	*search engine*
i dati	*data*
banca dati	*data bank*
schermo	*screen*

Grammatica

Nomi *Nouns*

Genere Gender (Unità 1, 2, 3)

Nouns in Italian are either masculine or feminine.

In general:
nouns ending in -o are masculine
nouns ending in -a are feminine
nouns ending in -e are either masculine or feminine.

Maschile	-o	il cappuccino
Femminile	-a	la birra
Maschile/	-e	il caffè *(m)*
Femminile		la neve *(f)*

Some nouns are irregular:

la mano *(hand) feminine*
il problema *(problem) masculine*
il cinema *(cinema) masculine*

Nouns ending in -ista can be either masculine or feminine:

il/la dentista, il/la giornalista

Plurale *Plural* (Unità 1, 3)

The plural is formed by changing the endings of the nouns in the following way:

m s	-o	→	-i	m pl
f s	-a	→	-e	f pl
m/f	-e	→	-i	m/f pl

	Singolare	Plurale
m	gelato	gelati
f	birra	birre
m	bicchiere	bicchieri
f	nave	navi

Here are some irregular plurals:

il braccio *(m)*   le braccia *(f, arms)*
la mano *(f)*   le mani *(hands)*
l'orecchio *(m)*   le orecchie *(f, ears)*
l'uomo *(m)*   gli uomini *(men)*

Articolo indeterminativo *Indefinite article* (Unità 1)

Depending on the sound with which the following word begins, the indefinite article (in English, 'a' or 'an') is:

m	**un** treno/amico/caffè	*before a consonant or a vowel*
m	**uno** zoo/studente	*before z or s + consonant*
f	**una** banana/ nazione	*before a consonant*
f	**un'**aranciata/isola	*before a vowel*

Articolo determinativo *Definite article* (Unità 2)

The form of the definite article (in English, 'the') depends on the sound at the beginning of the word following it:

	Singolare	Plurale
m	**il** bambino	**i** bambini *before a consonant*
m	**lo** zio/studente	**gli** zii/studenti *before z or s + consonant*
m	**l'**avvocato	**gli** avvocati *before a vowel*
f	**la** dottoressa	**le** dottoresse *before a consonant*
f	**l'**amica	**le** amiche *before a vowel*

With names of countries you need the definite article:
l'Italia, l'Inghilterra, la Grecia

You don't need the definite article with nouns in a list:
Compro mele, pere, pane, insalata e formaggio.

Aggettivi *Adjectives* (Unità 1, 3, 5)

Adjectives in Italian tend to go after the noun they refer to: una casa bianca.

Accordo *Agreement*

An adjective must agree with the noun it accompanies, both in gender (masculine/feminine) and number (singular/plural).

Singolare		Plurale
m	un ragazz**o** italian**o**	due ragazz**i** italian**i**
f	una ragazz**a** spagnol**a**	due ragazz**e** spagnol**e**
m	un libr**o** interessant**e**	due libr**i** interessant**i**
f	una cas**a** grand**e**	due cas**e** grand**i**

Bello, buono

Bello *(nice, beautiful)* and buono *(good) usually go in front of the noun they refer to.*

The endings of bello *are the same as the definite article:*

un be**l** giardino	dei be**i** giardini
un bel**lo** spettacolo	dei be**gli** spettacoli
un bell'appartamento	dei be**gli** appartamenti
una bel**la** ragazza	delle bel**le** ragazze
una bell'attrice	delle bel**le** attrici

In the singular, the endings of buono *are similar to the indefinite article:*

Buon giorno	due buon**i** amici
un **buono** studente	due buon**i** studenti
Buona sera	Che buon**e** mele!
una **buon'** amica	Che buon**e** amiche!

When bello *and* buono *follow the noun they describe, they keep the normal forms:*
bello/bella/belli/belle *and* buono/buona.

Comparativo *Comparative* (Unità 11)

To compare one thing with another, più *(more) or* meno *(less) is used, followed by* di:

Ugo è p**iù** forte **di** Mario.
Il tennis è p**iù** faticoso **del** pallone.
Lo sci è **meno** interessante **del** nuoto.

Superlativo *Superlative*

The superlative is formed by

a   *using* molto *(invariable) before the adjective:*

Questo vino è **molto** buono.

b   *adding* -issimo/a *to the adjective, after dropping the final vowel:*

bello → bell**issimo**
Roma è una città bell**issima**.

c   *using the definite article in front of* più *(most) or* meno *(least), followed by* di, del, dello . . . (superlativo relativo):

È **la** ragazza **più** simpatica **del** mondo.
She's the most charming girl in the world.
È **il** ragazzo **meno** timido **di** tutti.
He's the least shy boy of all.

Dimostrativi *Demonstrative adjectives and pronouns* (Unità 3, 8)

The adjectives questo *(this) and* quello *(that) always go before the noun.*

Questa macchina è di Carlo, quella bicicletta è di Paolo.
Prendo questi guanti. Mi piacciono quelle scarpe.

The endings of quel, quello *are similar to the definite article:*

Singolare	Plurale
Mi dà que**l** giornale per favore?	Mi dà que**i** giornali per favore?
È arrivato quell'amico inglese.	Sono arrivati que**gli** amici inglesi.
Conosci quel**lo** studente?	Conosci que**gli** studenti?
Mi piace quel**la** commedia.	Mi piacciono quel**le** commedie.
Quell'attrice è molto brava.	Quel**le** attrici sono molto brave.

Note: When quello *is used as a pronoun, it has normal endings* (o/a, i/e):

Questo è mio figlio e quella è mia sorella.
Che belle borse! Prendo quella.

Numerali *Numbers*

Cardinali *Cardinal numbers* (Unità 1, 2, 4, 8)

For numbers 0–10 see page 16. Numbers are invariable except for **uno**, *which has endings like the indefinite article when used in front of a noun (see above):*

Per lei un caffè, per voi una limonata e un'aranciata.
Per noi, due aperitivi e uno spumante.

From venti *(twenty) to* novanta *(ninety), numbers formed with* **uno** *and* **otto** *contract as follows (see page 34):*

ventuno	ventotto
trentuno	trentotto
quarantuno	quarantotto *etc.*

Cento *(one hundred) is invariable. Hundreds are formed by adding* -cento *to the cardinal number (see page 67):*

200: duecento
700: settecento *etc.*

Mille *(one thousand) is invariable. Thousands are formed by adding* -mila *(invariable) to the cardinal number:*

mille euro, cinquemila euro
a thousand euros, five thousand euros
duecentocinquantamila abitanti
two hundred and fifty thousand inhabitants

L'appartamento costa 67.140 euro.
The flat costs 67,140 euros.

When talking about euros and cents, the comma is used instead of the decimal point.

Un caffè costa €0,62 (zero **virgola** sessantadue, i.e. 62 centesimi)

Milione *(one million) is a noun and is followed by* di *when used with another noun:*

un milione di sterline, tre milioni di yen
one million pounds, three million yen

To express **hundreds** *and* **thousands**:

centinaia di persone *hundreds of people*
migliaia di turisti *thousands of tourists*

Centinaia *and* migliaia *are feminine plural.*

For days and months see page 34. Dates are indicated by the cardinal number preceded by the article:

Che giorno è oggi? È il venticinque luglio.
Quand'è il tuo compleanno? L'otto marzo.

Exception: il **primo** gennaio/febbraio etc.

Ordinali *Ordinal numbers*
(Unità 4)

Primo, secondo, terzo *etc. are adjectives and therefore agree in gender and in number with the*

noun they describe. They usually go in front of the noun:

Abito al quinto piano.
Prenda la seconda strada a sinistra.

1° primo		6° sesto	
2° secondo		7° settimo	
3° terzo		8° ottavo	
4° quarto		9° nono	
5° quinto		10° decimo	

Aggettivi possessivi
Possessive adjectives
(Unità 3)

A possessive adjective agrees in gender and in number with the noun which follows it and not with the 'owner' as in English. It is usually preceded by the definite article.

Singolare	**Plurale**
il mio libro	i miei nonni
il tuo indirizzo	i tuoi amici
il suo cane	i suoi fiori
il nostro albergo	i nostri viaggi
il vostro gatto	i vostri interessi
il loro giardino	i loro amici
la mia penna	le mie zie
la tua sigaretta	le tue amiche
la sua borsa	le sue scarpe
la nostra vacanza	le nostre vacanze
la vostra macchina	le vostre cartoline
la loro valigia	le loro fotografie

Note: The article must not be used when speaking about members of the family in the singular:

	mio fratello	mia sorella
but	i miei fratelli	le mie sorelle

Congiunzioni   *Conjunctions*

e	(*and*) Franco e Flavia pioggia e nebbia
o	(*or*) Prima o seconda classe? Caffè o tè, per me è lo stesso.
oppure	(*or else*) La sera leggo oppure guardo la TV.

anche (*also, too, as well*)
Ci sono patate e anche spinaci.

*Note: Personal pronouns
follow* anche*:*

Vieni al cinema anche tu?
Sì, vengo anch'io.
(*you too, me too, etc.*)

ma (*but*)
Ho telefonato ma non c'è nessuno.

però (*however*)
Non è bello, però mi piace.

né . . . né . . . (*neither . . . nor . . .*)
Non fa né caldo né freddo.

Note: When né . . . né . . . *is used in
a sentence, the verb is usually preceded
by* non (*see* Negativo, *page 248*).

Avverbi   *Adverbs*
(Unità 3, 10)

*Adverbs are invariable. They generally go in front of
an adjective but after a verb.*

Modo   *Manner*

*Adverbs of manner are mostly formed from the
feminine form of the adjective plus* -mente:

vero → vera + mente = veramente (*truly*)
lento → lenta + mente = lentamente (*slowly*)

Note:
bene (*well*)   Sto bene (*I am well*)
male (*unwell/badly*)   Ti senti male?
                        (*Are you unwell?*)
meglio (*better*)   Mi sento meglio
                        (*I feel better*)
peggio (*worse*)   Mi sento peggio
                        (*I feel worse*)

Quantità   *Quantity*

poco   *a little*
abbastanza   *quite*
molto   *very*
troppo   *too/too much*

Note: Stefano parla molto (*after verb*)
       ma è molto simpatico. (*in front of adjective*)

Tempo   *Time*

sempre	*always*	mai	*never*
spesso	*often*	già	*already*
qualche volta	*sometimes*		

Vai **spesso** al mare? (*adverb follows verb*)
È **già** partito (*adverb follows auxiliary*)

Luogo   *Place*

qui	*here*	dove	*where*
lì	*there*	dappertutto	*everywhere*

Formal and informal address
(Unità 1, 2, 4, 7)

Tu e lei

Tu (*informal*): *requires the verb in the second person
singular; used to address a member of the family, a
friend or a contemporary.*

Lei (*formal*): *requires the verb in the third person
singular; used to address someone with whom you are
not on familiar terms.*

Tu	**Lei**
Come st**ai**?	Come sta?
Quando vie**ni** a Londra?	Quando vien**e** a Londra?
Ti piace il jazz?	**Le** piace il jazz?
A che ora **ti** alzi?	A che ora **si** alza?
Ecco **il tuo** libro.	Ecco **il suo** libro.

Signore, signora, signorina
Sir/Mr, Madam/Mrs, young lady/Miss

*When speaking **to** people, no article is required:*

Buona sera, signore/signora/signorina.
Buongiorno, Signora Marini.
Come sta, Signor Allegri?*
Quando viene a Londra, Signorina Pace?

*When speaking **about** people, the article is required:*

La signora Benassi è arrivata adesso.
Ti presento **il** signor Neri.*
Ecco **la** signorina Parenti.

**Note: When followed by a surname, signore
abbreviates to* signor.

Pronomi personali *Personal pronouns*

Soggetto *Subject*

io	*I*	noi	*we*	
tu	*you (informal s)*	voi	*you (pl)*	
lui	*he*	loro	*they*	
lei	*she, you (formal s)*			

Since verb endings are normally sufficient to indicate who is doing the action, io, tu, lei, lui etc. are generally only used for emphasis and to avoid confusion:

Io sono italiano e **lui** è giapponese.
Loro stanno a casa, ma **noi** usciamo.

Oggetto *Object*

a Oggetto diretto *Direct object* (Unità 4, 10)

These always go before the verb, except with the infinitive, the imperative and the gerund.

mi	*me*	ci	*us*
ti	*you (informal s)*	vi	*you (pl)*
lo	*it/him*	li	*them (m)*
la	*it/her/you (formal s)*	le	*them (f)*

Mario **mi** ama. *Mario loves me.*
Ti ho visto. *I saw you.*
Dov'è l'ombrello? Non **lo** trovo.
Where is the umbrella? I can't find it.
Guardi molto la televisione? Non **la** guardo mai.
Do you watch television a lot? I never watch it.
Qualcuno **ci** guarda.
Someone is watching us.
Vi aspetto all'una.
I'll expect you at one o'clock.
Ecco i fiori. **Li** metto nel vaso.
Here are the flowers. I'll put them in the vase/pot.
Che belle scarpe! **Le** compro.
What beautiful shoes! I'll buy them.

The same pronouns mi, ti, lo, la, ci, vi, li, le *are used with* ecco *as follows:*
**eccomi, eccoti, eccolo, eccola,
eccoci, eccovi, eccoli, eccole**

Dove sei? Eccomi. *Where are you? Here I am.*
Dov'è l'ombrello? Eccolo.
Where is the umbrella? Here it is.

Dov'è la borsa? Eccola.
Where is the bag? Here it is.

b Oggetto indiretto *Indirect object* (Unità 8)

mi	*(to) me*	ci	*(to) us*
ti	*(to) you (informal s)*	vi	*(to) you (pl)*
gli	*(to) him*	loro	*(to) them*
le	*(to) her/you (formal s)*		

Mi, ti, gli, le, ci *and* vi *always go in front of the verb, except with the infinitive, the imperative and the gerund.*

Mi può dare un'informazione?
Can you give me some information?
Ti scrivo una lettera.
I'll write you a letter.
Gli regalo un disco.
I'll give him a record.
Le regalo un profumo francese.
I'll give her a French perfume.
Ci mandano sempre una cartolina.
They always send us a postcard.
Vi offro un caffè.
I'll buy you a coffee.

Loro *(to them) follows the verb, but note that in spoken Italian* gli *is used instead of* loro.

Ho dato **loro** il mio indirizzo/
Gli ho dato il mio indirizzo.
I've given them my address.

c Con preposizioni *With prepositions*

Per **me** un panino, e per **te** Luigi?
Per **lui** un caffè, e per **lei** signora?
Vieni con **noi**!
C'è Antonio da **voi**?
A **loro** piace la pizza.

Pronomi doppi (oggetto diretto e indiretto) *Direct and indirect object combined* (Unità 10)

When direct and indirect object pronouns are used together, the order is:

indirect   direct   verb

Both gli *(to him) and* le *(to her/you) change to* glie *in front of a direct object pronoun and combine with it to form one word:*

glielo *it to him/her/you*
gliela *it to him/her/you*
glieli *them to him/her/you*
gliele *them to him/her/you*

Anna vuole leggere quel libro: glielo porto.
Anna wants to read that book; I'll take it to her.
Giovanni aspetta questa lettera: gliela mando.
Giovanni is waiting for this letter; I'll send it to him.
Le piacciono quei fiori? Glieli porto.
Does she/Do you like those flowers? I'll take them to her/you.
Lei preferisce le rose? Gliele compro.
Does she/Do you like roses best? I'll buy them for her/you.

Mi *(to me)*, ti *(to you, informal singular)*, ci *(to us)* and vi *(to you, plural) change respectively to* me, te, ce *and* ve *in front of a direct object pronoun:*

Posso leggere il tuo giornale? Sì, **te lo** do subito.
Can I read your paper? Yes, I'll give it to you straight away.

Riflessivi *Reflexives* (Unità 2)

(io)   **mi** sveglio
(tu)   **ti** vesti
(lui/lei)   **si** chiama
(noi)   **ci** alziamo
(voi)   **vi** lavate
(loro)   **si** riposano

Like other personal pronouns, these go in front of the verb, except with the infinitive, the imperative and the gerund. See also page 249.

Ci   *there*   (Unità 4)

Ci vado domani.   *I'm going there tomorrow.*
C'è un tavolo.   *There is a table.*   (singolare)
Ci sono tre sedie.   *There are three chairs.* (plurale)

Ne   *of it, of them*   (Unità 4)

Ne *is often accompanied by an expression of quantity (numerals, weight,* molto/poco/quanto).
It goes before the verb, except when used with the infinitive, the imperative and the gerund.

Quanto burro vuole, signora?
How much butter would you like, Madam?
Ne prendo un etto, grazie.
I'll have 100 grams, please.

Note: when combined with ne, *c'è becomes* ce n'è *and* ci sono *becomes* ce ne sono:

Scusi, c'è un telefono?
Excuse me, is there a phone?
Sì, **ce n'è** uno a destra.
Yes, there's one on the right.

Scusi, c'è un bar qui vicino?
Excuse me, is there a bar nearby?
Ce ne sono due a Piazza Cavour.
There are two in Piazza Cavour.

Pronomi relativi: che
Relative pronouns (Unità 12)

Che *(that, which, who, whom) can be used both as subject and as direct object, for both people and things.*
NB. Che *cannot be omitted.*

La persona che viaggia
The person who is travelling
Il treno che arriva alle 10
The train which arrives at 10
Le persone che aspettiamo
The people (whom) we are waiting for
I vestiti che ho comprato
The clothes (that) I bought

Interrogativi *Interrogatives*
(Unità 2, 5, 6, 7)

Forma interrogativa   *Question form*

There is no special structure for questions in Italian. The intonation and the special words listed below tell you that the sentence is a question.

Aggettivi e pronomi interrogativi
Interrogative adjectives and pronouns

Chi? Che cosa? *(pron)*

Chi è? Con chi parlo?   *Who?*
Who is it? Who am I speaking to?
Che cosa prendi?   *What?*
(or: Che prendi?
or: Cosa prendi?*)*   *What are you having?*

Che? *(adj)*

Che ora è? Che ore sono? *What?*
Che posti prendiamo?   *Which?*

Quanto?

Quanto zucchero vuoi?	*How much?*
Quanta verdura desidera?	
Quanti biglietti vuole?	*How many?*
Quante volte sei andato in Italia?	

Note:

Quanto viene l'uva?	*How much is/are . . . ?*
Quanto vengono i pomodori?	
Quant'è in tutto?	

Quale?

Quale film preferisci vedere?	*Which?*
Di queste scarpe, quali preferisci?	*Which ones?*

Note:

Qual è l'indirizzo di Ada?	*What is . . . ?*
Qual è la tua casa?	*Which is . . . ?*

Avverbi interrogativi
Interrogative adverbs   (Unità 7)

Dove?	*Where?*
	Dove abitate? Di dove siete?
Come?	*How?*
	Come ci arrivo?
Quando?	*When?*
	Quando parte il rapido?
Perché?	*Why?*
	Perché non vieni con noi?

Esclamativi   *Exclamations*
(Unità 5)

Che freddo!	*How cold it is!*
Che caldo fa!	*How hot it is!*
Che concerto magnifico!	*What a wonderful concert!*
Che bella chiesa!	*What a nice church!*
Che bello!	*How wonderful!*
Come sono contento!	*How happy I am!*

Indefiniti   *Indefinite quantity*

Aggettivi   *Adjectives*
(Unità 6, 11)

Ogni *(every)* and qualche *(some/any)* are always used with singular nouns. However, qualche *with a singular, countable noun is usually translated with the plural in English.*

Vado in Italia **ogni anno.**
I go to Italy every year.
Fai ginnastica **ogni giorno?**
Do you do exercises every day?
Metti **qualche foglia** di basilico.
Put in a few/some basil leaves.
Hai **qualche giornale** italiano?
Have you got any Italian papers?

For other translations of 'some', see Articolo partitivo, *page 248.*

Pronomi *Pronouns* (Unità 9)

Note that the same forms are used in both affirmative sentences and questions.

qualcuno	*somebody/someone, anybody/anyone*
qualcosa	*something, anything*

C'è qualcuno a casa?
Is there anyone at home?
Ha telefonato qualcuno per te.
Someone phoned for you.
Prendiamo qualcosa da bere?
Shall we have something to drink?
Hai fatto qualcosa di bello a Natale?
Did you do anything nice at Christmas?

Note: qualcosa di bello   *something   nice*
                     nuovo   *new*

Negativo   *The negative*
(Unità 13)

Forma negativa   *Negative form*

To make a negative sentence, you simply place non *before the verb:*

Parlo francese.
Non parlo francese.

C'è il sole.
Non c'è il sole.

Aggettivi e pronomi negativi
Negative adjectives, and pronouns

When using the pronouns niente *(nothing) and*
nessuno *(nobody), and the adverb* mai *(never),* non *is*
placed in front of the verb (double negative).

Non capisco niente.
I don't understand anything.
Non c'è nessuno.
There is no one there.
Non andiamo mai a teatro.
We never go to the theatre.

Note: When nessuno *or another negative begins the*
sentence, non *is not needed.*

Nessuno ci vede. *No one can see us.*

Nessuno *is also an adjective. It is always singular and*
has endings like the indefinite article:

Non ha nessun amico.
He has no friends.
Non vedo nessuna penna sul tavolo.
I see no pen on the table.

Preposizioni   *Prepositions*

The common prepositions

The following are the most common prepositions:

a	to, at
con	with
da	from, by
di	of
in	in, at
per	for
senza	without
su	on
tra/fra	between, among

A (Unità 1, 2, 4, 5, 6, 10) *is used to indicate:*

- *an indirect object:*
  Telefono **a** Lisa.
  A Sandro piace il tè.

- *location:*
  San Pietro è **a** Roma.
  La porta è **a** destra. *(on the right)*

- *direction:*
  Vada **a** sinistra. *(to the left)*
  Andiamo **al** cinema. (a + il)
  (see Preposizioni articolate, *page 248)*
  Vado **a** fare una passeggiata.
  (see Special structures, page 252)

- *time:*
  a mezzogiorno
  Ci vediamo **alle** cinque. (a + le)

- *price per . . .*
  1,20 euro **al** chilo (a + il)

- *style:*
  tagliatelle **alla** bolognese (a + la)

Con/Senza (Unità 1)

Un caffè **con** zucchero e **senza** latte, per favore.

Da (Unità 2, 5, 8) *is used to indicate:*

- *starting point (place):*
  L'aereo parte **da** Torino alle 6.
  The plane leaves (from) Turin at 6.

- *starting point (time):*
  Orario di apertura: **dalle** 5 alle 7
  Opening times: from 5 to 7
  Lavoro qui **da** due anni.
  I have been working here for 2 years.
  (see Special structures, page 252)

- *place: at somebody's/at a shop:*
  Vieni **da** noi stasera?
  Vado **dal** fruttivendolo a comprare le mele.

- *use:*
  un vestito **da** uomo
  scarpe **da** donna
  camera **da** letto
  Note: **da** + infinito
  molte cose **da** fare
  many things to do/to be done

Di (Unità 1, 6, 8, 10) *is used to indicate:*

- *belonging, property:*
  Di chi è questa penna?
  Whose pen is this?
  È la penna **di** Gianni.
  It is Gianni's pen.

- *origin:*
  Di dove sei?
  Where are you from?
  Sono **di** Milano.
  I am from Milan.

- *quantity:*
  un chilo **di** patate
  due litri **di** latte
  un po' **di** zucchero
  un milione **di** yen

- *material:*
  un orologio **d'**oro, una borsa **di** pelle
  a gold watch, a leather bag

- *authorship:*
  un film **di** Fellini, una statua **di** Michelangelo

In (Unità 1, 4, 5) *is used to indicate:*

- *location/direction:*
  Ho molti amici a Perugia, **in** Umbria.
  Andiamo **in** Italia, a Siena.
  Vado **in** centro.

Note: **in** *is used with names of countries and regions,* **a** *with names of towns and cities.*

- *means of transport:*
  Vado **in** treno, non **in** macchina.
  Mi piace andare **in** aereo.

Per (Unità 1, 8, 10, 12)

  Un regalo **per** te e uno **per** lei.
  Note: **per** + infinito *(in order to)*
  Scusi, c'è un autobus **per** andare al Colosseo?

Su (Unità 4)

  Il gatto dorme **sul** divano.

Tra/Fra *are used to indicate:*

- *place:*
  tra Piazza Navona e il Corso
  between Piazza Navona and the Corso

- *time:*
  Partiamo **tra** due giorni.
  We shall leave in two days.

Altre preposizioni di luogo *Other prepositions of location* (Unità 4, 5)

Davanti a *(in front of, outside)*

  È **davanti** a te.
  It's in front of you.
  Ci vediamo **davanti al** cinema.
  Let's meet outside the cinema.

Di fronte a *(opposite)*

  il ristorante **di fronte al** Teatro Manzoni
  the restaurant opposite the Teatro Manzoni

Sotto/Sopra *(under/over)*

  Sotto la pianta c'è il tappeto.
  Sopra il caminetto c'è un bel quadro.

Preposizioni articolate *Prepositions combined with definite article* (Unità 4, 6)

The most common prepositions – a, da, di, in, su – combine with the definite article to form preposizioni articolate, *both in the singular and the plural:*

Sul divano vicino **alla** finestra **nel** soggiorno **del** signor Rossi c'è un cuscino che viene **dalla** Persia.

Singolare		Plurale	
a + il	= al	a + i	= ai
a + lo	= allo	a + gli	= agli
a + la	= alla	a + le	= alle
a + l'	= all'		
da + il	= dal	da + i	= dai
da + lo	= dallo	da + gli	= dagli
da + la	= dalla	da + le	= dalle
da + l'	= dall'		
di + il	= del	di + i	= dei
di + lo	= dello	di + gli	= degli
di + la	= della	di + le	= delle
di + l'	= dell'		
in + il	= nel	in + i	= nei
in + lo	= nello	in + gli	= negli
in + la	= nella	in + le	= nelle
in + l'	= nell'		
su + il	= sul	su + i	= sui
su + lo	= sullo	su + gli	= sugli
su + la	= sulla	su + le	= sulle
su + l'	= sull'		

Articolo partitivo *some* (Unità 6)

The preposizione articolata del, dello, della, dell', dei, degli, delle (di + *definite article*) *is used to indicate indefinite quantity:*

Nel frigo c'è **del** vino, **della** mozzarella, e **dell'**acqua minerale.

In the fridge there is some wine, some mozzarella and some mineral water.

Vado a Napoli, dove ho **dei** cari amici.
l am going to Naples, where I have some close friends.

To translate 'some' you can also use qualche *(page 246) and, with uncountable nouns,* un po' di:

Vorrei un **po' di** formaggio e un po' d'acqua.

Verbi   *Verbs*

Verbi regolari   *Regular verbs*
(Unità 1, 2, 4, 11)

The three main groups of Italian verbs are classified according to whether their infinitive ends in -are, -ere or -ire.

lavor**are**   prend**ere**   dorm**ire**/cap**ire**

Different tenses are formed by adding different endings to the stem of the verb. For example:
lavor- *(stem)* + -o *(ending)* = lavoro *(I work)*

Presente   *Present*

a Verbi regolari *Regular verbs*

	-are	**-ere**
(io)	lavor**o**	prend**o**
(tu)	lavor**i**	prend**i**
(lui/lei)	lavor**a**	prend**e**
(noi)	lavor**iamo**	prend**iamo**
(voi)	lavor**ate**	prend**ete**
(loro)	lavor**ano**	prend**ono**

	-ire	**-ire** (-isc)
(io)	dorm**o**	cap**isco**
(tu)	dorm**i**	cap**isci**
(lui/lei)	dorm**e**	cap**isce**
(noi)	dorm**iamo**	cap**iamo**
(voi)	dorm**ite**	cap**ite**
(loro)	dorm**ono**	cap**iscono**

* *Some -ire verbs, like* capire, *add -isc before the endings of the present tense, apart from the 1st and 2nd persons plural:* preferire, pulire, finire.

b Verbi riflessivi *Reflexive verbs* (Unità 2)

-si at the end of an infinitive indicates that the verb is reflexive:

alzar**si**, vestir**si**, lavar**si**, riposar**si**, chiamar**si**

Reflexive verbs form the present tense in the same way, but with the reflexive pronoun in front of the verb:

(io)	**mi** chiamo
(tu)	**ti** chiami
(lui/lei)	**si** chiama
(noi)	**ci** chiamiamo
(voi)	**vi** chiamate
(loro)	**si** chiamano

c Ausiliari *Auxiliary verbs*

	essere *(to be)*	**avere** *(to have)*
(io)	sono	ho
(tu)	sei	hai
(lui/lei)	è	ha
(noi)	siamo	abbiamo
(voi)	siete	avete
(loro)	sono	hanno

d Potere, dovere, volere

Potere, dovere, volere are usually followed by the infinitive:
Non posso uscire.   *I can't go out.*
Devo rimanere a casa.   *I must stay at home.*

	potere *(to be able to)*	**dovere** *(to have to)*
(io)	posso	devo
(tu)	puoi	devi
(lul/lei)	può	deve
(noi)	possiamo	dobbiamo
(voi)	potete	dovete
(loro)	possono	devono

	volere *(to want to)*
(io)	voglio
(tu)	vuoi
(lui/lei)	vuole
(noi)	vogliamo
(voi)	volete
(loro)	vogliono

Dobbiamo essere alla stazione alle 7,30.
We have to be at the station at 7.30.
Non vuole venire con noi.
She does not want to come with us.

e Alcuni verbi irregolari *Some irregular verbs*

fare (to do, make)	**andare** (to go)
faccio	vado
fai	vai
fa	va
facciamo	andiamo
fate	andate
fanno	vanno

stare (to be, stand)	**dare** (to give)
sto	do
stai	dai
sta	dà
stiamo	diamo
state	date
stanno	danno

venire (to come)	**uscire** (to go out)
vengo	esco
vieni	esci
viene	esce
veniamo	usciamo
venite	uscite
vengono	escono

Star facendo   *Continuous tense* (Unità 8)

The present continuous tense is expressed by the present tense of stare + gerund.

The gerund is formed by adding -ando (-are verbs) or -endo (-ere and -ire verbs) to the verb stem.

sto		
stai		
sta	parl**ando**	(-are)
stiamo	scriv**endo**	(-ere)
state	usc**endo**	(-ire)
stanno		

Che stai facendo? *What are you doing?*
In questo momento sto ascoltando la radio.
Just now I am listening to the radio.
Sto pensando alle vacanze.
I'm thinking about the holidays.

Il passato   *The past tenses*

There are two main tenses in Italian for talking about the past. To say what you did or have done, what

happened or has happened, you use the passato prossimo (perfect tense).

To describe the way things were in the past, you use the imperfetto (imperfect).

Siamo andati a Roma. Il tempo **era** stupendo.
We went to Rome. (event)   *The weather was wonderful.* (description)

Passato prossimo   *Perfect* (Unità 9, 12)

Sono andato a una bella festa.
I went to/I have been to a nice party.

Ho ballato tutta la notte.
I danced all night.

To form the passato prossimo you need the appropriate person of the auxiliary (sono/ho etc. from essere or avere) and the past participle (andato, ballato etc.).

ho			sono	
hai	mangi**ato**		sei	and**ato/a**
ha			è	ven**uto/a**
abbiamo	bev**uto**		siamo	
avete	dorm**ito**		siete	usc**iti/e**
hanno			sono	

Most verbs of motion and change, essere itself and all reflexive verbs take **essere.** *All other verbs take* **avere.**

When using essere, *the ending of the past participle must agree in gender (masculine/feminine) and number (singular/plural) with the subject:*

Massimo: Sono partit**o** il 2 gennaio.
Mi sono divertit**o** moltissimo.

Mirella: Sono partit**a** il 2 gennaio.
Mi sono divertit**a** moltissimo.

Participio passato   *Past participle*

Regular verbs have regular past participles ending in:

-ato (-are *verbs*)	amato (amare)
-uto (-ere *verbs*)	temuto (temere)
-ito (-ire *verbs*)	dormito (dormire)

Here are some common irregular participles:

bevuto (bere)	nato (nascere)
detto (dire)	preso (prendere)
stato (essere)	risposto (rispondere)
fatto (fare)	scritto (scrivere)
letto (leggere)	successo (succedere)

messo (mettere)   visto (vedere)
morto (morire)

andrò (*from* andare), dovrò (dovere), potrò (potere), rimarrò (rimanere) verrò (venire) *and* vorrò (volere).

L'imperfetto   *Imperfect*
(Unità 13)

In regular verbs, the imperfect is formed by dropping the final -are/-ere/-ire of the infinitive and adding the imperfect endings:

torn**are**	ved**ere**	part**ire**
torn**avo**	ved**evo**	part**ivo**
torn**avi**	ved**evi**	part**ivi**
torn**ava**	ved**eva**	part**iva**
torn**avamo**	ved**evamo**	part**ivamo**
torn**avate**	ved**evate**	part**ivate**
torn**avano**	ved**evano**	part**ivano**

The following are irregular:

essere	**fare**	**dire**
ero	facevo	dicevo
eri	facevi	dicevi
era	faceva	diceva
eravamo	facevamo	dicevamo
eravate	facevate	dicevate
erano	facevano	dicevano

Futuro   *Future*   (Unità 12, 13)

The future is formed by dropping the final -e of the infinitive and adding the future endings. Note that -are verbs change a into e.

arriv**are**	prend**ere**	part**ire**
arriver**ò**	prender**ò**	partir**ò**
arriver**ai**	prender**ai**	partir**ai**
arriver**à**	prender**à**	partir**à**
arriver**emo**	prender**emo**	partir**emo**
arriver**ete**	prender**ete**	partir**ete**
arriver**anno**	prender**anno**	partir**anno**

The following verbs are irregular:

essere	**avere**
sarò	avrò
sarai	avrai
sarà	avrà
saremo	avremo
sarete	avrete
saranno	avranno

Some other verbs with an irregular future stem are:

Imperativo   *Commands*
(Unità 5, 11)

Tu/voi (*informal*)

For most verbs, the tu (2nd person singular) and voi (2nd person plural) imperatives are the same as the present tense, with the exception of the tu form of -are verbs which ends in -a.

	tu	**voi**
(cerc**are**)	cerc**a**	cerc**ate**
(string**ere**)	string**i**	string**ete**
(un**ire**)	un**isci**	un**ite**

The negative form for the 2nd person singular (tu) is:

non + infinito

Giacomo, non fumare in macchina, per favore.

To give a negative command in the 2nd person plural, you place non in front of the voi command form:

Non andate a Napoli.

Lei (*formal*)

The lei form of the imperative ends in -i for -are verbs and in -a for all other verbs (including irregular verbs):

gir**i**	(girare)	*turn*
attravers**i**	(attraversare)	*cross*
prend**a**	(prendere)	*take*
vad**a**	(andare)	*go*
scelg**a**	(scegliere)	*choose*

The negative is formed by placing non in front of the command:

Non vada.   *Don't go.*

Noi (*Let's . . .*)

The noi form of the imperative is usually the same as the noi present indicative form:

Andiamo al cinema.   *Let's go to the cinema.*

The negative is formed by placing non in front of the command:

Non partiamo troppo presto.
Let's not leave too early.

Strutture speciali
Special structures

Andare + a + infinito (Unità 10)

Andiamo a ballare!	*Let's go dancing.*
Mario va a fare spese.	*Mario is going shopping.*

Avere

Ho freddo/caldo.	*I am cold/hot.*
Hai fame?	*Are you hungry?*
Ho sete.	*I am thirsty.*
Ho fretta.	*I am in a hurry.*

Fare (Unità 2, 12, 13)

Che tempo fa?	*What's the weather like?*
Fa freddo.	*It's cold.*
Fa caldo.	*It's hot.*
Facciamo colazione alle 8.	*We have breakfast at 8.*
Faccio una passeggiata.	*I am going for a walk.*
Fai la doccia o fai il bagno?	*Are you having a shower or a bath?*

Sapere/conoscere (Unità 9)

- *To know (a fact):*

   Sa l'ora per favore?
   Do you know the time, please?

- *To know how to/have a skill:* **sapere** + infinito

   Non so sciare.   *I can't ski.*
   Sai guidare?   *Can you drive?*

- *To know a person or a place:* **conoscere**

   Conosci Firenze?
   Do you know Florence?
   Non conosco tuo fratello.
   I don't know your brother.

Piacere (Unità 2, 4, 7)

The verb piacere *(to like, to enjoy) agrees with the thing that is liked.*

Mi **piace** la pizza.
I like pizza. (singolare)
Mi **piacciono** gli spaghetti.
I like spaghetti. (plurale)

The person 'who likes' is expressed by the indirect object pronoun:

mi		*I like*
ti		*you like (informal s)*
gli		*he likes/they like (informal)*
le	piace/piacciono	*she likes/you like (formal s)*
ci		*we like*
vi		*you like (pl)*
a loro		*they like*

Gli piace quella canzone.	*He likes that song.*
Ti piace sciare?	*Do you like skiing?*

With a person's name or a noun, the preposition **a** *is needed:*

A Stefano piace il tennis.   *Stefano likes tennis.*
(literally: Tennis is pleasing to Stefano.)
A mio figlio piacciono i   *My son likes chocolates.*
   cioccolatini.
(literally: Chocolates are pleasing to my son.)

When speaking formally to someone, use **le**:

Le piace il suo lavoro?
Do you like your job?
Le piacciono le canzoni napoletane?
Do you like Neapolitan songs?

Note the emphatic structure with personal pronouns:

A me piace Pavarotti, **a lei** piace Domingo.
I like Pavarotti, she likes Domingo.

Da quanto tempo . . . ?
How long . . . for?   (Unità 2, 7)

To indicate the length of time that an action has been happening use:

Da + *length of time* + *present tense*

Da quanto tempo studi l'italiano?
Da tre mesi.
How long have you been studying Italian?
For three months.
Vive a Londra da molto tempo?
Have you been living in London for a long time?

Si impersonale   *One/you/people*
(Unità 6, 7, 12)

Si *is an impersonal subject pronoun, meaning 'one',* '*you', 'people'. It always takes the* **third person** *of the verb.*

If the verb has a singular object or no object:
si + *3rd person singular*

Si arriva in 5 minuti.
You get/One gets there in 5 minutes.
Al mercato si risparmia.
You save money at the market.
Qui si vende vino buono.
Good wine is sold here.

If the verb has a plural object: **si** + *3rd person plural*

Qui si parlano molte lingue.
Many languages are spoken here.
Dove si comprano i fiori?
Where can you buy flowers?

Note: In advertisements, **si** *is added to the end of the verb for brevity:*

Cercasi cuoco	*Cook wanted*
Affittasi casa	*House to let*
Vendonsi appartamenti	*Flats for sale*

Espressioni impersonali con l'infinito
Impersonal expressions with the infinitive

- **essere** + *adjective/adverb* + *infinitive*

È	bello	rivederti!
	importante	arrivare in orario.
	una buona idea	prendere un tassì.
	bene	fare ginnastica.
	meglio	camminare nei boschi.

It's lovely to see you again!
It's important to arrive on time.
It's a good idea to take a taxi.
It's good to do exercises.
It's better to go walking in the woods.

- **bisogna** + *infinitive*

Bisogna *means 'it is necessary', 'you/one must'. It is followed by the infinitive:*

Per andare alla stazione bisogna prendere il 38.
To get to the station you must take the 38 (bus).
Bisogna fare la spesa, non c'è niente in casa.
We must do the shopping; there is no food at home.

Note: the verb bisognare *is never used in any other way. 'To need (something)' is expressed by* avere bisogno di:

Hai bisogno di qualcosa?
Do you need anything?
Fa freddo! Ho bisogno di un golf.
It's cold! I need a jumper.

- **ci vuole, ci vogliono** (*for* volere *see page 249*)

The third person of the verb volere *is used with* ci *in the sense of 'it takes . . .':*

Quanto ci vuole per arrivare a San Pietro?
How long does it take to get to San Pietro?
Ci vuole solo un quarto d'ora.
It only takes a quarter of an hour.

Note the plural:

Ci vogliono solo venti minuti.
Ci vogliono molti soldi per comprare quella casa.

Vocabolario
inglese-italiano

English words:
vb *is indicated in all cases.*
n, adj *and* adv *are indicated only where necessary to*
  distinguish these from a verb or other part of speech

Italian words:
The definite article is given for every noun.
The gender (m *or* f) *is indicated only for nouns ending*
  in -e.
For nouns used in the plural only, mpl *or* fpl *is*
  indicated.
Both masculine and feminine endings are indicated for
  adjectives ending in -o/a.
inv *is indicated only where necessary to avoid confusion.*

A

abandon (vb) abbandonare
about circa
  –fifteen, ten una quindicina,
  una decina
above sopra
  –all soprattutto
abroad all'estero
accident l'incidente (m)
accommodation l'alloggio
according to me, us, etc. secondo
  me, noi, ecc.
activity l'attività (f)
actor, actress l'attore (m),
  l'attrice (f)
add (vb) aggiungere
address l'indirizzo
advantage il vantaggio
advertisement l'annuncio,
  la pubblicità
advice il consiglio
  give — (vb) dare un consiglio
  (a), consigliare
affectionate affettuoso/a
afraid (of), be avere paura (di)
after dopo
afternoon il pomeriggio
  good —! buongiorno!, *(after*
  4pm) buonasera
again ancora, di nuovo
age (n) l'età (f)
ago: two months — due mesi fa
agree (vb) essere d'accordo
air l'aria (f)
airport l'aeroporto
all tutto/a
  — the best cari saluti
  — right bene!, va bene!,
  d'accordo!
alone solo/a

also anche
always sempre
among tra
animal l'animale (m)
anyone qualcuno
  is — home? c'è qualcuno in casa?
anything qualcosa
apartment l'appartamento
apple la mela
après-ski il dopo-sci (inv)
April aprile
architect l'architetto
area, district (in town)
  il quartiere (m)
arm, arms il braccio,
  le braccia (fpl)
armchair la poltrona
arrival l'arrivo
arrive (vb) arrivare
artist l'artista (m/f)
as come
ashtray il portacenere (m)
ask for (vb) chiedere
  – directions chiedere la strada
aspirin l'aspirina
assistant (shop) il commesso, la
  commessa
at a
August agosto
autumn l'autunno
avenue il viale
average (adj) medio/a
away via
  three miles – a tre miglia (di
  distanza)

B

back (n) la schiena
back (adv) indietro
  get – (vb) tornare (indietro)

backwards a rovescio (inv)
bacon la pancetta
bad cattivo/a
bag, handbag la borsa
baggage il bagaglio
  – claim il ritiro bagagli
baker il fornaio
bakery la panetteria
balcony il balcone (m), il terrazzo
banana la banana
bank la banca
bargain l'occasione (f)
  it's a – è un'occasione
basil il basilico
basketball la pallacanestro (f)
bath il bagno
  have a – (vb) fare il bagno
bathroom il bagno
be (vb) essere
  (place) stare, trovarsi
  be well/ill stare bene/male
beach la spiaggia
beard la barba
beat (vb) (eggs, etc.) sbattere
beautiful bello/a, stupendo/a
because perché
become (vb) diventare
bed il letto
bedroom la camera da letto
beer la birra
beer-house la birreria
before (time) prima, *(place)*
  davanti a
  – going prima di andare
begin (vb) cominciare, iniziare
beginner il/la principiante
behind dietro
bell la campana
better (adv) meglio (inv)
between tra

bicycle, bike la bicicletta, la bici
  (f)
big grande, grosso/a
biologist il biologo, la biologa
bird l'uccello
birthday il compleanno
bit: a – of un po' di
bitch la cagna
black nero/a
block of flats il palazzo
blond biondo/a
blouse la camicetta
blue azzurro/a, blu
board (timetable) la tabella
  full – (hotel) pensione completa
  half – mezza pensione
  on board (aeroplane) a bordo
boarding (n) l'imbarco
boat la barca, il battello
body il corpo
boil (vb) bollire
boiling hot bollente
book (n) il libro
  – of tickets il blocchetto di
  biglietti
book (vb) prenotare
booking prenotazione (f)
bookshop la libreria
bored (adj) annoiato/a
  get – (vb) annoiarsi
boring noioso/a
born nato/a
  I was – in 1967 sono nato nel
  1967
bottle la bottiglia
box la scatola, *(on page)*
  il riquadro
box office il botteghino
boy (small) il bambino,
  il ragazzino
  (teenager) il ragazzo
brand name la marca
bread il pane (m)
  – roll il panino, la rosetta
  – stick lo sfilatino
break (vb) rompere
breakfast la colazione (f)
  to have – fare colazione
bring (vb) portare
brochure l'opuscolo
brother il fratello
brown (adj) marrone
brown (vb) (cooking) rosolare
building l'edificio
burn (n) la bruciatura
burn (vb) bruciare
bus l'autobus, il bus
business gli affari (mpl)
businessman/woman l'uomo/

la donna d'affari
busy occupato/a
butcher il macellaio
butcher's la macelleria
butter il burro
buy (vb) comprare
by da
  (close by) vicino a
bye bye arrivederci
  – ! ciao!

C

cake la torta, il dolce (m)
cake shop la pasticceria
call (vb) chiamare, *(phone)*
  telefonare (a)
  phone – (n) la telefonata
calm (adj) calmo/a
can (vb) (be able to) potere, *(know
  how to)* sapere
canary (bird) il canarino
canvas (n) la tela, *(adj)* di tela
captain il comandante
car la macchina
caravan la roulotte (f)
card (postcard) la cartolina
  credit – la carta di credito
carpet il tappeto
carrot la carota
carry (vb) portare
carton (of) un cartone (di)
cartoons i cartoni animati
cat il gatto, la gatta
catch (vb) prendere
centre il centro
chair la sedia
change (vb) cambiare
chat (vb) chiacchierare
cheap economico/a, a buon
  prezzo
checked (adj) (material) a quadri
  (inv)
cheese il formaggio
chemist's la farmacia
cheque l'assegno
  – book il libretto degli assegni
chest (body) il petto
chest of drawers il cassettone (m)
chestnut (colour) castano/a
chicken il pollo
children i figli (mpl)
china la porcellana
chocolate la cioccolata
choice la scelta
choose (vb) scegliere
chosen scelto/a
Christmas Natale (m)
  – tree l'albero di Natale
church la chiesa

circle (theatre) la galleria
clasp (vb) stringere
clean (adj) pulito/a, *(vb)* pulire
clear limpido/a, *(weather)*
  sereno/a
close (vb) chiudere
clothes i vestiti (mpl)
  – shop (il negozio di)
  abbigliamento
coat il cappotto
coffee il caffè (m)
cold (adj) freddo/a
  I'm – ho freddo
  it's – fa freddo
cold (n) il raffreddore (m)
collect (vb) ritirare
colour il colore (m)
come (vb) venire
  – on! dai!, forza!
comfortable comodo/a
composed (of) composto/a (di)
concert il concerto
cook (n) il cuoco, la cuoca
cook (vb) cuocere
corner l'angolo
  round the – all'angolo
corridor il corridoio
cotton (n) il cotone (m), *(adj)* di
  cotone
cough la tosse (f)
  – mixture lo sciroppo
counter (shop) il banco
countryside la campagna
courgettes le zucchine (fpl)
cousin il cugino, la cugina
cream (hand etc.) la pomata, la
  crema, *(dairy)* la panna
crisps le patatine (fpl)
croissant il cornetto
crowd la folla
crowded affollato/a
cruise la crociera
cupboard l'armadio
curly riccio/a
currency la valuta
cushion il cuscino
customer il/la cliente (m/f)
customs la dogana
cut (vb) tagliare, *(n)* il taglio
cyclist il/la ciclista (m/f)

D

daily quotidiano/a
dance (vb) ballare
dangerous pericoloso/a
dark scuro/a
  – haired bruno/a
date la data
  – of birth la data di nascita

daughter la figlia
day il giorno, la giornata
December dicembre
decrease (vb) diminuire
delicatessen la salumeria
   owner of – il salumiere (m)
demanding impegnativo/a
department store i grandi
   magazzini (mpl)
departure la partenza
depend (on) (vb) dipendere (da)
desk il banco
dessert il dolce (m)
detective novel il giallo
die (vb) morire
difficult difficile
dine (vb) pranzare
dining room la camera da pranzo
dinner (lunchtime) il pranzo,
   (evening) la cena
directions le indicazioni stradali
   (fpl)
dirty sporco/a
disadvantage lo svantaggio
discount, reduction lo sconto
dish il piatto
   do the dishes (vb) fare/lavare i
   piatti
disinfect (vb) disinfettare
district (in town) il quartiere (m)
divorced divorziato/a
do (vb) fare
doctor la dottoressa (f),
   il dottore (m)
document il documento
documentary il documentario
dog il cane (m)
done fatto/a
door la porta
double (adj) doppio/a
dress (n) il vestito (da donna)
dress (vb) vestirsi
drink (n) la bibita
drink (vb) bere
drive (vb) guidare
driving licence la patente (f)
drops le gocce (fpl)
dry (adj) secco/a
dry (vb) asciugare
during durante (inv)

E

ear, ears l'orecchio, le orecchie
   (fpl)
early presto (inv)
earrings gli orecchini
East est
Easter Pasqua
eastern orientale
easy facile

eat (vb) mangiare
economy car l'utilitaria
elbow il gomito
electrical appliances gli
   elettrodomestici (mpl)
empty (adj) vuoto/a
end (n) la fine (f)
   at the – of (time) alla fine di,
   (place) in fondo a
   – of season (adj) di fine stagione
end (vb) finire
energy l'energia, le forze (fpl)
engine (car) il motore (m)
England l'Inghilterra
English (language) l'inglese, *(adj)*
   inglese
enjoy oneself (vb) divertirsi
enjoyable divertente
enter (vb) entrare (in)
entrance hall l'ingresso
euro l'euro
   2 euros 2 euro (inv)
evening la sera
   good – buonasera
every ogni (inv)
everything tutto
   – included tutto compreso
everywhere dappertutto
exchange (rate) (n) il cambio
excursion la gita
excuse me *(formal)* scusi,
   (informal) scusa
exercise (n) l'esercizio
exercise (vb) fare ginnastica
exhibition la mostra
expensive caro/a
experienced esperto/a
eye, eyes l'occhio, gli occhi

F

face la faccia, il viso
facilities le attrezzature (fpl)
   i servizi (mpl)
factory la fabbrica
   – worker l'operaio (m),
   l'operaia (f)
fall (vb) cadere
far (away) lontano
fashion la moda
fast veloce
fat (adj) grasso/a
father il padre (m)
Father Christmas Babbo Natale
favourite preferito/a
February febbraio
fee (booking) la quota
feel (vb) sentire
   – well/ill sentirsi bene/male
   – like avere voglia di
   do you – like . . .? ti va di . . .?

ferry il traghetto
fiancé, fiancée il fidanzato,
   la fidanzata
field il prato, il campo
fifteen quindici
fight (vb) combattere
figures le cifre (fpl)
fill (vb) riempire
   can you – it up? (car) mi fa il
   pieno?
find (vb) trovare
   – one's way orientarsi
finger, fingers il dito, le dita (fpl)
finish (vb) finire
first (adj) primo/a, *(adv)* per
   primo/a
   – course il primo (piatto)
   – of all prima di tutto
fish (n) il pesce (m)
fish (vb) pescare
   go – ing andare a pesca
five cinque
flat (n) l'appartamento
flight il volo
floor il pavimento, *(storey)* il piano
floral a fiori (inv)
flower il fiore (m)
fog la nebbia
food il mangiare (m)
foot, feet il piede (m), i piedi
   on – a piedi
football il calcio
for per
   – heaven's sake! per carità!
forbidden vietato
forecast le previsioni (fpl)
foreign straniero/a
foreseen previsto/a
forget (vb) dimenticare
fork (n) la forchetta
four quattro
free (adj) libero/a
free (vb) liberare
French francese
   – beans i fagiolini
fresh fresco/a
Friday venerdì
friend l'amico, l'amica
from da, *(origin)* di
   where are you –? di dov'è lei?
frozen food i surgelati (mpl)
fruit la frutta
   – juice il succo di frutta
fry (vb) friggere
full pieno/a
furniture i mobili (mpl)
   piece of – il mobile (m)

G

game il gioco
garage il garage
garden il giardino
gardening il giardinaggio
garlic l'aglio
gate (airport) l'uscita
generally generalmente
German tedesco/a
Germany la Germania
get (vb) prendere
  – down/off (vb) scendere (da)
  – dressed vestirsi
  – tired stancarsi
  – up (vb) alzarsi
gift il regalo
girl (small) bambina, (teenager) ragazza
give (vb) dare
  – as a present (vb) regalare
glass (drinking) il bicchiere (m)
glasses (spectacles) gli occhiali (mpl)
gloves i guanti (mpl)
  ski – i guantoni da sci (mpl)
go (vb) andare
  – dancing (vb) andare a ballare
  – go down (vb) scendere
  – for a swim (vb) fare una nuotata
  – out (vb) uscire
  – riding (vb) andare a cavallo
  – to bed (vb) andare a letto
  – up (vb) (prices, figures) aumentare, salire
  – up (stairs) (vb) salire (le scale)
goggles gli occhiali da sci (mpl)
gold (n) l'oro, (adj) d'oro
good (adj) buon, buono (m), buona (f)
  – (at) bravo/a (in)
  – day/morning buongiorno
  – evening buonasera
  – night buonanotte
  – ! very – ! bene! benissimo!
gramme un grammo
  100 grammes un etto
grandchild il nipotino, la nipotina
grandfather il nonno
grandmother la nonna
grapes l'uva
green verde
greengrocer il fruttivendolo
greetings i saluti (mpl)
  warm – cari saluti
grey grigio/a

grilled alla griglia
grocer's (il negozio di) alimentari
ground floor il pianterreno
group il gruppo
  pop – il complesso
grow flowers (vb) coltivare fiori
gymnasium la palestra

H

hair i capelli (mpl)
hairdresser il parrucchiere, la parrucchiera
half mezzo/a
  – past four le quattro e mezza
half board mezza pensione
hall (house) l'ingresso
hallo! (phone) pronto!
ham il prosciutto
hand, hands la mano (f), le mani (fpl)
handbag la borsa
handy comodo/a
happiness la felicità
happy contento/a, felice
  – birthday buon compleanno
  – Christmas Buon Natale
  – New Year Buon Anno
have (vb) avere
  – breakfast fare colazione
  – a walk / bath fare una passeggiata/bagno
he lui
head la testa
healthy sano/a, salutare
heating (n) il riscaldamento
heavy pesante
help (vb) aiutare
  can I – you? desidera?
here qui
hill la collina
hire (vb) (car) prendere a noleggio
hobby il passatempo
holiday la vacanza
  be/go on – (vb) essere/andare in vacanza
home la casa
  at – a casa
hope (vb) sperare
hors d'oeuvre l'antipasto
hospital l'ospedale (m)
hot caldo/a
  I'm – ho caldo,
  it's – fa caldo
hotel l'albergo
hour l'ora
house la casa
housewife la casalinga
how come

  – are you? come sta/stai?
  – did it go? com'è andata?
  – hot (it is)! che caldo (fa)!
  – long? quanto (tempo)?
  – much?, how many? quanto/a?, quanti/e?
  – much is it/are they? quanto viene/vengono?
hug (vb) abbracciare
hundred cento
hurt (vb) fare male (a)
husband il marito

I

I io
ice il ghiaccio
  – cold ghiacciato/a
ice cream il gelato
identification l'identità
in in, a
  – France, – Paris in Francia, a Parigi
in front of di fronte a, davanti a
included compreso/a
increase (vb) aumentare
inhabitants gli abitanti (mpl)
instead (of) invece (di)
intelligent intelligente
interesting interessante
introduce (vb) presentare
invitation l'invito
Italian (language) l'italiano, (adj) italiano/a
Italy l'Italia

J

jacket la giacca, lo giachetto
January gennaio
jar il vasetto, il barattolo
jeweller's la gioielleria
jogging il footing, la corsa a piedi
journalist il/la giornalista (m/f)
journey il viaggio
juice il succo
  fruit – succo di frutta
July luglio
jumper il golf, la maglia
June giugno
just (adv) appena

K

keen (on) appassionato/a (di)
keep (vb) tenere
  – fit (vb) tenersi in forma
kilo chilo
kiss (vb) baciare
kitchen la cucina
kitten il gattino
knee il ginocchio
knife il coltello

knit (vb) lavorare a maglia
know (vb) (person, place)
   conoscere, *(facts, time)* sapere
   I don't – non lo so

L

lake il lago
lamb l'agnello
lamp il lume (m)
language la lingua
large grande
last (adj) ultimo/a
last (vb) durare
late tardi
   ten minutes – in ritardo di dieci
   minuti
lawyer l'avvocato
lay the table (vb) apparecchiare
lazy pigro/a
lean (on) (vb) appoggiarsi (a)
learn (vb) imparare
leather (n) il cuoio, la pelle,
   (adj) di cuoio/pelle
   – goods shop la pelletteria
leave (vb.) (thing) lasciare,
   (depart) partire
left (n) la sinistra, *(adj)* sinistro/a,
   (adv) a sinistra
leg la gamba
lemon il limone (m)
letter la lettera
lettuce la lattuga
life la vita
   how's –? come va (la vita)?
lift (n) l'ascensore (m)
lift (vb) alzare
light (adj) leggero/a
light (n) la luce (f)
like come
   what's he –? com'è? che tipo è?
like (vb)
   I – tea mi piace il tè
   I would – vorrei
listen to (vb) ascoltare
litre un litro
little piccolo/a
live (vb) vivere, *(place)* abitare
liver il fegato
living room il soggiorno
lobster l'aragosta (f)
long (adj) lungo/a
look (vb) guardare
   –! guarda!
look for (vb) cercare
lose (vb) perdere
lorry driver il/la camionista
lot: a – (adv) molto
   a – of un sacco di, molto/a
love (n) amore (m), *(vb)* amare
   – from . . . affettuosamente, . .

   I – chocolate adoro la cioccolata
low basso/a
lower (vb) abbassare
lowest and highest (adj) minimo/a
   e massimo/a
loyal fedele
lozenge la pastiglia
lucky fortunato/a
lunch il pranzo
   have – (vb) pranzare
luxury (adj) di lusso

M

Madam Signora
magazine la rivista
main (adj) principale
   – street il corso
make (vb) fare
man l'uomo, *(pl)* gli uomini
manage to (vb) riuscire a
many molti/e
map la cartina
March marzo
marital status lo stato civile
married sposato/a
match (n) (sport) la partita
matches i fiammiferi (mpl)
May maggio
means of transport il mezzo di
   transporto
meat la carne (f)
midday mezzogiorno
midnight mezzanotte (f)
mind la mente (f)
mineral water l'acqua minerale
minute il minuto
missing: what is –? cosa manca?
Miss Signorina
mist la nebbia
mix (vb) mescolare
moment: just a moment un
   momento
Monday lunedì
money i soldi (mpl)
monotonous monotono/a
month il mese (m)
more più, ancora
   – than più di
morning la mattina
   good – buongiorno
most: the most beautiful il più bello
mother la madre (f)
motorist l'automobilista (m/f)
mountain la montagna
moustache i baffi (mpl)
mouth la bocca
move (vb) muoversi
Mr: Mr Rossi is here il signor
   Rossi è qui

much molto/a
museum il museo
mushroom(s) il fungo, i funghi
must (vb) dovere
my mio/a, miei/mie

N

name il nome (m)
   my – is . . . mi chiamo . . .
napkin il tovagliolo
near (adj) vicino/a
near (adv) vicino a
neck il collo
need (vb) avere bisogno di
neither . . . nor né . . . né . . .
nephew il nipote (m)
never (non) mai
New Year's Day Capodanno
new nuovo/a
news le notizie
   (piece of) news la notizia
newspaper il giornale (m)
   – kiosk l'edicola
next prossimo/a
   – week la settimana prossima
nice carino/a, simpatico/a
niece la nipote (f)
night la notte
   good –! buonanotte!
nine nove
nineteen diciannove
no! no!
no (adj) nessuno/a
   there's – bread non c'è pane
noise il rumore (m)
noisy rumoroso/a
no longer non . . . più
northern settentrionale
North nord
   – of Rome a nord di Roma
not non
   – too hot non troppo caldo
nourishing nutriente
November novembre
now adesso, ora
number il numero
   – plate la targa

O

October ottobre
Office l'ufficio
   – worker l'impiegato (m),
   l'impiegata (f)
OK va bene
old vecchio/a
   how – are you? quanti anni hai?
   my older brother mio fratello più
   grande
olive oil l'olio d'oliva
on su

– *foot* a piedi
– *holiday* in vacanza
once una volta
one uno
– *o'clock* l'una
onion la cipolla
only (adv) solo, soltanto
– *child* figlio/a unico/a
open (adj) aperto/a
open (vb) aprire
opposite di fronte a
orange l'arancio, *(adj)* arancione
orange juice l'aranciata
other altro/a
our nostro, nostra
outskirts la periferia
oven il forno
done in the – (cotto/a) al forno
owner il proprietario, la
proprietaria

P

package holiday il pacchetto-
vacanze (m)
packet (of) il pacchetto (di)
pain il dolore (m)
pair (of) un paio (di)
pan la pentola
park (n) il parco
park (vb) parcheggiare
car park il parcheggio
party la festa
pastry shop la pasticceria
patient (adj) paziente
peas i piselli (mpl)
peeled tomatoes i pelati (mpl)
pencil la matita
pension la pensione (f)
pepper il pepe (m),
(green) il peperone (m)
perhaps forse
petrol la benzina
get – (vb) fare benzina
phone (n) il telefono, *(vb)*
telefonare
– *call* la telefonata
picture, painting il quadro
pill la pillola
pink rosa (inv)
place il posto, il luogo
plaster il cerotto
platform il binario
play (vb) (cards etc.) giocare (a),
(instrument) suonare
pleasant simpatico/a
please per favore
pleased contento/a
– *to meet you!* piacere!
police la polizia

policeman/woman il poliziotto, la
poliziotta
polka dots, with a pallini (inv)
pollute (vb) inquinare
pork il maiale (m)
post (vb) imbucare
post office la posta
postman/woman il postino, la
postina
pound (weight) la libbra
pound (£) la sterlina
practise (vb) praticare (uno sport)
prefer (vb) preferire
prepare (vb) preparare
prescription la ricetta
present il regalo
programme il programma (m)
psychologist lo psicologo, la
psicologa
pudding il dolce (m), il budino
puppy il cucciolo, il cagnolino
push (vb) spingere
put (vb) mettere

Q

quality la qualità
quantity la quantità
quarter un quarto
– *past three* le tre e un quarto
– *to three* le tre meno un
quarto
queue (n) la coda
queue (vb) fare la coda
quiet tranquillo/a
quite abbastanza

R

radio la radio (inv)
rain (n) la pioggia
rain (vb) piovere
rare raro/a
rarely di raro, raramente
rather piuttosto
read (vb) leggere
reading la lettura
realise (vb) accorgersi
receive (vb) ricevere
reception il ricevimento
recipe la ricetta
record (n) il disco
recorder (cassette) il registratore
red rosso/a
reduction la riduzione (f)
relax (vb) rilassarsi
relaxing rilassante
remain (vb) rimanere
remember (vb) ricordare
rent (n) l'affitto

rent (vb) affittare
– *a car* noleggiare una
macchina
rental: car – l'autonoleggio
requirements i requisiti (mpl)
residence la residenza
return ticket il biglietto di andata
e ritorno
rich ricco/a
riding l'equitazione (f)
right (adj) (correct) giusto/a
right (n) la destra, *(adj)* destro/a,
(adv) a destra
right away subito
ripe maturo/a
river il fiume (m)
road la strada
room la stanza, la camera
round the corner all'angolo
routine la routine (f)
row la fila
run (vb) correre
running (n) la corsa a piedi

S

safety la sicurezza
sailing boat la barca a vela
salad l'insalata
sales i saldi (mpl), le svendite (fpl)
Saturday sabato
sauce la salsa, *(for pasta)* il sugo
sauté (vb) rosolare
save(vb) salvare, *(money)*
risparmiare
school la scuola
Scotland la Scozia
Scottish scozzese
sea il mare (m)
season la stagione (f)
– *ticket (bus)* la tessera
theatre – l'abbonamento
seat il posto
second (adj) secondo/a
– *course* il secondo (piatto)
second (n) il secondo
just a –! un secondo!
secretary il segretario, la segretaria
security check il controllo di
sicurezza
see (vb) vedere
– *you soon* a presto, ci vediamo
selfish egoista
sell (vb) vendere
September settembre
service area/station l'area/la
stazione di servizio
set (adj) (film, book) ambientato/a
seven sette
shelf lo scaffale (m)

shirt   la camicia (da uomo)
shoe   la scarpa
shoe shop   (il negozio di) calzature
shop   il negozio
   – *assistant*   il commesso, la
    commessa
   – *window*   la vetrina
shopping (n)   le spese (fpl), *(food)*
   la spesa
   to go –   andare a fare spese/la
    spesa
short (hair etc.)   corto/a
short (height)   basso/a
shoulders   le spalle (fpl)
show (vb)   mostrare
   can you – me?   mi fa vedere?
shower (n)   la doccia
   to take a –   fare la doccia
shy (adj)   timido/a
silk (n)   la seta, *(adj)* di seta
silver (n)   l'argento, *(adj)* d'argento
simple   semplice
sing (vb)   cantare
singer   il/la cantante
single   singolo/a
   – *ticket*   un biglietto di sola
    andata
sink (n)   il lavandino
Sir   Signore
sister   la sorella
sister-in-law   la cognata
sit (vb)   sedersi
sitting room   il salotto,
   il salone (m)
size (shoes) il numero, *(clothes)* la
   taglia
skate (vb)   pattinare
skating   il pattinaggio
ski (n)   lo sci, *(vb)* sciare
   – *suit*   la tuta (da sci)
   – *boots*   gli scarponi
   – *sticks*   le racchette
   – *lifts*   gli impianti di risalita
   – *run*   la pista
skiing holiday (1 week)   la
   settimana bianca
skirt   la gonna
sleep (vb)   dormire
slender   snello/a
slim (adj)   snello/a, magro/a
small (adj)   piccolo/a
smoke (vb)   fumare
snack   lo spuntino
snore (vb)   russare
snow   la neve (f)
socks   i calzini (mpl)
sofa, divan   il divano
some   qualche *(no plural)*
   – *friends*   qualche amico/a

– *milk*   un po' di latte
something   qualcosa
   – *easy*   qualcosa di facile
sometimes   qualche volta
son   il figlio
son-in-law   il genero
song   la canzone (f)
sorry: I'm –   mi dispiace
South   sud
   – *of*   a sud di
southern   meridionale
space   lo spazio
speak (vb)   parlare
spend (vb)   *(money)* spendere,
   (time) trascorrere
spinach   gli spinaci (mpl)
spoon   il cucchiaio
sport   lo sport (m)
spring   la primavera
square (n)   la piazza
stairs   le scale (fpl)
stalls (theatre)   la platea
stamp (n)   il francobollo
stand (vb)   stare (in piedi)
standing (adj)   in piedi
start to (vb)   cominciare a,
   mettersi a
station   la stazione (f)
steak   la bistecca
stimulating   stimolante
stockings   le calze (fpl)
stomach   lo stomaco, *(belly)* la
   pancia
stop (vb)   fermare, fermarsi
bus – (n)   la fermata
straight   dritto/a, *(hair)* liscio/a
   – *on*   sempre dritto
strange   strano/a
street   la via
striped (adj)   a righe (inv)
study (n)   lo studio (vb) studiare
stupid   stupido/a
sugar   lo zucchero
suit   il vestito (da uomo)
suitcase   la valigia
summer   l'estate
sun   il sole (m)
   – *cream*   la crema solare
sunbathe (vb)   prendere il sole
sunburn   la scottatura
Sunday   domenica
sunny   soleggiato/a
   – *spell*   la schiarita
   it's   c'è il sole
sure (adj)   certo/a
   – !   certo! senz'altro!
surname   il cognome (m)
sweater   il maglione (m)
sweet   dolce

swim (vb)   nuotare
swimming (n)   il nuoto
   – *pool*   la piscina
swimsuit   il costume (m) da bagno
switch off (vb)   spegnere
switch on (vb)   accendere
Swiss   svizzero/a
Switzerland   la Svizzera

T

T-shirt   la maglietta
table   il tavolo, *(dinner)* la tavola
   – *cloth*   la tovaglia
tablet   la compressa
take (vb)   prendere, portare
   – *this to Paul*   porta questo a
    Paul
tall   alto/a
tan (vb)   abbronzarsi
tea   il tè
teach (vb)   insegnare
teacher   l'insegnante (m/f)
telephone   il telefono
   – *number*   il numero di telefono
television   la televisione (f)
   – *drama*   lo sceneggiato
   – *film*   il telefilm (m)
   – *news*   il telegiornale (m)
temperature (body)   la febbre,
   (weather) la temperatura
tent   la tenda
terraced house   la villetta a schiera
then   allora, poi
there   là, lì
   – *is,* – *are* c'è, ci sono
   – *you are*   ecco a lei
therefore   perciò, quindi
thermal   termico/a
thin   magro/a
thousand   mille (inv)
   a – euros   mille euro
   two –, five –   duemila (inv),
    cinquemila (inv)
three   tre
throat   la gola
Thursday   giovedì
ticket   il biglietto
tie (n)   la cravatta
tie (vb)   legare
time   il tempo
   what – is it?   che ora è? che ore
    sono?
   on –   in orario
   three – s a day   tre volte al giorno
timetable   l'orario
tin (can)   la scatola
tinned   in scatola
tired   stanco/a
   get – (vb)   stancarsi

tiredness   la stanchezza
tiring   faticoso/a
to   a (town), in (country)
   I'm going – Italy   vado in Italia
   I'm going – Naples   vado a
     Napoli
tobacconist   il tabaccaio
today   oggi
together   insieme
tomato   il pomodoro
tomorrow   domani
too   *(as well)* anche, *(excessively)*
   troppo (inv)
   you –   anche tu, anche voi
tooth, teeth   il dente (m), i denti
tortoise   la tartaruga
tour (vb)   girare
tourist (n)   il/la turista (m/f), (adj)
   turistico/a
town   la città
trader   il commerciante
traffic   il traffico
   – jam   l'ingorgo
   – lights   il semaforo
   – policeman   il vigile (m)
train   il treno
   tube –   la metropolitana
transport (n)   i trasporti (mpl)
travel (vb)   viaggiare, (n) il viaggio
   – bag   la borsa da viaggio
   – agent's   l'agenzia di viaggi
trolley   il carrello
trousers   i pantaloni (mpl)
trout   la trota
true   vero/a
trustworthy   affidabile
try (vb) (clothes)   provare
try to (vb)   cercare di
Tuesday   martedì
turn to (vb)   rivolgersi a
twelve   dodici
twenty   venti
twice   due volte
two   due
type (sort)   il genere (m), il tipo
typical   tipico/a
tyre   la gomma

U

uncomfortable   scomodo/a
under   sotto (di)
unleaded   senza piombo
unmarried (man)   scapolo, celibe,
   (woman) nubile
up   su
uphill   in salita

us   noi, ci
use (vb)   usare
useful   utile
useless   inutile
usually   di solito

V

value (n)   il valore (m)
varied   vario/a
variety show   il varietà
vegetables   *(generally)* la verdura,
   (dish) il contorno
very   molto (inv)
view   il panorama (m)
viewer   lo spettatore (m)
vinegar   l'aceto
volleyball   la pallavolo (f)

W

wait (vb)   aspettare
waiter   il cameriere (m), la
   cameriera
Wales   il Galles
wake up (vb)   svegliarsi
walk (n)   la passeggiata
   have a –   fare una passeggiata
walk (vb)   camminare
wallet   il portafoglio
wardrobe   l'armadio
wash (vb)   lavare, *(oneself)* lavarsi
   – basin   il lavabo
waste time (vb)   perdere tempo
watch (n)   l'orologio
watch (vb)   guardare
water   l'acqua
we   noi
wear (vb) (clothes etc.)   portare
weather   il tempo
   the – is bad   fa brutto tempo
   the – is fine   fa bel tempo
   – forecast   le previsioni del
     tempo
Wednesday   mercoledì
well   bene
   – known   noto/a
West   ovest
western   occidentale
what (that which)   ciò che
what?   che cosa? *(adj)* che?
   – is your name?   come si
     chiama?/ti chiami?
   – job do you do?   che lavoro fa
     lei?/fai?
   – 's the matter?   che cos'ha/hai?
when   quando
where   dove

   – are you from?   di dov'è lei?
while   mentre
white   bianco/a
who?   chi?
who (that)   che
wholemeal   integrale
why?   perché?
wide   largo/a
wife   la moglie (f)
wind (n)   il vento
window   la finestra, *(counter)* lo
   sportello
   shop –   la vetrina
windscreen   il parabrezza (m)
wine   il vino
winter   l'inverno
   in –   d'inverno
wishes   gli auguri
with   con
without   senza
woman   la donna
wooden   di legno
wonder: I wonder   chissà
wonderful   meraviglioso/a
wood (material)   il legno, *(forest)* il
   bosco
wooden   di legno
wool (n)   la lana, *(adj)* di lana
work (n)   il lavoro
   – in progress   lavori in corso
work (vb)   lavorare
   – as a . . . (vb)   fare il . . .
work, job   il lavoro
world   il mondo
   – war   la guerra mondiale
worried   preoccupato/a
wound (vb)   ferire
write (vb)   scrivere
writer   lo scrittore (m), la scrittrice

Y

year   l'anno
yellow   giallo/a
yesterday   ieri
yoghurt   lo yogurt
you   tu (fam), lei *(formal)*, voi
   (group)
young   giovane
   – lady   Signorina, la signorina
   – people   i giovane (mpl)
younger (brother/sister)   più
   piccolo/a
your   (fam) tuo, tua, tuoi, tue,
   (formal) suo, sua, suoi, sue,
   (group) vostro ecc.

Indice Analitico

Bold numbers refer to Units; numbers following the units refer to Activities; numbers preceded by G refer to Grammatica pp 240–253.